Physica-Lehrbuch

Physica-Lehrbuch

Basler, Herbert
**Aufgabensammlung
zur statistischen Methodenlehre und Wahrscheinlich-
keitsrechnung**
4. Aufl. 1991. 190 S.

Basler, Herbert
**Grundbegriffe der Wahr-
scheinlichkeitsrechnung und
Statistischen Methodenlehre**
11. Aufl. 1994. X, 292 S.

Bloech, Jürgen u.a.
**Einführung in die
Produktion**
3. Aufl. 1998. XX, 410 S.

Bossert, Rainer und
Manz, Ulrich L.
**Externe
Unternehmensrechnung**
Grundlagen der Einzelrech-
nnungslegung, Konzernrech-
nungslegung und internationalen Rechnungslegung
1997. XVIII, 407 S.

Dillmann, Roland
Statistik II
1990. XIII, 253 S.

Endres, Alfred
**Ökonomische Grundlagen
des Haftungsrechts**
1991. XIX, 216 S.

Farmer, Karl und Wendner,
Ronald
**Wachstum und
Außenhandel**
Eine Einführung in die
Gleichgewichtstheorie der
Wachstums- und Außenhan-
delsdynamik
2. Aufl. 1999. XVIII, 423 S.

Ferschl, Franz
Deskriptive Statistik
3. Aufl. 1985. 308 S.

Fink, Andreas, Schneidereit,
Gabriele und Voß, Stefan
**Grundlagen der Wirt-
schaftsinformatik**
2001. XIV, 279 S.

Gaube, Thomas u.a.
**Arbeitsbuch
Finanzwissenschaft**
1996. X, 282 S.

Gemper, Bodo B.
Wirtschaftspolitik
1994. XVIII, 196 S.

Graf, Gerhard
**Grundlagen
der Volkswirtschaftslehre**
1997. VIII, 324 S.

Graf, Gerhard
**Grundlagen
der Finanzwissenschaft**
1999. X, 319 S.

Hax, Herbert
Investitionstheorie
5. Aufl. korrigierter
Nachdruck 1993. 208 S.

Heno, Rudolf
**Jahresabschluß nach
Handels- und Steuerrecht**
2. Auflage 1998. XVI, 408 S.

Huch, Burkhard u.a.
**Rechnungswesen-orientier-
tes Controlling**
Ein Leitfaden für Studium
und Praxis
3. Aufl. 1998. III, 504 S.

Kistner, Klaus-Peter
**Produktions- und Kosten-
theorie**
2. Aufl. 1993. XII, 293 S.

Kistner, Klaus-Peter
Optimierungsmethoden
Einführung in die
Unternehmensforschung für
Wirtschaftswissenschaftler
2. Aufl. 1993. XII, 222 S.

Kistner, Klaus-Peter und
Steven, Marion
Produktionsplanung
2. Aufl. 1993. XII, 361 S.

Kistner, Klaus-Peter und
Steven, Marion
**Betriebswirtschaftslehre im
Grundstudium**
Band 1: Produktion, Absatz,
Finanzierung
3. Aufl. 1999. XVI, 514 S.
Band 2: Buchführung, Ko-
stenrechnung, Bilanzen
1997. XVI, 451 S.

Kortmann, Walter
Mikroökonomik
Anwendungsbezogene
Grundlagen
2. Aufl. 1999. XVIII, 674 S.

Kraft, Manfred und
Landes, Thomas
Statistische Methoden
3. Aufl. 1996. X, 236 S.

Marti, Kurt und Gröger,
Detlef
**Einführung in die lineare
und nichtlineare Optimie-
rung**
2000. VIII, 206 S.

Michaelis, Peter
**Ökonomische Instrumente
in der Umweltpolitik**
Eine anwendungsorientierte
Einführung
1996. XII, 190 S.

Nissen, Hans-Peter
Makroökonomie I
3. Aufl. 1995. XXII, 331 S.

Nissen, Hans-Peter
**Einführung in die
makroökonomische Theorie**
1999. XVI, 341 S.

Risse, Joachim
**Buchführung und Bilanz
für Einsteiger**
2001. VIII, 288 S.

Schäfer, Henry
Unternehmensfinanzen
Grundzüge in Theorie und
Management
1998. XVI, 404 S.

Schäfer, Henry
Unternehmensinvestitionen
Grundzüge in Theorie und
Management
1999. XVI, 434 S.

Sesselmeier, Werner und
Blauermel, Gregor
Arbeitsmarkttheorien
2. Aufl. 1998. XIV, 308 S.

Steven, Marion
**Hierarchische
Produktionsplanung**
2. Aufl. 1994. X, 262 S.

Steven, Marion und
Kistner, Klaus-Peter
**Übungsbuch zur Betriebs-
wirtschaftslehre im Grundstudium**
2000. XV, 358 S.

Swoboda, Peter
Betriebliche Finanzierung
3. Aufl. 1994. 305 S.

Weise, Peter u.a.
Neue Mikroökonomie
3. Aufl. 1993. X, 506 S.

Zweifel, Peter und
Heller, Robert H.
Internationaler Handel
Theorie und Empirie
3. Aufl. 1997. XXII, 418 S.

Ulrich Hofmann

Netzwerk-Ökonomie

Mit 47 Abbildungen

Springer-Verlag Berlin Heidelberg GmbH

Prof. Dr. Ulrich Hofmann
University of Applied Sciences (FH) Hamburg
Fachbereich Information
Grindelhof 30
D-20146 Hamburg

ISBN 978-3-7908-1394-4

Die Deutsche Bibliothek – CIP-Einheitsaufnahme
Hofmann, Ulrich: Netzwerk-Ökonomie / Ulrich Hofmann. – Heidelberg: Physica-Verl., 2001

ISBN 978-3-7908-1394-4   ISBN 978-3-642-57573-0 (eBook)
DOI 10.1007/978-3-642-57573-0

Umschlaggestaltung: Erich Kirchner, Heidelberg

SPIN 10798891   88/2202-5 4 3 2 1 0 – Gedruckt auf säurefreiem Papier

Für Leni und Julian

Vorwort

Der Damm, der seit Jahren die Entfaltung von Informationen und Informationsprodukten zurückstaute, ist durch die Netzwerk-Technologien des INTERNET über Nacht gebrochen. Wie bei jedem technologischen Durchbruch befinden wir uns derzeit in einer Suchphase nach der besten Bündelung dieser Technologien. Dabei handelt es sich um einen Prozess, dessen Endergebnis nicht vorauszusagen ist. Technologische Perfektion hat jedoch noch nie über den Erfolg in der Gesellschaft, auf den Märkten entschieden. Erfolgskritisch dagegen für neue Technologien sind ökonomische Modelle und Sichtweisen. Die heute abschätzbaren Schubkräfte der INTERNET - Technologien richten sich vorerst auf eine Steigerung der Geschwindigkeit, Reichweite, Menge und Interaktivität aller ökonomischen Transaktionen. Mittelfristig können die Umrisse neuer ökonomischer Strukturen und Regeln wie folgt markiert werden:

> Auflösung klassischer Grenzen von Unternehmen
> Dekonstruktion der Wertschöpfungsketten
> neue Interaktions-, Informations- und Kooperationsmuster zwischen Anbieter und Nachfrager
> netzwerkbasierte Allianzen und Partnerschaften
> neue Geschäftsmodelle
> neue und verbesserte Produkte, die sehr viel genauer die subjektiven Nutzenprofile und Zahlungsbereitschaften der Nachfrager ausschöpfen
> Veränderung der Wettbewerbssituation durch Globalisierung der Märkte.

Dieser sich abzeichnende Quantensprung ökonomischer Abläufe trägt derzeit viele Etiketten wie New Economy, Digitale Ökonomie, Informationsökonomie, Internetökonomie, Electronic Business etc.

Das vorliegende Buch hat sich das Ziel gesetzt, die Interdependenzen zwischen ökonomischen Modellen und den Potenzialen der Netzwerk-Technologien transparent zu machen, die Komplexität zu reduzieren und Steuerungsmöglichkeiten der darauf aufsetzenden Prozesse aufzuzeigen.

Hamburg, im Dezember 2000   Ulrich Hofmann

Inhaltsverzeichnis

1 Grundlagen 1
  1.1 Strategische Muster einer Netzwerk-Ökonomie 1
  1.2 Die Netzwerk-Technologien 11
  1.3 Elektronischer Markt 25

2 Lieferanten-Kunden-Beziehung 47
  2.1 Preisdifferenzierung 47
  2.2 Produktdifferenzierung 54
  2.3 Produktbündelung 61
  2.4 Interaktion: Neue Dimensionen der Marktforschung 62
  2.5 Customer-Relationship-Management 69
  2.6 Externe Effekte 76
  2.7 Lock-in/Switching Costs der Internet-Technologien 81

3 Intra-organisatorische Abläufe 89
  3.1 Dekonstruktion der Wertschöpfungskette durch
     Informationslogistik 89
  3.2 Innovationsmanagement von Informationstechnologien . 94
  3.3 Funktionaler Technologieeinsatz: Abstrahieren
     branchenindividueller Abläufe 104
  3.4 INTRANET 107
  3.5 Empowerment der Mitarbeiter 118
  3.6 Qualitätsindikatoren von Informationen - der erste
     Schritt zum Qualitätsmanagement 124

4 Unternehmensnetzwerke 133
  4.1 Supply Chain Management 133
  4.2 Virtualisierung der Organisation 142
  4.3 Räumliche Wirkungen der Netzwerke ("Virtual
     Employee") 152

5 Erfolgsfaktoren neuer Geschäftsansätze 153
  5.1 Innovative Geschäftsmodelle: Chancen, Risiken,
     Erfolgsfaktoren und strategische Herausforderungen
     einer Netzwerk-Ökonomie 153

5.2 Systematisierung von Unternehmenszielen, kritischen
Erfolgsfaktoren und Netzwerkpotenzialen...................... 165
5.3 Informations(Inhalte)Anbieter: die First-Mover einer
Verzahnung von Old Economy und New Economy........ 176
5.4 Ein neuer Informationsmarkt:
die Rolle der Infomediäre 187

6 Kritische Rahmenbedingungen 197
6.1 Kritischer Faktor: Begrenzte Netzkapazität und
Preisregulative 197
6.2 Kritischer Faktor: Sicherheit 202

7 Datenanalyse zur Netzwerk-Ökonomie 209
7.1 Daten zu den gesamtwirtschaftlichen Wirkungen der
Netzwerk-Ökonomie 209
7.2 Daten zu den Wirkungen der Internet-Technologien
auf die Felder der Wertschöpfungskette...................... 219

8 Ausblick 223

Abbildungsverzeichnis.. 227

Literaturverzeichnis 229

Stichwortverzeichnis... 237

1. Grundlagen

1.1 Strategische Muster einer Netzwerk-Ökonomie

Die derzeitige ungebrochene dynamische Digitalisierung von Gütern, Abläufen etc. und deren Vernetzung ist ohne Zweifel ein Katalysator für erhebliche strukturelle Umbrüche im Bereich des Wirtschaftens, der privaten Umgebung und der Gesellschaft. Dabei forciert die weltweite Verbreitung der Netzwerke als eine elektronische Infrastruktur die Abkehr von vielen alten ökonomischen Gewohnheiten bzw. Regeln. Die weitreichenden wirtschaftlichen Wirkungen dieser multikausalen, multidimensionalen Technologieschübe werden heute häufig unter Electronic Commerce, INTERNET- Ökonomie, New Economy etc. subsumiert. In der Vergangenheit war man sich immer etwas unsicher, ob die Datenverarbeitung die Abläufe, Geschäftsstrategien usw. in völlig neuen Bahnen verlaufen lassen würde. Das ist bis heute noch nicht der Fall. Technologieeinsatz in den Unternehmen diente bisher allein als Tool der Operationalisierung bekannter Prozesse, Muster und Strukturen und wurde in der Regel 1:1 umgesetzt.

Diese sich nun abzeichnende Netzwerk-Ökonomie, die durch zunehmende globale Vernetzung von Akteuren, Objekten und Infrastrukturen in einem deregulierten, privatisierten und liberalisierten Umfeld gekennzeichnet ist, wird mit hoher Wahrscheinlichkeit den schon lange erahnten Paradigmenwechsel der Wirtschaft einleiten. Neue Strategien, Reorganisationen der Felder der Wertschöpfungskette oder sogar die Dekonstruktion der gesamten Wertschöpfungskette insbesondere bei der Ausgangs- und Eingangslogistik werden nun von der Netzwerktechnologie angetrieben.

Daraus ergibt sich eine Plattform für das Schaffen *neuer*
➤ Märkte für alte Produkte

> informationsintensiver Produkte
> Lieferkanäle
> Interaktionsbeziehungen mit den Kunden
> Strukturen bei der Beschaffung
> Kooperationen, Allianzen.

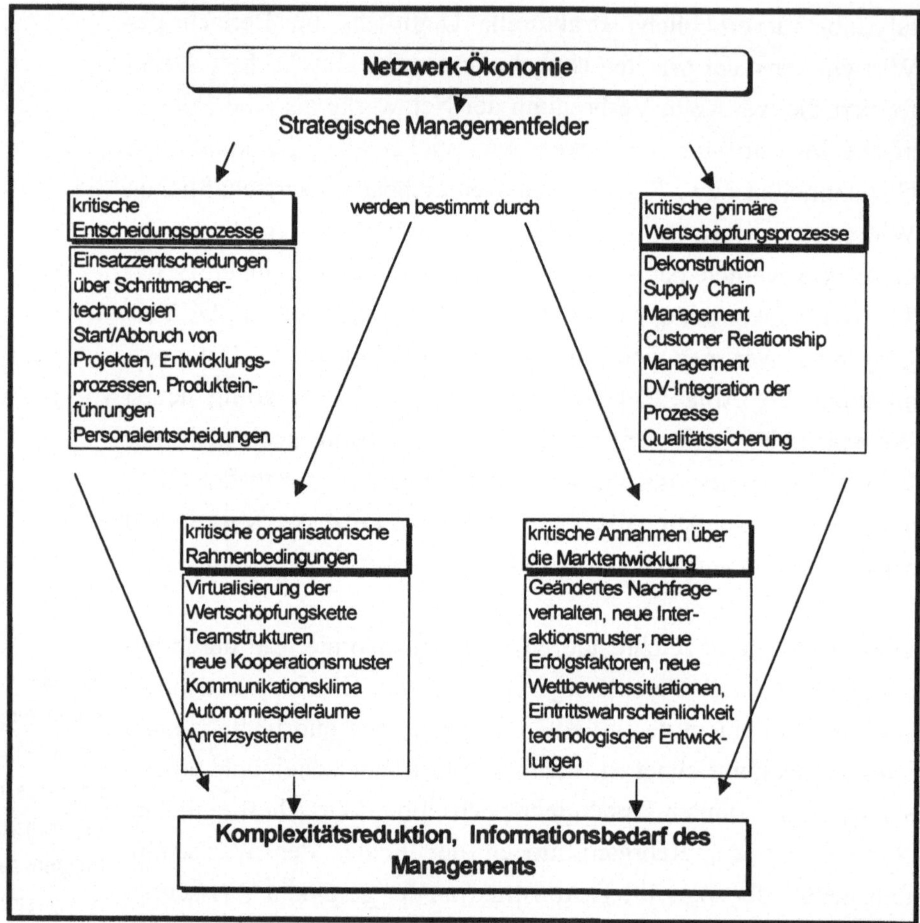

Abbildung 1-1: Informationsbedarf für die Netzwerk-Ökonomie (Darstellung nach Picot 1988)

In dieser Situation ist zur nachhaltigen Erfolgssicherung ein *strategisches Management* notwendig. Noch weniger als bei anderen Strukturbrüchen kann das sich auf die Extrapolation von Vergangenheitswerten beziehen. Jede Orientierung von Entscheidungen an bereits erkennbaren Erfolgswirkungen ist im Umfeld der derzeitigen Netzwerk-Technologien viel zu spät. Daraus folgt, dass in dieser Situation ein strategisches Management als geistiger Prozess, der sich in einer vorausschauenden Grundhaltung im Rahmen hochaggregierter Kategorien widerspiegelt, verstanden werden muss. Im Vordergrund steht daher das Erkennen von Risiken, Trends, Entwicklungen etc. Die unten aufgeführten, heute erkennbaren Entwicklungspotenziale müssen also so gut wie möglich ergründet und sichtbar gemacht werden. Durch Reduzierung der Komplexität und Überführung in beherrschbare Kategorien sollten Maßnahmen im Sinne einer Vorsteuerung entwickelt werden.

Folgende strategische Entwicklungsrichtungen einer Netzwerk-Ökonomie, die in den folgenden Kapiteln näher erläutert werden, kann man heute markieren:

Transport: Digitalisierte Güter brauchen nicht physisch transportiert werden. Digitale Bits haben kein Gewicht, sie können mit Lichtgeschwindigkeit versandt werden. Sie unterliegen nicht den üblichen Abwicklungsprozeduren, Kontrollen beim Überschreiten von Grenzen. Sie kennen keine nationalen Grenzen und die dadurch verursachten nationalen Eingriffe. Sie orientieren sich an einem globalen Marktplatz.

Grenzkosten der Produktion: Die Grenzkosten einer weiteren digitalisierten Produktionseinheit, Kopie sind nahezu Null. Es kommt zu Größenersparnissen durch Fixkostendegression (Economies of Scale). Die mindest optimale Betriebsgröße (Herstellmenge) ist formal gesehen unendlich groß.

Synergieeffekte (Economies of Scope): Aufgrund der Verlagerung der Produktionsfaktoren in multimediale Wertschöpfungsprozesse können attraktivere, qualitätsreichere (mehrwertige) Angebote gemacht werden.

Produktdifferenzierung: Durch die Digitalisierung können Produkte ohne nennenswerte Zusatzkosten vielfältig differenziert werden. Diese Spezialisierung findet durch die Globalisierung einen großen bzw. ausreichenden Markt. Es findet eine Individualisierung der Massenmärkte statt.

Produkt-
differenzierung

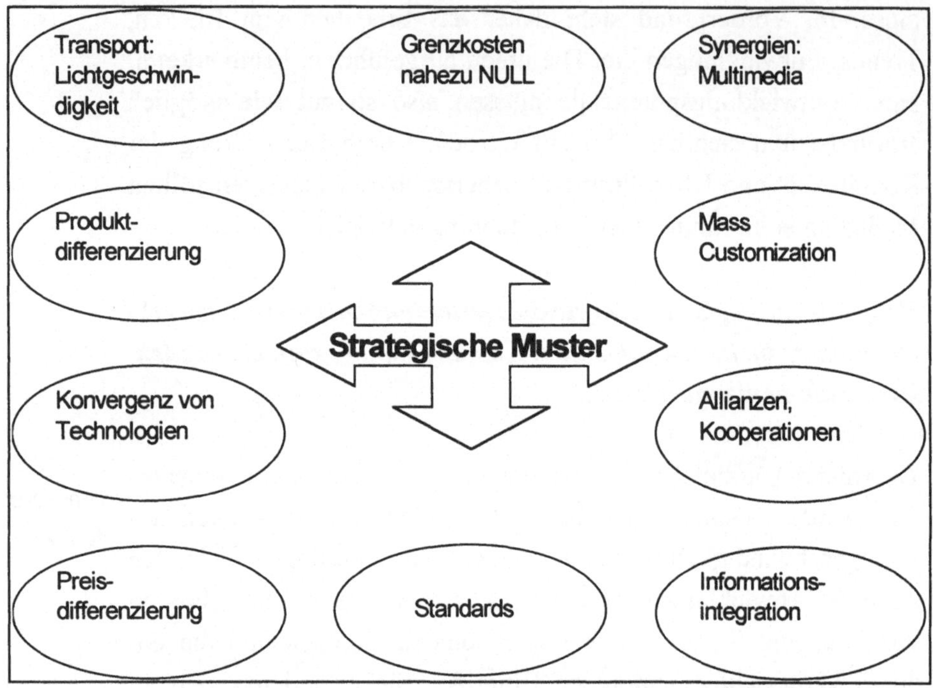

Abbildung 1-2: Strategische Treiber einer Netzwerk-Ökonomie

Standards: Da keine wesentlichen Grenzkosten auftreten, gibt es nur zwei Vorgehensweisen. Das Gut wird entweder nicht produziert oder es wird auf einen "überflussartigen" Mengenabsatz gesetzt. Durch die hohe Technologieintensität digitalisierter Güter werden die Nachfrager indirekt von den in den Produkten inkorporierten technischen Lösungen abhängig. Wie a.a.O. gezeigt, sind allgemein akzeptierte Standards technologischer Vorgehensweisen erst nach Jahren zu erwarten. Ist der Mengenabsatz eines Anbieters entsprechend groß, ist eine kritische Masse an Nachfragern erreicht worden, kann man von dem Setzen eines Industriestandards spre-

Standards

chen. *Netscape* im Bereich der Browser-Software, *Microsoft* mit seiner Desktop-Oberfläche oder *Cisco* mit seinen Routern sind erfolgreiche Beispiele einer derartigen Vorgehensweise. Diese Abhängigkeit des Nachfragers kann man nun bei komplementären und Upgrading-Produkten, die auf der Technik des zuvor möglicherweise umsonst erhaltenen Produktes aufsetzen, in Erlöspotenziale umsetzen. Daraus folgt ein Geschwindigkeitswettbewerb "Time to Market" neuer technologischer Lösungen, denn ein verspäteter Markteintritt stößt unweigerlich auf die gesetzten Standards und wird durch sie abgewehrt. Der Lebenszyklus von digitalen Produkten wird immer kürzer. Es besteht ein zunehmend engerer Zusammenhang zwischen dem Zeitpunkt des Markteintritts und dem Marktanteil.

Kooperationen, Allianzen, Virtuelle Organisationen: Marktführer in diesem schnelllebigen Entwicklungsstadium digitalisierter Produkte insbesondere im Umfeld multimedialer Ausprägungen kann man nur sein, wenn man Kernkompetenzen bündeln kann. Da man diese nicht in vollem Umfang in einem Unternehmen finden kann, muss man sie zukaufen wie u.a. das prominente Beispiel *Microsoft* zeigt. Im Normalfall - bei weniger ausgeprägter Kapitalkraft - muss man die Wertschöpfungskette dekonstruieren und im Rahmen der Netzwerke Allianzen, Joint Ventures etc. eingehen. Kooperationen werden vor diesem Hintergrund auch deshalb attraktiv, weil die beteiligten Partner zum Beispiel die Bearbeitung von Aufgaben parallelisieren können, was kürzere Entwicklungszeiten nach sich zieht. Insbesondere die Verbindung von Mitarbeitern und deren Wissen kann zu einer erhöhten Innovationstätigkeit führen. Werden diese Innovationen in neue Produkte, eventuell mit Differenzierungspotenzial, umgesetzt, ergibt sich wiederum ein Wettbewerbsvorteil gegenüber Konkurrenten.

Mass Customization: Die Digitalisierung der Produkte geht nicht nur bei einer Vervielfältigung mit vernachlässigbaren Grenzkosten einher, sondern es entstehen auch keine nennenswerten Grenzkosten bei einer kundenorientierten Differenzierung des Basisproduktes. Daraus folgt, dass die Massenproduktion nicht mehr mit einem Einheitsprodukt einhergehen muss. Dies stellt eine neue Situation dar. Bisher galt, dass die konzentrationsfördernden Kräfte der Economies of Scale (Grössendegression) durch Produktdifferenzierungen abgeschwächt werden können. Durch die Strategie der Produktdifferenzierungen konnten nämlich bisher kleine Unternehmen durch Erfüllung spezieller Käuferwünsche, durch ein Nischenprodukt in einen Markt, der durch hohe Markteintrittsbarrieren (bedingt durch Economies of Scale) gekennzeichnet war, eintreten. Dies ist nun bei digitalen Produkten nicht mehr möglich. Hier stellt sich die Situation, dass Unternehmen mit ohnehin konzentrationsfördernden Kostenstrukturen zugleich ihr "Gegenmittel" in der Hand haben.

Preisdifferenzierung

Preisdifferenzierung: Die Möglichkeiten der Zielgruppendifferenzierung bei der Gestaltung der Produkte öffnet Tür und Tor zu allen Möglichkeiten einer Preisdifferenzierung gemäß der Zahlungsbereitschaft. Anreize zur Differenzierung stellen auch die je Zielgruppensegment vergrößerten Märkte dar. Abgesehen von Sprachbarrieren gibt es für digitalisierte Produkte nur noch globale Märkte. Eine zusätzliche Intensivierung zur Produktdifferenzierung ergibt sich aus den durch die neuen Informationstechnologien geänderten besseren Kommunikationsbeziehungen zwischen Anbieter und Nachfrager.

Informations-
integration

Informationsintegration: Die schon von dem Electronic Data Interchange her bekannten Effekte der Datenintegration durch standardisierte Datenaustauschformate werden durch die INTERNET - Technologien verstärkt. Die notwendigen Daten zur Steuerung der Wertschöpfungskette können ohne Medienbruch weit über ihre Grenzen bezogen, beliebig verteilt, gespeichert und weiterverwertet werden.

Infrastruktur

Infrastruktur: Es kann eine von der Allgemeinheit im weitesten Sinne finanzierte Infrastruktur zur Informationsverteilung, zur Werbung, Marktforschung, Beratung, Auftragserfassung, Personalrekrutierung, zur Distribution von Dienstleistungen umsonst genutzt werden. Die Kosten des "Vor-Ort-Seins" durch Filialen etc. sinken bzw. fallen weg.

Konvergenz von Technologien und Inhalten: Die Digitalisierung macht es möglich, Buchstaben, Töne, Bilder und Bewegtbilder ohne Qualitätsverlust in einen Bit-Strom zu konvertieren, der gespeichert, komprimiert, segmentiert, recherchefähig manipuliert und in großen Mengen zu geringen Kosten übertragen werden kann. Dies führt zu einer Konvergenz bisher disparater Industrien bzw. Branchen mit verschiedenen Historien und Kulturen bzw. Unternehmensphilosophien. Hard- und Softwarehersteller, Unterhaltungsindustrien, Verlage und Telefongesellschaften sehen sich

Konvergenz von Technologien und Inhalten

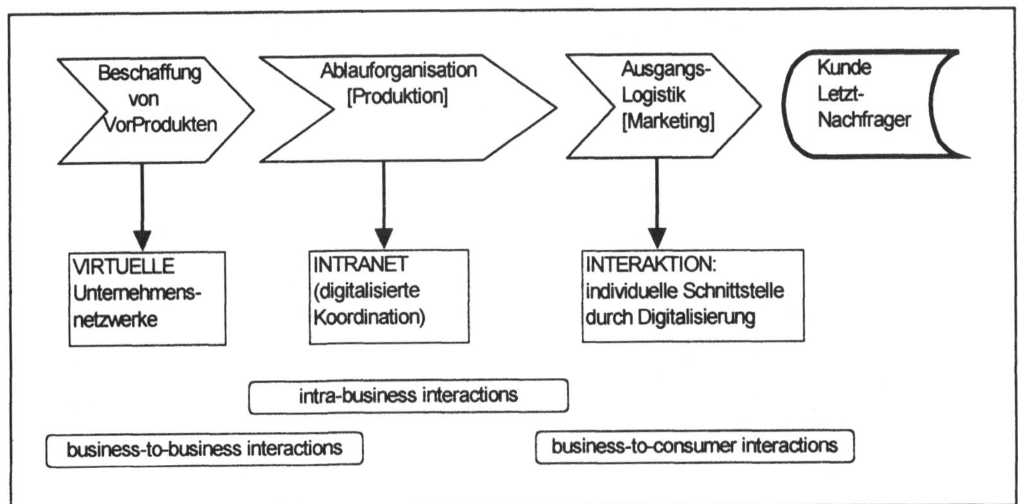

Abbildung 1-3: Schnittstellen einer Wertschöpfungskette

plötzlich gezwungen, in dem selben Marktsegment zu agieren bzw. zu konkurrieren, was nicht selten in Kooperationen mündet.

Bei einer Abbildung der oben aufgezeigten Schubkräfte der Netzwerke auf die großen Blöcke der Wertschöpfungskette

> Lieferanten-Kunden-Beziehung
> *(Business-to-consumer interactions)*
> Intra-organisatorische Abläufe
> *(Intra-business interactions)*
> Unternehmensnetzwerke.
> *(Business-to-business interactions)*

zeigen sich die folgenden Wirkungen:

Business-to-consumer interactions: Im Bereich der Kunden-Lieferanten-Beziehung gibt es aus der Kundenperspektive durch die Netzwerke ganz anders geartete Möglichkeiten der Markttransparenz, des Preisvergleichs, der Ausschaltung von Zwischenhandelsstufen, des Informationsaustausches mit anderen Konsumenten etc. Intermediares können sich nur durch Zusatz-Qualitätsmerkmale zur ohnehin elektronisch unterstützten Transaktionskette im Rahmen der Netzwerke definieren. (Insgesamt wird das Verstehen der Nachfrage nach den Funktionen und Dienstleistungen der sich neu formierenden elektronischen Intermediares wichtige strategische Einsichten in die Potenziale elektronischer Märkte und der Netzwerke geben.) Aus der Anbieterperspektive wird es durch die oben dargestellten neuen technologischen Produktions- und damit Kostenstrukturen, verknüpft mit neuen Marktforschungsmethoden und -möglichkeiten, zu einer Individualisierung der Massenmärkte kommen. Die feinere Segmentierung der Zielgruppen wird von Preis- und Produktdifferenzierungen begleitet werden, mit der eine stärkere Kundenbindung einhergehen wird.

Business-to-business interactions: Im Bereich der Unternehmensnetzwerke gibt es im Umfeld des Supply Chain Management eine Reduzierung der Transaktionskosten nicht nur bei den Bestellvorgängen durch Electronic Data Interchange bzw. durch Ausschaltung des Medienbruches. Die zu übermittelnden Daten sind aktueller und haben durch die Zusammenführung vieler einzelner Dokumente eine höhere Konsistenz bzw. Qualität. Die Verkürzung der Abwicklungszeiten reduziert bei materiellen Gütern die notwendigen Lagerbestände. Alle Informationen (Preis-, Produkt-, technische Informationen, Änderungen aller operativen Daten der Lieferanten etc.) können zeitkritisch übermittelt und gefiltert werden.

Intra-business interactions: Im Umfeld der innerorganisatorischen Abläufe gibt es durch Electronic Mail, Videokonferenzen, Bulletin boards (zusammengefasst unter INTRANET) eine Plattform für die Kommunikation im Betrieb, die früher aufwendig über Telefonate, Sitzungen etc. organisiert werden mußte. Die bisher gedruckten Arbeitsanleitungen, Manuals etc. können mit allen Vorteilen einer Online-Publikation (Aktualität, Filterung etc.) ausgestattet werden. Die vom Total Quality Management verfolgten Ziele einer direkten Orientierung aller organisatorischen Einheiten an der Zufriedenheit, den Präferenzen des Kunden (Letztnachfragers) können durch Bereitstellung der Absatzdaten bis in die von der Kunden-Schnittstelle entfernteste Wertschöpfungsstufe erfolgen. Dieses Spiegeln der Marktdaten in den Betrieb ist eine wichtige Voraussetzung für die Umsetzung eines Qualitätsmanagements. Im innerorganisatorischen Bereich unterstützen Netzwerke eine effektive und effiziente Entscheidungsfindung durch Modularisierung der Wertschöpfungskette und Beachtung des internen Kunden. Bei diesen Technologiewirkungen macht aber die derzeitige Diskussion nicht Halt. Über das Bereitstellen, Verdichten, Verteilen von Informationen einer Unternehmung, Organisation hinaus möchte man auch das Umfeld von Informationen, das Wissen vorrangig der Mitarbeiter für den strategischen Wettbewerbsvorteil nutzen (Wissensmanagement). Dazu bedarf es neuer Formen der Unternehmenskultur, Führungsprinzipien etc. im Umfeld der infrastrukturellen Schubkraft der Netzwerk-Technologien. Trotz dieses sich abzeichnenden dramatischen Wandels gibt es nur wenige ökonomische Aktivitäten, ihn zu erforschen, zu prognostizieren und zu beeinflussen. Die Gründe für diese Zurückhaltung liegen sicherlich in der hohen Dynamik dieses Phänomens und in der Notwendigkeit interdisziplinärer Ansätze. Ein Technologiemanagement muss mit sozialwissenschaftlichen und ökonomischen Mustern in Einklang gebracht oder - um im Bild zu bleiben - vernetzt werden. Bereits die Messung der Produktivität erfordert beisielsweise die Quantifizierung der Wirkungen der INTERNET - Technologien auf so schwierig messbare Input-Größen wie Organisationswissen, -fertigkeiten und Output-Größen wie Produkt-Qualität. Man wird ohnehin nach der ersten üblichen, von der Euphorie über die neuen Netzwerke getragenen Investitionswelle feststellen, dass allein die Investitionen in Technologien z.B. noch keine nennenswerten Produktivitätswirkungen haben werden. Erst das Verknüpfen mit neuen Abläufen, Organisationsstrukturen, Produkten, Distributionswegen etc. wird Effizienz- und Effektivitätswirkungen haben.

Im folgenden soll versucht werden, die Komplexität dieser Entwicklung zu reduzieren und ökonomische Instrumente zu ihrer Beherrschung aufzuzeigen. Nicht das Ausmalen, Ausschmücken von Cybertrends soll hier erfolgen, sondern es soll geprüft werden, welche klassischen ökonomischen Instrumente weiterhin ihre Gültigkeit haben, möglicherweise eine immer kritischere Bedeutung bekommen und welche ökonomischen Parameter sich ändern werden. Um das Risiko einer verspäteten Anpassung an diese Netzwerke, die historisch vergleichbar sind mit dem Aufkommen der Eisenbahn, des Telefons oder des Radios, zu reduzieren, soll aufgezeigt werden, warum, wo und wann strategische Rekonfigurierungen der Wertschöpfungskette eingeleitet werden müssen.

In der zukünftigen netzwerkgestützten Wirtschaft werden Technologieeinsatz, Informationen, Wissen, Fertigkeiten, Kunden-Beziehungen und organisatorische Kompetenz zunehmend kritische Erfolgsfaktoren werden.

1.2 Die Netzwerk-Technologien

Netzwerke haben ihren Ursprung in dem Bedürfnis, die Digitalisierung von Daten, Informationen nicht in Inselstellungen verharren zu lassen. Zunächst versuchte man mit Hilfe der durch die Datenbanksysteme möglichen Datenintegration eine abteilungsübergreifende Funktionsintegration herbeizuführen (Hofmann 1999). Mit der zunehmenden innerbetrieblichen Integration wurde die Beseitigung des Medienbruches am Beginn und Ende der Wertschöpfungskette ein immer deutlicheres Ziel. Einen frühen Anstoss haben die Banken mit ihren Zahlungsabwicklungs-Netzen (Electronic Funds Transfer) gegeben. Diese Netze binden heute über die Kreditkartensysteme nahezu jeden Konsumenten mit ein. In den 90er Jahren wurde das Vorbild einer rein bankinternen Abwicklung mit ihren individuellen Standards durch allgemeingültige Standards des Electronic-Data-Interchange branchenübergreifend überschritten. Hier steht im Vordergrund der EDIFACT-Standard, der einen elektronischen Austausch von strukturierten Daten (Bestellungen, Rechnungen etc.) zwischen Geschäftspartnern in einem festgelegten Format erlaubt. Diese enge Strukturierung der Daten, die auf vordefinierten bilateralen Geschäftsbeziehungen basiert, bewährte sich lediglich bei den durch den jeweiligen Standard festgelegten Transaktionen (Kalakota 1977). Trotz der Reduzierung der Medienbrüche, der Ermöglichung des Outsourcings, eines Beginns der Virtualisierung der Wertschöpfungsprozesse waren die Standards des Electronic-Data-Interchange keine Massentechnologie im Sinne einer beliebigen Verknüpfung von Partnern. Eine Einbindung breiter Bevölkerungsschichten in die Netzwerke wurde dann Mitte der 90er Jahre mit der Entwicklung der Nutzerschnittstelle des World Wide WEB (WWW), die auf das INTERNET aufsetzt, möglich. Bis man jedoch eine übergreifende Integration der Pro-

INTERNET: Matrix verknüpfter öffentlicher Netzwerke

zessketten beliebiger Wirtschaftssubjekte erreicht, bedarf es weiterer "intelligenter" Softwareentwicklung. Die derzeitige Entwicklungsrichtung ist eine weltweit offene Netzwerk-Infrastruktur, die man an dem Vorbild des Straßenverkehrs ausrichten kann. Straßen sind nutzungsoffen und für beliebige Zwecke verwendbar. Ihre Inanspruchnahme unterliegt individuellen Entscheidungen. Es gibt ein Koordinierungssystem durch Verkehrszeichen, eine Finanzierung durch Steuern und/oder Gebühren und flankierende Dienstleistungen wie den Straßenunterhalt, Polizei, Automobilclubs etc.

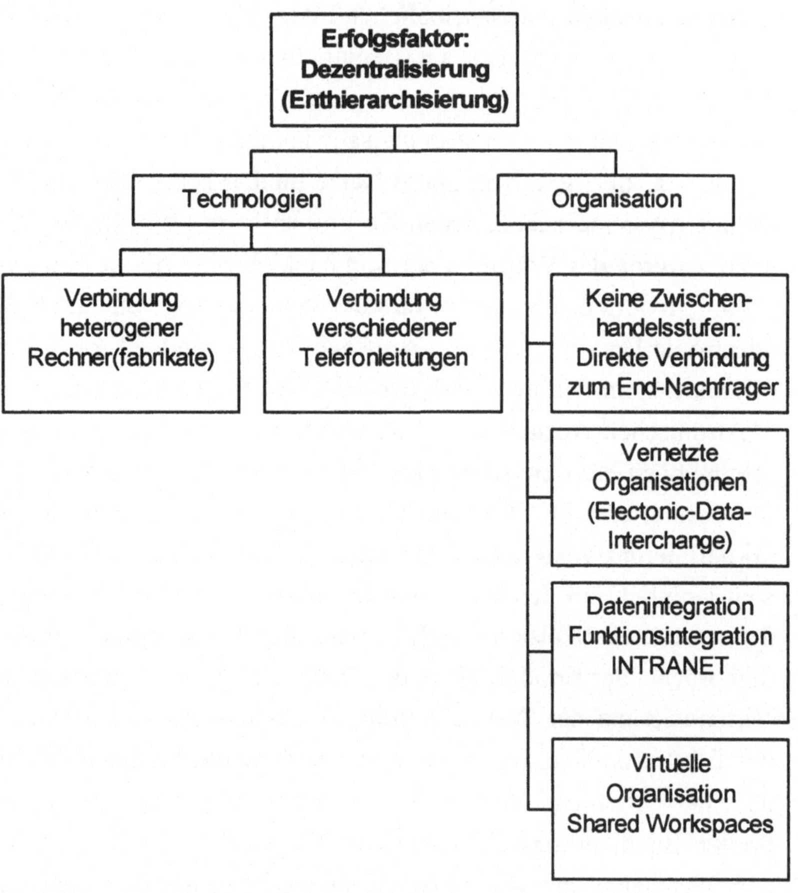

Abbildung 1-4: Erfolgsfaktor Dezentralisierung

Technologisch ist das INTERNET allerdings kein neues Phänomen; die Koppelung von vier heterogenen Computern geht in das Jahr 1960 zurück. Die Historie, die Konstellation des Durchbruchs etc. des INTERNET kann man in jeder einschlägigen Publikation nachlesen (Hofmann 1999, Illig 1999). Ebenso findet man in jeder Tageszeitung ständig Grafiken, die ein dramatisch progressives Wachstum der Teilnehmer, der angeschlossenen Rechner (Hosts), Domain names etc. des INTERNET zeigen. INTERNET (*Interconnecting Networks*) ist eine Bezeichnung für eine Matrix vieler verknüpfter öffentlich zugänglicher Netzwerke, seien es Backbones, Regionale-, Lokale Netzwerke etc. Dabei sind die Übertragungswege ein Mix aus sich häufig ergänzenden Technologien wie Hochgeschwindigkeitsnetzen, „Überland"-Telefonleitungen, Mobilfunk- und Satellitennetzen. Der Erfolgsfaktor der Netzwerktechnologie INTERNET basiert auf dem ökonomischen Organisationsprinzip einer nicht linearen, nicht hierarchischen globalen Dezentralisierung. Keine Instanz kann top-down Weisungen geben oder Regulierungen vornehmen. Die dazu spiegelbildliche technische Lösung ist eine Verknüpfung unterschiedlicher Betriebssysteme verschiedener Hersteller und eine Datenfernübertragung, die die Kapazität der Daten/Telefonnetze intelligent ausnutzt. Die Kommunikation zwischen Rechnern verschiedener Fabrikate war bisher weniger ein technisches Problem als ökonomischer Natur. Die Anbieter von Hardware waren in den 80er Jahren wenig bereit, sich konstruktiv an der von der International Standardization Organization (ISO) angestoßenen Diskussion über die Fixierung eines Standards zum sog. offenen Datenaustausch (*Open Systems Architecture; OSI*) zu beteiligen.

Diese für die allgemeine Datenverarbeitung bzw. für die Nutzer abträgliche Strategie war jedoch aus der jeweiligen unternehmensindividuellen Sicht höchst rational. Technologieeinsatzentscheidungen in den Unternehmungen wurden früher in enger Kooperation mit einem Computerhersteller durchgeführt. Der Computerhersteller bewies in der Regel, dass er die Fähigkeit besitzt, anstehende Probleme mit seinen proprietären Techniken zu lösen. Diese Lösungen liefen natürlich nur auf den hauseigenen Computern des Herstellers. Dadurch wurde eine extreme Abhängigkeit des jeweiligen Unternehmens von den Produkten des DV-Herstellers geschaffen und Standards durchgedrückt. Wer den Industriestandard setzt, hat das Monopol, wie auch aktuelle Beispiele zeigen: *Microsoft* bei den Desktops, *Cisco* bei den Routern etc.

Erfolgsfaktoren:
TCP/IP Standard
Interoperationalität

Diese oligopolistisch geprägte und damit einfallslose Situation ließ sich so lange verteidigen, bis durch das Wachstum an Rechnern der Druck zur Verbindung der homogenen DV-Inseln größer wurde. Sie wurden durch den TCP/IP-Standard (Transmission Control Protocol/Internet Protocol) und dessen technische Realisierung überrollt. Dieser Standard regelt im Rahmen von Transport- und Anwenderprotokollen die Verknüpfung von Computern unterschiedlichen Typs über eine Vielzahl verschiedener Netzwerke

ISO/OSI Referenzmodell und TCP/IP Protokollfamilie

ISO/OSI-Schicht	TCP/IP Schicht	Anwendungsdienste						
Anwendung	Prozess/	WWW	FTP	E-Mail	Usenet-News	Terminal-Emulation	Domain Name Services	Network Management
Darstellung	Application Layer	Hypertext Transfer Protokoll	File Transfer Protocol	Simple Mail Transfer Protocol	Network News Transfer Protocol	Telnet Protocol	Domain Name Transfer Protocol	Simple Network Managt. Protocol
Kommunikationssteuerung								
Transport	Host-to-Host-Layer	Transmission Control Protocol (TCP)			Users Datagram Protocol				
Vermittlung	Internet-Layer	Address Resolution Prot.		Internet Protocol (IP)		Users Datagram Protocol			
Sicherung	Network Access Local Network Layer	Ethernet, Token Ring, FDDI, DQDB, X 25							
Bit-Übertragung		Übertragungsmedium: Kupferkabel (koaxial), Lichtwellenleiter, drahtlose Übertragung							

Abbildung 1-5: OSI und TCP/IP Standard

hinweg. Er hat eine militärische Herkunft und verbreitete sich nach der Freigabe für zivile Nutzung über die E-mail-Anwendung und deren breite Akzeptanz in akademischen Einrichtungen. So waren unternehmensindividuelle Strategien, die alleinige Nutzung der eigenen Fabrikate zu oktroyieren, nicht mehr durchsetzbar. Auch der mühsam "am Leben gehaltene" Standard OSI ist in einem nie richtig entfachten "Krieg der Protokolle" untergegangen. Die sog. offene Kommunikation verläuft heute in den Bahnen des TCP/IP-Standards. Er fand somit 30 Jahre nach seiner Konzipierung über Nacht eine derart breite Akzeptanz, dass er zu einem weltweiten Industriestandard wurde. Diese Entwicklung ist das eigentliche Phänomen INTERNET.

Das INTERNET ist eines der besten Beispiele für den Erfolg offener Standards im technologischen Umfeld, aber auch hinsichtlich des dezentralen Managements der Netzwerke ein Leitbild für die betriebliche Organisationsstruktur. Die Standards, auf denen das INTERNET weiterhin aufgebaut wurde, ermöglichten die Schaffung einer hochintegrierten Netzwerkinfrastruktur. Es entstand eine regelrechte Protokollfamilie. Es können kostengünstige, standardisierte Komponenten verwendet werden, die auf wettbewerbsorientierten Hardware- und Softwaremärkten angeboten werden. Ohne die technische Realisierung des INTERNET durch anspruchsvolle Techniken wie z.B. Routing-Systeme, Namens- und Verzeichnisdienste oder Dienste des Netzwerkmanagements hätte die heute gegebene und als erfolgskritisch zu bezeichnende *Verteilungstransparenz* nicht erreicht werden können. Transparenz ist der alte "Traum" der Datenverarbeitung, sich von den stand-alone-Systemen zu lösen und verteilte Datenbanken zu halten. Dabei soll dem Endnachfrager ein derartig verteiltes System genau wie ein nicht-verteiltes erscheinen. Es soll der Anschein erweckt werden, dass sämtliche Daten an einem zentralen Ort, nämlich dem eigenen Standort, gespeichert seien. Aus Gründen der Zugriffsgeschwindigkeit soll das Unterhalten von Kopien der fragmentierten Daten an unterschiedlichen Standorten möglich sein, wobei das jeweilige

System für die Sicherung der Konsistenz zwischen den einzelnen Kopien verantwortlich ist.

Die optimale Nutzung der Telefonnetze durch das INTERNET erfolgt durch die sog. Paketvermittlung. Datensätze werden in kleine Blöcke (Pakete) zerlegt und nummeriert. Dies ist Aufgabe des Transmission Control Protocol (TCP). Das Internet Protocol (IP) legt die Paketformate fest und stattet sie mit Adressinformationen (Header) aus, die ein Auffinden des Empfangs der Datensendung garantieren. Diese Pakete werden dann einzeln vom Sender auf die Reise zum Empfänger geschickt. Die Leitungen zur Übertragung eines einzelnen Paketes werden Schritt für Schritt stets von einem Knoten zum nächsten aufgebaut, und an jeder Stelle des Verbindungsweges muss der jeweils nächste Netzknoten (mit dem geringsten Stau) ermittelt werden. Die Pakete werden dann beim Empfänger wieder zu dem ursprünglich abgesandten Datensatz zusammengesetzt. Durch dieses Prinzip können die vorhandenen Leitungskapazitäten effektiv ausgeschöpft werden. Übertragungen über das öffentliche Fernsprechnetz (sog. Public Switched Telephone Network) sind *nicht* paket-, sondern leitungsvermittelt. Das heißt, dass zwischen Absender und Empfänger für die Dauer der Übertragung eine Standverbindung hergestellt wird, über die der Datenaustausch zwischen diesen beiden Kommunikationspartnern erfolgt. Der Pfad ist ausschließlich für diese Verbindung reserviert und kann nicht von anderen Informationen verwendet werden.

TCP und der IP-Standard der Paketvermittlung zur Datenfernübertragung sind große technologische Fortschritte, die allein jedoch nicht die bevölkerungsbreite Akzeptanz dieser Technologie bewirkt hätten.

Die Öffnung der Netztechnologien für den Massenmarkt hängt - wie jede Technologie - von der Entwicklung funktionsorientierter Technologiebündel oder Mehrwertdienste ab. Der stärkste Motor war und ist zweifellos immer noch das auf dem INTERNET aufsetzende Informationssystem World Wide Web, das auf dem Hypertextprinzip und der Client-Server-Architektur beruht. Durch die WWW-Oberfläche ist eine noch nie dagewesene Transparenz einer Nutzeroberfläche realisiert worden. Diese Vereinheitlichung ist *der* Erfolgsfaktor für die Massennutzung. Im WWW sind die Hyper-Media-Dokumente (Text-, Bild-, Ton-, Videodateien) durch Links (Schlüsselwörter) miteinander verknüpft. Durch Anklicken dieser Links kann sich der Nutzer von Dokument zu Dokument "hangeln", ohne dass er irgendwelche Befehle geschweige denn Befehlsketten eingeben muss. Dabei halten die Server die multimedialen Dokumente (sog. pages) vor, der Client verwendet eine Browser-Software als Benutzeroberfläche, die die Suche unterstützt und die Anzeige aufbereitet. Für die Suche und die Anzeige der Informationen im WWW werden drei Standards benutzt:

> URL (Uniform Resource Locator) für die eindeutige Datenadressierung zum Finden von Dokumenten

> HTTP (Hypertext Transfer Protocol) für die Datenübertragung, zum Transport von Dokumenten zwischen unterschiedlichen Typen von Computern und Netzwerken

> HTML (Hypertext Markup Language) für die Erzeugung und die Formatierung von Dokumenten, Anlage von Hyperlinks. (Die Umsetzung der Dokumentenstruktur in ein Layout findet erst auf der Client-Seite mit Hilfe des genutzten WEB-Browsers statt.)

Jeder Teilnehmer des INTERNET kann eine individuelle Punkt-zu-Punkt-Kommunikation mit beliebigen Partnern weltweit aufnehmen. Das INTERNET stellt ihm eine Plattform, auf der konkurrierende Hardware-, Software- und Inhaltsprodukte austauschbar verwendet werden können, mit oder ohne "Wissen" der Nutzer zur Verfügung. Diese dezentrale Organisationsstruktur offener Standards des INTERNET schafft nun eine Umgebung, die die Einführung neuer Produkte ermöglicht, die ihrerseits die Funktionalität des INTERNET erweitern können.

Beim Client werden durch eine für den Nutzer nicht sichtbare Zuschaltung weiterer Programmodule unterhalb der Browseroberfläche wie *Helper-Applications, Plug-ins, Applets* etc. weitere Funktionen realisiert.

Auf der Serverseite werden insbesondere die sog. Scripts zugeschaltet etwa in Form des *CGI-Scripts* (Common Gateway Interface), die z.B die Erfassung und Prüfung von Eingaben in Masken ermöglichen.

Client-Server Erweiterung

Zum Aufbau der Hyperlinks gibt es bisher zwei wesentliche Hilfen: zum einen katalogisierte Links und zum anderen Search Engines. Kataloge bzw. Directories bieten zumeist handselektierte Links, die nach Themen und innerhalb der Themen hierarchisch geordnet sind. Sie sind eine Hilfe für den ersten Einstieg. Diese verzeichnisbasierten Suchdienste beschäftigen Lektoren, die täglich interessante WWW-Seiten im INTERNET aufspüren, sichten und in ihre Datenbanken aufnehmen. Der Suchdienst *Yahoo* (Akronym für Yet Another Hierarchically Officious Oracle) z.B. beschäftigt mehrere Lektoren, um die Vielfalt der Angebote in 20000 Themengebiete einzuordnen (Stein 1996).

Search Engines sind Suchsysteme, die sich die Informationen quasi selbst beschaffen. Dazu benutzen sie spiders (robots), die die Informationen vollautomatisch in einem Breiten- und Tiefendurchlauf nach Inhalt, Titel, URL durchsuchen. Sie stützen sich dabei auf einen inhaltsorientierten Index zum Abgleich mit der Suchanfrage, den sie permanent erstellen, indem sie vollautomatisch alle neuen Dokumente absuchen und bereits bekannte Dokumente auf Änderungen überprüfen. Die bekanntesten Suchmaschinen sind *Alta Vista, Infoseek, Excite, WEBcrawler, Dino* etc. Anstatt die Suchdienste einzeln abzufragen, kann man dies auch von sog. Meta-Suchdiensten erledigen lassen, z.B. *Metacrawler*. Sie bauen keine eigenen Datenbanken auf, sondern delegieren die Suchanfragen an andere und kontrollieren lediglich die Resultate. Die zu-

Suchmaschinen

rückgelaufenen Ergebnisse werden dem Benutzer zusammengefasst präsentiert. Dieses Agieren der Suchmaschine bezeichnet man je nach Autonomiegrad als Informationsagenten. Die primäre Aufgabe eines Informationsagenten besteht in der Unterstützung seines Nutzers bei der Suche nach Informationen in verteilten Systemen bzw. Netzwerken. Dazu muss ein Informationsagent in der Lage sein, Informationsquellen aufzuspüren, Informationen aus den Quellen zu extrahieren, aus der Gesamtmenge der gefundenen Informationen die dem Interessensprofil seines Nutzers entsprechenden Informationen aufzubereiten und zu präsentieren. Dabei nutzt der Informationsagent die Methoden des Information Retrieval und Information Filtering (Metadaten, Boole'sche Operatoren etc.) und natürlich eine Datenbank-Architektur. Die bisherige klassische Datenbankkonfiguration wurde an der Schnittstelle der Datensichten durch Softwarekomponenten des HTTP-Protokolls und der HTML-Formulare mit einer neuen Qualität ausgestattet. Auch die Dateneinlagerung und die Indizierung der Daten wurde durch sog. Such-Administratoren erheblich beschleunigt und automatisiert. Der Informationsagent versucht zunehmend, Bewertungskalküle aufzunehmen. So arbeitet z.B. der Suchdienst *WEBCrawler* mit Relevanzziffern. Diese sollen die prozentuale Wahrscheinlichkeit für die Übereinstimmung der gefundenen Dokumente mit der Suchaufgabe zeigen. Dokumente, die alle Wörter der Suchanfrage eines Nutzers enthalten, erhalten eine größere Relevanz. Sie stehen in einer höheren Position als die Dokumente, die nicht alle Wörter der Suchanfrage enthalten. So entsteht ein spezifisches Ranking der Dokumente.

Information
Retrieval
Information Filtering

Eine Suchmachine besteht aus drei Teilen

- ➢ einem Metadaten sammelnden Programm
- ➢ den gesammelten Metadaten
- ➢ einer Benutzerschnittstelle.

Dabei erweitert die Suchmaschine eine Datenbank permanent mit

Informationen über die Dokumente (Extrahierung bibliographischer Daten), insbesonders aber über die Struktur der Verweise.

Die Weiterentwicklung dieser Suchmaschinen liegt in dem Übergang von Pull- zu personalisierten Push-Diensten. Dazu müssen Nutzerprofile erstellt werden. Dies kann ganz einfach über das Abfragen von Präferenzen im Rahmen einer geschlossenen Befragung anhand von Beispielen erfolgen. Schwieriger ist eine Initialisierung eines Nutzerprofils durch Beobachtung und anschliessender Clusterung des Nutzerverhaltens. Ein Pionier eines auf Nutzerprofilen aufsetzenden Push-Dienstes ist z.B. die Personalisierung der Nachrichtenkanäle durch *PointCast* (vgl. Innovative Geschäftsmodelle). Eine weitergehende Personalisierung über diese NewsWatcher-Dienste hinaus sind sog. "Advising und Focus"-Dienste. Der Nachfrager erhält vor dem Hintergrund seines Nutzerprofils Ratschläge (Advising) und soll dadurch auf das Wesentliche (Focusing) konzentriert werden. Ein Pionier aus dem Bereich des Films und der Musik ist *Firefly*-Network (vgl.Interaktion).

Zur Beschleunigung werden sog. Proxy-Server eingesetzt. Sie fangen Zugriffe ab und überprüfen sie auf eine evtl. bereits erfolgte Ablage des Ergebnisse in ihrem Cache (Zwischenspeicher). Wenn ja, wird der Zugriff aus dem Cache bedient. Dieses günstigere Antwortzeitverhalten wird mit einer gewissen Rate an veralteten Dokumenten in den Zwischenspeichern erkauft. Die heute existierenden Suchmaschinen sind allerdings lediglich textorientiert. Nur wenn Textinformationen vorhanden sind, kann die Suchmaschine erfolgreich sein. Es gibt derzeit noch kaum Möglichkeiten z.B. nach Inhalten in Bildern, in einer Musik zu suchen.

Weiter auf den Netzwerktechnologien aufsetzende Anwendungen sind E-mail und der Dateitransfer (ftp = file transfer protocol). Die Akzeptanz von E-mail ist beeindruckend. Über *AOL* wurden 1999 130 Mio. E-mails versandt, über die deutsche Post zur selben Zeit 54 Mio. Briefsendungen (Liedl 1999). Dabei stellt die E-mail-

Nutzung eine Lokomotivfunktion für die WEB-Nutzung dar. Der Versand von E-mails basiert auf dem *simple mail transport protocol* (SMTP) und das Retrieval auf dem *post office protocol* (POP). Das erweiterte multimedia internet mail extensions-Protokoll (MIME) erlaubt die zusätzliche Übertragung von Video- oder Sound-Clips etc.

Die Bündelung von Technologien in Richtung anwendungsorientierter Produkte ist nicht mit Hilfe eines Modells, Strukturierungsgitters steuerbar bzw. vorhersagbar. Dies muss man heute nach vielen Versuchen einer Strukturierung des Technologiemanagements konstatieren. Es bleibt lediglich die gezielte breite Unterstützung des Prozesses des „organisatorischen Lernens". Dabei bestehen die Schubkräfte zur Entwicklung von marktreifen Produkten aus einem Gemisch von „technology push" (die Nachfrager können die technologischen Potenziale nicht erkennen) und einem „demand pull" (die Entwickler erkennen nicht die individuellen Präferenzen bzw. Nutzenerwartungen). Die Asymmetrien zwischen diesen beiden Kräften werden auch vom INTERNET wiederum unter Beweis gestellt. In diesem diffusen Gemisch macht die Entwicklung von Prototypen derzeit einen chaotischen Eindruck. Die Feststellung, dass ein INTERNET-Jahr sieben normalen Jahren entspricht, ist unstrittig. Die Entwicklungszeiten werden immer kürzer und netzwerkgestützte Produkte veralten nach noch kürzeren Zyklen. Als Folge davon werden viele technologische Innovationen nach dem „trial and error"-Prinzip auf den Markt gebracht und dem Kunden wird die Rolle des Testers bzw. Entwicklers zugewiesen (First ship in, then test it bzw. das Produkt reift beim Kunden). Dadurch entsteht eine volatile Nachfrage. Die Beherrschung dieser Geschwindigkeit ist eine Grundvoraussetzung, um sich auf diesen Märkten behaupten zu können. Um technologische Innovationsvorsprünge zu halten, Economies of Scale zu nutzen, müssen auch kleine Unternehmen Allianzen, Partnerschaften, Joint-Ventures eingehen. Dabei haben in den INTERNET - getriebenen Märkten die *demand-side Economies of Scale* (je mehr

Nachfrager ein Produkt hat, desto "wertvoller" wird es) und damit die Innovationsgeschwindigkeit mehr Bedeutung als die traditionellen *supply-side Economies of Scale* (je größer die Produktion, desto geringer die Stückkosten).

INTERNET - Technologien: US-Erfolgsfaktoren

In dieser Dynamik muss eine Balance zwischen technologischer Kreativität, steilen Wachstumsraten und Faktoren wie Qualität, Stabilität der eigenen Infrastruktur, Kosten zusätzlicher Kapazitäten gefunden werden. Dabei ist die Konzentration auf Kernkompetenzen unabdingbar. Angesichts dieser Situation auf den Märkten der INTERNET - Technologien ist die führende Stellung der USA anhand der Erfolgsfaktoren Konzentration von technologischer Kompetenz, risikofreudige Kapitalgeber, Kooperationswilligkeit, -fähigkeit und wegen der kulturellen Akzeptanz von Fehlschlägen leicht zu erklären.

INTRANET

EXTRANET

Das TCP/IP-Standard-Protokoll definiert einen Netzwerk-Transport-Standard, der im Sinne einer Verknüpfung rechtlich selbständiger Teilnehmer nicht exklusiv an das INTERNET gebunden ist. Da aber das Protokoll angesichts seiner globalen Verbreitung eine tragfähige Basis für die Entwicklung vieler Anwendungsprodukte ist, setzt eine große Zahl von Unternehmungen diese Produkte und damit dieses Protokoll auch für ihre unternehmensinternen informationsverteilenden Netzwerke ein: sog. INTRANET. So können alle Mitarbeiter hausintern mit den typischen INTERNET-Diensten von E-mail bis WWW miteinander kommunizieren. Setzen Unternehmer das TCP/IP-Protokoll und dessen Produkte für den Austausch von Informationen mit anderen Geschäftspartnern ein oder sogar für das Führen einer gemeinsamen verteilten Datenbank, so spricht man von einem EXTRANET.

Neben den offenen Netzen des INTERNET haben große Unternehmungen eigene Netze mit ihren Vorlieferanten aufgebaut, um Daten im Rahmen des Electronic-Data-Interchange (EDI) auszutauschen. Es gibt auch Anbieter von Netzdiensten wie z.B.

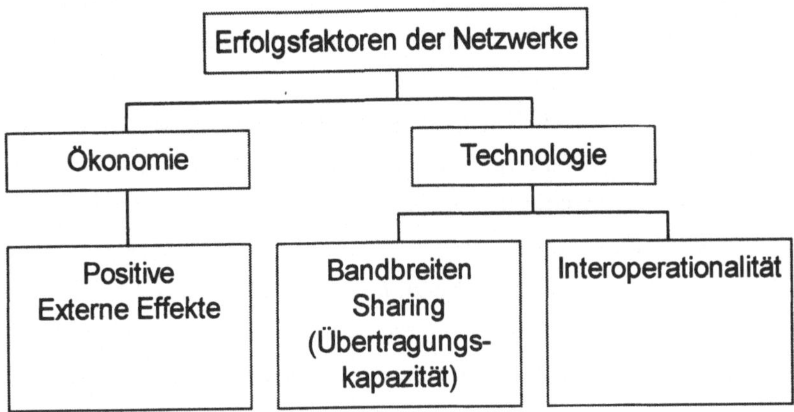

Abbildung 1-6: Erfolgsfaktoren der Netzwerke

die deutsche Telekom, die neben der Transportkapazität weitere Dienste zur Verfügung stellen. Man bezeichnet sie daher als Mehrwertnetz-Anbieter, sog. value-added-networks (VANs). Ihre Bedeutung ist angesichts der niedrigen Datenübertragungskosten und der größeren Nutzerbasis des INTERNET rückläufig. In Zukunft werden die derzeit vom Fernsehen genutzten Kabelnetze, die Mobilfunknetze etc. hinzutreten.

Zusammenfassend kann man sagen, dass das Wachstum der Netzwerke nach dem Durchbruch der INTERNET - Technologien auf einem Mix ökonomischer und technologischer Erfolgsfaktoren basiert:

> positive Externe Effekte
> technologische Effizienz durch Bandbreiten - Sharing
> Interoperationalität.

Ökonomisch beruht das Wachstum der Netzwerke auf *positiven Externen Effekten (network externalities)*. Nutzer des Netzwerks erfahren einen generellen Vorteil, wenn ein zusätzlicher Nutzer sich in das Netzwerk einschaltet. (Der Wert eines Telefons ist gering, wenn wenige Leute ein Telefon haben, aber sehr viel höher, wenn man jeden telefonisch erreichen kann.) Wenn das Netzwerk "verstopft" ist, entstehen negative Externe Effekte.

Die *technologischen* Wachstumsfaktoren der Netzwerke basieren auf der *Interoperationalität*, die Mechanismen zur Verfügung stellt, um Informationen zwischen heterogenen Hardware- und Softwarewelten auszutauschen. Hinzu kommt eine flexible Nutzung *(statistical sharing) der Bandbreite (Übertragungskapazität)* durch die Nutzer. Das Netzwerk weist einem Nutzer nicht eine konstante Übertragungskapazität zu, sondern reguliert diese je nach Nutzung bzw. Spitzenbedarf. Nicht unerwähnt bleiben soll die nunmehr schon seit 1970 andauernde Verdopplung der Verarbeitungsgeschwindigkeit der Mikroprozessoren alle 2 Jahre im Verhältnis zu gegebenen Preisen.

Diese Erfolgsfaktoren sind zugleich auch die Ausgangspunkte der später detailliert erläuterten unternehmerischen Strategien:

> Erzielung positiver Netzwerk-Effekte durch Lock-in-Strategien, seien sie durch qualitative oder logische Merkmale gekennzeichnet
> Steigerung der Übertragungsgeschwindigkeit durch die Entwicklung weiterer Kompressionstechnologien etc.
> Steigerung der Integration im Rahmen der Interoperationalität.

Marginalien:

Wachstumsmotor:

Ökonomie->Externe Effekte

Technologie->Bandbreiten-Sharing,

Interoperationalität

1.3 Elektronischer Markt

Das Agieren in Netzwerken bedeutet, dass alle klassischen Paradigmen von Angebot und Nachfrage etc., die man von den konventionellen Marktregulativen kennt, in die elektronischen Märkte umgesetzt werden müssen.

Ein Markt setzt sich aus drei Komponenten zusammen:

- Teilnehmer:
  - Anbieter
  - Nachfrager
  - Vermittler
  - Rahmenbedingungen (Staat, Umweltfaktoren)

- Produkte

- Prozesse, Transaktionen, Austauschbeziehungen:
  - Informationsphase (Suche nach potentiellen Anbietern und Nachfragern)
  - Entscheidungsphase
  - Vereinbarungsphase (Liefer- und Zahlungsbedingungen)
  - Abwicklungsphase (Leistungsübertragung).

Diese drei Komponenten können sich nun unterschiedlich physisch (offline) oder digital (online) darstellen:

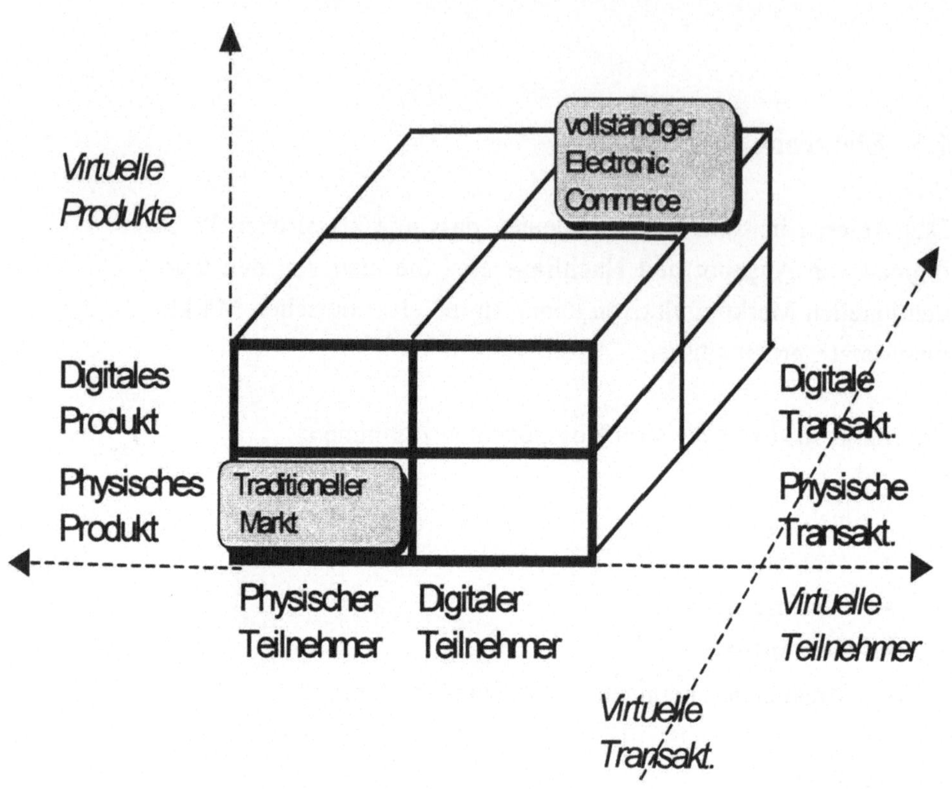

Abbildung 1-7: Elektronischer Markt
(Quelle: Choi 1997)

Es gibt eine große Spanne der Marktausprägungen. Ein traditioneller Markt ist ein Markt, in dem alle drei Komponenten physisch sind. Ein elektronischer Markt ist in seiner extremsten Ausprägung ein Markt, in dem alle drei Komponenten digitalisiert sind, d.h. die Produktion, das Produkt, die Anbahnung, Lieferung, Zahlung und die Konsumption. Dies ist bei Informationsprodukten wie z.B. Datenbanken, Softwareprodukten, Multimedia-Produkten, WEB-pages, Börsenwerten etc. der Fall.

MIX: Digitalisierung und physische Produkte

Dazwischen gibt es viele Mischformen wie zum Beispiel:

> Eine Zeitung kann sich auf Papier (physisches Produkt), teilweise als Online-Version (digital) darstellen und ihre digitalisierten Archive für weitergehende Informationen öffnen.
> Eine CD-ROM liegt dazwischen: ihr Inhalt ist digital, die Verpackung physisch.
> Ein Geschäft zu betreten, ist bis heute überwiegend ein physischer Vorgang bzw. Prozess; digital verläuft er im Rahmen einer Electronic Mall bzw. bei einem Suchen im INTERNET.
> Eine Theateraufführung dagegen kann multimedial durch Video- und Audiosequenzen beschrieben werden.

Mit abnehmender Bedeutung müssen bei digitalen Produkten wie z.B. einer Datenbank notwendige Zusatzleistungen erbracht werden (Beratung, Schulung etc.), die auf der physischen Anwesenheit eines Individuums basieren. Diese physischen Anteile werden heute weitgehend digitalisiert. Die Beratung erfolgt mit Hilfe von E-mail, Help-Funktionen, benutzerfreundlichen Interfaces.

Daraus folgt, dass ein Elektronischer Markt sich heute in der Regel noch aus unterschiedlichen physischen und digitalen Anteilen zusammensetzt. So kann z.B. das Produkt physisch und das Marketing dazu digital sein; das Produkt digital und die Zahlung mit Hilfe eines Schecks erfolgen; der Käufer kann, anstatt am Bildschirm zu lesen, sich einen Ausdruck machen etc.

Transaktionen: Hauptangriffspunkt der Digitalisierung

Informationsflüsse im Rahmen von Markttransaktionen

Unabhängig von dem Digitalisierungsgrad der Produkte setzen die Wirkungen der Netzwerke bei den Informationsflüssen im Zusammenhang von Geschäftsbeziehungen an den Transaktionen an (Picot 1996):

Das Modell der einzelnen Phasen der Markttransaktionen stellt sich wie folgt dar:

1. In der ***Informations- und Entscheidungsphase*** werden Informationen über potentielle Anbieter und Nachfrager gesucht. Diese werden im Rahmen eines (alternativen) Vergleichs verarbeitet sowie abschließend für die Entscheidung über einen Kauf bzw. Verkauf eingesetzt. Von entprechenden Parametern ausgehend findet ein Matching statt.

Informations- und Entscheidungs-phase:
Neue Mehrwerte
- globale Transparenz
- keine Informations-Asymmetrien

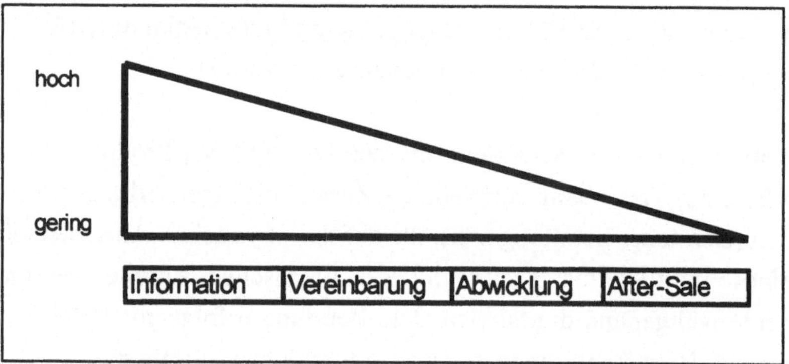

Abbildung 1-8: Grad der Unterstützung einzelner Phasen einer Transaktion

Dabei wird die Informationssuche nicht nur beschleunigt, sondern die Vergleichs- und Entscheidungsphasen werden durch Roboter, Intelligente Agenten mit völlig neuen Mehrwerten ausgestattet (vgl. Interaktion). Zeitliche und räumliche Distanzen werden reduziert, jeder kann standortunabhängig in einem Weltmarkt agieren und erreicht eine globale Markttransparenz. Die Informationsasymmetrien zwischen den Marktpartnern verlieren an Bedeutung. (Nicht nur die Nachfrager, sondern auch die Anbieter gewinnen an Transparenz durch Auswertung der Kundendaten und ihrer gewählten Informationswege). Wenn jemals eine Technologie einen konventionellen Vorgang in gravierendem Ausmaß mehr als 1:1 übersetzt hat, dann in dem vorliegenden Fall der Informations- und Entscheidungsphase. (Dies würde einen wichtigen Schritt zur

Erfüllung der uralten Vision der Wirtschaftswissenschaften vom "Vollständigen Konkurrenzgleichgewicht" mit allen ebenfalls visionären Attributen wie Pareto-Optimum, Sozialem Optimum etc. bedeuten).

2. In der anschließenden *Vereinbarungs- und Abwicklungphase* treten Anbieter und Nachfrager in Kontakt, stimmen sich über die jeweiligen Liefer- und Zahlungsbedingungen ab und schließen häufig über die Bestellung einen Kaufvertrag. Die anschließende Leistungsübertragung kann bei digitalisierten Informationsprodukten online erfolgen, bei materiellen Produkten über konventionelle Lieferformen. Die diesen Vorgang begleitenden Finanztransaktionen sind derzeit noch das schwächste und kritischste Glied in der Digitalisierung der Ausgangslogistik. Es gibt eine fehlende Sicherheit im Zahlungsmittelverkehr (Micropayment). Es gibt auch fehlende Sicherheiten im Datenschutz, bei den Urheberrechten, bei elektronischen Unterschriften und bei der Beweiskraft von elektronischen Dokumenten im Rahmen gerichtlicher Auseinandersetzungen (vgl. Kritischer Faktor: Sicherheit). Die operativen Abläufe wie Lieferanzeigen, Frachtpapiere, Zollformulare, Rechnungen etc. waren schon früher - wenn auch noch nicht so verbreitet - eine Domäne des Electronic Data Interchange mit allen Facetten.

Finanz-
transaktionen:
schwächstes Glied
in der
Digitalisierung

Da die Netzwerke eine problemlose Informationsverteilung betreiben können und damit die Informationsintensität der Transaktionen steigern, entsteht neben den klassischen Wettbewerbsinstrumenten wie Preis und Menge ein neuer zusätzlicher Wettbewerbsparameter ergänzender Informationsinhalte. So bieten Kurierdienste wie z.B. *Federal Express* den Kunden die Möglichkeit, den aktuellen Stand einer Sendung online abzufragen. Der logistische Ablauf kann also jederzeit vom Kunden eingesehen werden. Dieses sog. "tracking" wird zusehends auch auf den Ablauf von Produktionsaufträgen ausgedehnt. So kann man bei dem PC-Hersteller *Dell* online erfahren, welchen Stand der aufgegebene Auftrag zu einem bestimmten Zeitpunkt hat. Der Großhändler *Merisel* stellt das Bestellsystem

Zusatzinforma-
tionen zu den
Transaktionen

SELine zur Verfügung, mit dem Einzelhändler Preise, Bestände und Lieferzeiten abfragen können.

Die Regulativkraft eines freien unbehinderten Marktes gilt als der Garant der Wachstums- und Wohlstandsentwicklung der westlichen Industrieländer. Dabei ist das INTERNET, verstanden als eine globale Matrix vieler verknüpfter DV-Netzwerke einschließlich ihrer Anwendungen wie WWW, CGI-Schnittstelle zu Datenbanken etc., eine ideale Plattform für die "Vollkommene Konkurrenz", die heute mehrheitlich auf den physischen Märkten nicht mehr gegeben ist. Ein Markt ist dann ideal funktionsfähig, wenn u.a. Transparenz über Angebot und Nachfrage, ungehinderter Marktzutritt (es gibt viele Anbieter und Nachfrager, die individuell nicht den Preis beeinflussen können), keine räumlichen Barriere etc. bestehen. Eine Partizipation im INTERNET auf der Grundlage gesetzter Standards ist für neue Anbieter mit geringen Kosten verbunden; kleine Anbieter haben die gleiche Chance, sich darzustellen wie große. Eine vollkommene Information über Preise und Güter ist auf physischen Märkten (abgesehen von dem klassischen Beispiel des lokalen Wochenmarktes) nicht möglich und/oder häufig bei zunehmenden Kosten der Informationsbeschaffung angesichts des jeweiligen Produktpreises auch nicht rational. In elektronischen Märkten kann man durch Intelligente Agenten, maschinelles Indexieren etc. die Informationssuche automatisieren, ohne dass nennenswerte Kosten entstehen. Aber nicht nur Käufer profitieren von dieser Information, sondern auch die Verkäufer durch unproblematisch zu gewinnende Käuferdaten. Nachfragedaten reduzieren Fehlinvestitionen, erlauben eine effektivere Produktdifferenzierung und eine Preisdifferenzierung, die die "willingness-to-pay" optimal ausschöpft. Diese Transparenz, die von den Ökonomen stets abstrakt als Prämisse eines funktionierenden Marktes vorgegeben, in ihrer unrealistischen Setzung stets kritisiert und für viele Beispiele des Marktversagens verantwortlich gemacht wurde, kann nun erstmals gravierend verbessert werden.

Die Effizienz eines Marktes ist also direkt abhängig von der *Qualität der Informationen über die Produkte und Konsumentengewohnheiten* und ihrer Verfügbarkeit. Wenn vollständige Informationen vorlägen, wäre eine Markttransaktion ein bloßer Tausch. Die Preise würden sich so anpassen, dass sie die Qualitätsunterschiede reflektierten. Es wären weder Marketingaktivitäten noch Überschusslager, Reklamationen, Zwischenhandelsstufen etc. nötig - so die Theorie. Diese Situation ist jedoch in der realen Welt nicht gegeben. Hier herrschen massive Informationsasymmetrien vor.

Die auf das INTERNET aufsetzenden elektronischen Katalogsysteme können die Unsicherheit über die Qualität der Produkte *formal* deutlicher reduzieren als es in konventionellen Märkten möglich ist. Durch die Technologieeigenschaften (globale, zeitunabhängige Reichweite, Aktualität, Interaktivität, Selektionsmechanismen etc.) kann eine neue Qualität der Produktinformationen angeboten werden. Dies war bisher mit den breiten, wenig spezifischen "Push"-Produktinformationen konventioneller, nicht interaktiver Informationsträger wie z.B. TV, Radio, Print-Medien nicht möglich. Hierzu aussagekräftig ist die Einschätzung von US-Autohändlern, dass z.B. ein Verkaufsgespräch mit einem Kunden, der sich vorher über die WEB-Site informiert hat, mit 25 US-$ zu Buche schlägt, während das Gespräch ohne diese Vorabinformationen mehrere 100$ kostet (Economist 11.2.1998).

Informationen über Produkte:
- global
- interaktiv
- zeitunabhängig
- selektiv
- aktuell

Wie z.B. problemorientierte Werbung flankierend zu Recherchen im INTERNET eingeblendet werden kann, zeigt u.a. eindrucksvoll *Amazon.com*. So kann auf der Homepage eines Golfklubs ein Button von *Amazon* mit Büchern über das Golfspielen erscheinen. Auf diese Weise führen Hyperlinks von einem Kernprodukt zu allen komplementären Produkten (sog. Interaktives Placement).

Mit dem Fortschritt der Entwicklung von HTML und CGI-Skripten (Common Gateway Interface) zu JAVA und objektorientierten Entwürfen gibt es sehr viel größere Potenziale zur Unterstützung von Kundenentscheidungen. Diese Systeme enthalten Elemente des elektronischen Publizierens, bauen aber insbesondere Schnittstellen (Interfaces und Gateways) zu den Datenbanken bis tief in die Wertschöpfungskette der Anbieter auf.

So bietet z.B. die *Digital Equipment Corporation (DEC)* eine indexierte Datenbank mit einem Suchmenü über Produktbeschreibungen, Performance Reports, Presseberichte, Newsletter etc. an. Wenn dem Nutzer diese Informationsmöglichkeiten immer noch nicht genügen, kann er natürlich interaktiv mit *DEC* darüber kommunizieren. Mit CGI können die Kunden in einer Datenbank nachschlagen, einen elektronischen Einkaufswagen verwenden, Versandkosten und Zuschläge automatisch berechnen, Bestände prüfen und Versanddaten verifizieren. Im Hintergrund können CGI-Programme Bestandsdaten aktualisieren, Bestellungen eintragen und Informationen an die Rechnungsstelle weiterleiten. Dazu kann der Kunde jeweils den Bearbeitungsfortschritt seines Auftrages verfolgen.

Bei rein technologiegestützten Transaktionen fehlen die konventionellen vertrauensbildenden Elemente wie z.B. eine personale Interaktion (Körpersprache, Haptik, Taktiles, spontane Rückkoppelung etc.). Vertrauen ist ein wichtiger Treiber, eine notwendige Informationsgewinnung und -verarbeitung zu überbrücken, um zu einer Entscheidung zu kommen. Es reduziert die Komplexität und stärkt so die Handlungsfähigkeit der Akteure. Dabei ist Vertrauen selbst ein kompliziertes Konstrukt und schwierig zu instrumentalisieren. Es wirkt wie ein Wahrnehmungsfilter; je nach individueller Disposition schwächt es spezifische Signale ab, blendet sie aus oder kann sie sogar verstärken. Vertrauen ist daher ein wichtiges "Schmiermittel" für das Funktionieren der Märkte. Der Erfolg neuer informationsintensiver Produkte und Kooperationen ist deshalb auch von dem Ausmaß an Vertrauen bestimmt. Besteht beispielsweise Misstrauen gegenüber den Qualitätsmerkmalen technologiegestützer Produkte, dann werden innovative Entwicklungen und

Anwendungen blockiert. Misstrauen wirkt hier also wie eine Innovationsbremse. Dabei muss zum einen gesehen werden, dass die neuen Technologien die Informationsverarbeitungskapazität der Wirtschaftssubjekte erweitern. Zum anderen aber hat die derzeit überwiegende Mehrheit der Nachfrager trotz INTERNET - Euphorie Skepsis, Unsicherheit bis Misstrauen gegenüber dieser Technologie wegen ihrer nicht transparenten Abläufe.

In dieser spezifischen Situation gewinnen Markennamen - wenn nicht ausreichende qualitätsabsichernde Signale über die Netzwerke gesendet werden können - eine entscheidende Bedeutung. Vor dem Hintergrund dieser qualitativen Vorteile müßten größere Firmen gute Wachtumschancen haben, die sie dann - je nach Produktart - durch Größenvorteile (economies of scale) verstärken können. Dies würde die Wettbewerbssituation nicht unbeeindruckt lassen. Um diesem Vorgang gegenzusteuern, bedarf es der Entwicklung von Intermediares, die die Ressourcen kleiner Firmen poolen würden, um so die Größennachteile auszugleichen. Diese Mittler würden neben der Identifizierung der Anbieter die Qualität der Produkte, die Kompatibilität im Rahmen offener Standards bei Technologieprodukten, die Sicherheit und den Datenschutz der Transaktionen etc. absichern.

Von der technologischen Seite her könnte dem fehlenden Vertrauen entgegengewirkt werden durch

> Einblenden von Gutachten, Bewertungen durch unabhängige Instanzen (Trusted-third-parties), Erfahrungsberichte
> Rückgabemöglichkeiten
> Möglichkeiten der Miete und des Leasings
> Einräumen von Garantien
> Gewährleistungen von Qualitätsmerkmalen
> Zertifizierungen des Unternehmens, der Produkte
> Verschlüsselungstechniken
> Standardisierung

➢ Mitteilungen über den Transaktionsstatus

➢ kurze Responsezeiten.

Eine qualifizierte Produktinformation ermöglicht das INTERNET gerade bei Informationsprodukten, die häufig schwierig zu beschreiben sind, durch seine Downloading-Möglichkeit. Vor allem bei Informationsprodukten werden häufig Testversionen, Demos, Freeware, Shareware etc. angeboten.

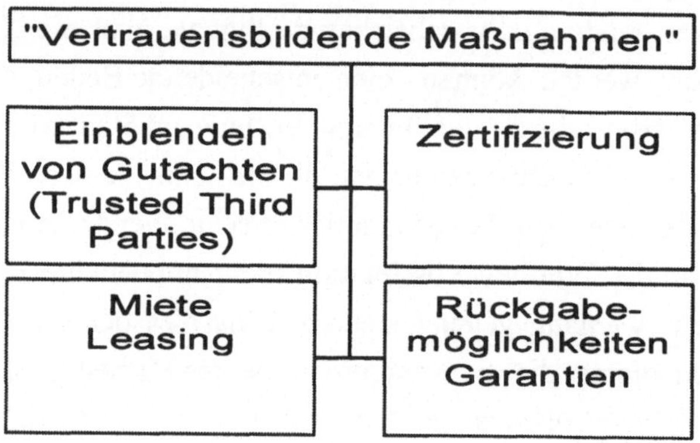

Abbildung 1-9: Vertrauensbildende Maßnahmen

Derartige Teststellungen sind für den Anbieter oft nicht nur Bestandteil einer Produktinformationsstrategie, sondern verfolgen auch Erlösziele. Bei vielen Informationsprodukten ist es zumeist schwierig, die Qualität von "außen" zu beurteilen. Hat der Kunde jedoch das Produkt getestet, kann er sicher die Qualität beurteilen. Seine "willingness-to-pay" ist größer, als wenn er die Qualität unter hohen Unsicherheiten hätte beurteilen müssen. INTERNET wird diese Transaktionskosten deutlich senken.

Folgende neue Funktionalitäten der INTERNET - Technologien können zusammengefaßt die Qualität der Informationen über Produkte und damit die Entscheidung der Konsumenten unterstützen:

Entscheidungs-Unterstützung	WEB-Möglichkeiten
Schaffen von Bedürfnissen	Intelligente Agenten, Benachrichtigung von Ereignissen
Informationssuche	Virtuelle Kataloge Tiefergehende Suche auf WEB-Seiten, Datenbanken Strukturierte Interaktionen Frage/Antworten Links zu bisherigen Kunden
Bewertung	FAQ's und andere Zusammenfassungen Beispiele, Demos Links zu bisherigen Kunden Testberichte, Gutachten
Kundendienst	Kundenunterstützung mit Hilfe von E-mail

Abbildung 1-10: Entscheidungsunterstützung durch das WEB

Eine erhebliche qualitative Ausweitung für Marktinformationen wird durch die derzeitige Entwicklung von Intelligenten Agenten angestoßen.

Die Entwicklungsperspektive der Intelligenten Agenten ist eine Schnittstelle, die natürlichsprachlich aufgesetzte Bedürfnisse in konkrete Suchalgorithmen umsetzt. Letztere Handlung umschreibt man in diesem Kontext mit "Intelligenz". Interessiert sich ein Nachfrager z.B. für den Preis eines Gutes, so erwartet man von dem Intelligenten Agenten, dass er die entsprechenden Anbieter eruiert, sie beobachtet und den Nachfrager jeweils informiert, wenn sich die Preise ändern, Sonderangebote verfügbar sind oder neue ähnliche Produkte in das Sortiment aufgenommen wurden, die eine Alternative zu den Wünschen des Nachfragers darstellen. Man kann den Grad der "Intelligenz" erhöhen, indem man dem Intelligenten Agenten ein Preislimit setzt und - bei standardisierten Gü-

Intelligenter Agent

tern denkbar - ihn bevollmächtigt, den Kauf selbständig durchzuführen. Bei kommerziellen Lagerbeständen ist es nicht schwer, sich vorzustellen, den Intelligenten Agenten mit der Lagerbestandssoftware zu koppeln, so dass er selbständig den Bedarf ermitteln kann. Dieses autonome Arbeiten in verteilten Systemen bzw. Netzwerken ist ein wesentlicher Unterschied zwischen einem herkömmlichen Softwareprogramm und einem Intelligenten Agenten. Die obige Darstellung kann natürlich unterteilt werden in eine Informationsphase mit der entsprechenden Zuordnung eines Informationsagenten und in eine Abwicklungsphase mit der Entsprechung eines Transaktionsagenten. Eine bloße Reaktion auf eingegangene Informationen bzw. ihre Abarbeitung ist bei den Watcher-Agenten realisiert. Diese haben die Aufgabe, bestimmte Informationsquellen wie z.B. INTERNET - Server zu überwachen und bei Änderungen der Inhalte ihre Benutzer zu informieren. Sie besitzen dazu einen einfachen Sensor, mit dessen Hilfe sie die ihnen zugedachten Überwachungsfunktionen wie beispielsweise die Überwachung einer WWW-Seite oder die der Börsenentwicklung ausüben können.

Vom Softwareagenten wird häufig zusätzlich eine Reaktion, eine direkte Kommunikation oder sogar Kooperation mit anderen Agenten oder menschlichen Nutzern erwartet. Dabei soll der Agent ständig aus dem Verhalten seines Nutzers lernen und selbständig entscheiden, mit welchen Mitteln er die Aufgaben erfüllt. Auf diese Weise wird der Intelligente Agent zum elektronischen Stellvertreter seines Auftraggebers. Ein erster Pilotversuch wäre z.B. das Projekt *Firefly* oder der Bargain Finder *bf* (vgl. Interaktion). Ein weitreichenderes Entwicklungsziel dieser Kooperationsagenten ist, komplexe Problemstellungen durch die Kommunikation und Kooperation mit anderen Objekten wie Agenten, Menschen oder externen Ressourcen autonom, d.h. ohne Eingriffe des Anwenders zu lösen. Damit einher gehen ein proaktives Handeln gemäß der Zielvorgaben und eine gewisse Schlussfolgerungs-Lernfähigkeit.

Neben den oben erwähnten Informations- und Kooperationsagenten unterscheidet man Transaktionsagenten. Ein Transaktionsagent überwacht sowohl in klassischen Datenbankumgebungen als auch in den Bereichen Netzwerkmanagement, elektronischer Handel die Auswirkungen von Transaktionen.

Die technologische Realisierung der Basisfunktionalitäten dieser Agenten ist zur Zeit überwiegend noch im Laborstadium, obgleich der Nachfragedruck und die Möglichkeit der Mobilisierung durch die Netzwerke sehr viel höher ist als bei der Entwicklung der Expertensysteme in den 80er Jahren und sich auf mittelfristig realisierbare Produkte richtet im Gegensatz zu den Forschungszielen der "Künstlichen Intelligenz". Der "bottleneck" ist auch hier das Fehlen von Standards und die tiefergehende Abstimmung der Protokolle zu den WEB-Sites.

Transaktions-Agent

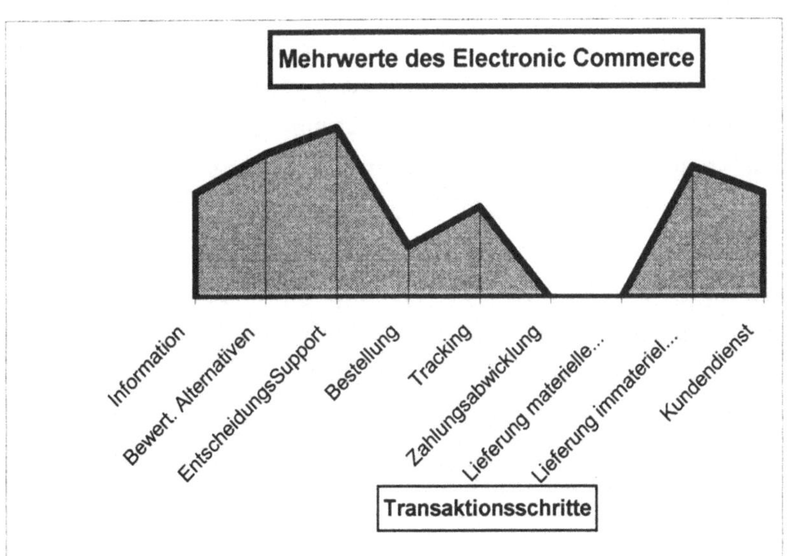

Abbildung 1-11: Mehrwerte des Electronic Commerce

Aber auch die Produktinformationen können zielgenau auf die Kunden abgestimmt werden. Durch ein Online-Monitoring und noch weitgehender durch Cookies könnte die Vorgehensweise eines Nachfragers im Hintergrund genauestens aufgezeichnet werden. Es kann protokolliert werden, welche Seite wie oft und aus welcher Richtung angesprungen wird und welche Manipulationen, Hot Words etc. der Nachfrager anklickt. Aufschlussreich wäre z.B. auch, an welchen Stellen die Recherche erfolglos abgebrochen wird. Daraus lassen sich die jeweiligen Erfüllungsgrade von Qualitätskriterien indirekt abschätzen (vgl. Interaktion).

Geänderte Strukturen des Elektronischen Marktes

Neben der heute schon verbesserten Unterstützung der Informationsflüsse von Markttransaktionen durch die Netzwerk-Technologien kann man weitere strategische Wirkungen auf die Effizienz und Effektivität des Elektronischen Marktes wie folgt grob strukturieren:

Koordinationskosten (Brokereffekt):

Die neuen Informations- und Kommunikationstechnologien führen - wie dargestellt - zu einer informationsintensiven Darstellung der Produkte und zu einer Entspezifizierung von Leistungs- und Abwicklungsprozeduren. Damit werden die Koordinationskosten und im weiteren Sinne Transaktionskosten gesenkt. Es handelt sich also um Kosten der Information und Kommunikation, die zur Vorbereitung, Durchführung, Überwachung von Arbeitsteilung und des daraus resultierenden Tausches erforderlich sind. Diese Kosten haben eine erhebliche Bedeutung an der gesamtwirtschaftlichen Wertschöpfung. In den USA wird der Anteil der gesamten Transaktionskosten am Bruttosozialprodukt für 1970 auf über 50% geschätzt (Picot 1996).

Härterer Wettbewerb:

Der Wettbewerb wird sich intensivieren, da aufgrund der globalen Erreichbarkeit Standortvorteile verschwinden. Das beste Preis-Leistungs-Verhältnis läßt sich weltweit nahezu "automatisch" ermitteln. Durch die vielfältigen Vergleichsmöglichkeiten bleiben auch kleinere Schwächen nicht verborgen. Es wird Preissenkungstendenzen geben, die aber auf der Erlösseite durch den potenziell größeren Kundenkreis aufgrund des Wegfalls der geogra-

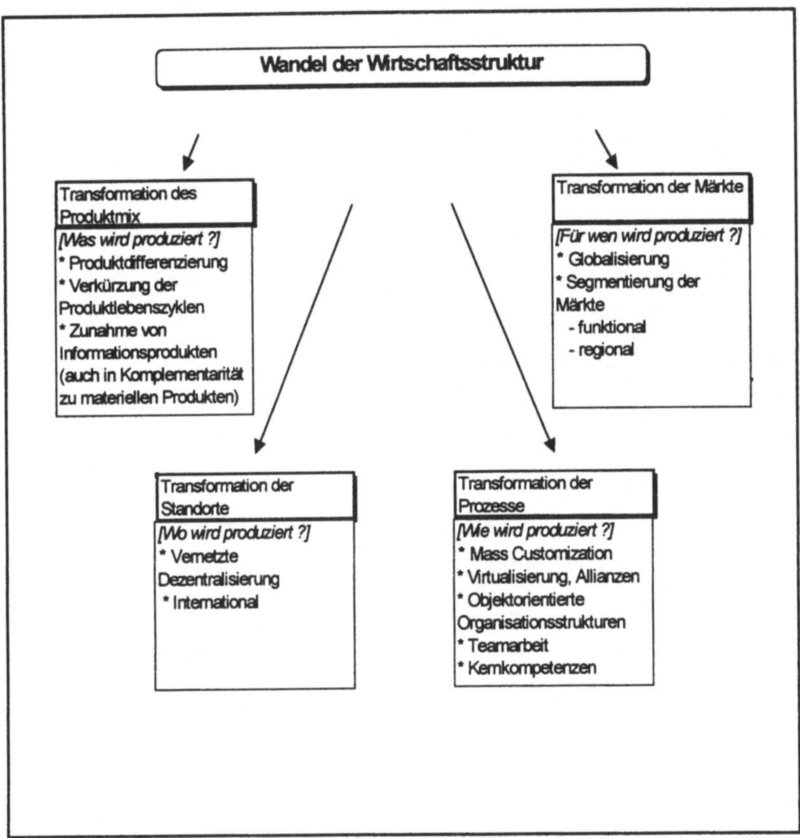

Abbildung 1-12: Wandel der Wirtschaftstruktur

phischen Barrieren ausgeglichen werden können. Aber letztendlich wird es, wenn Informations- und geographische Barrieren irrelevant werden, dazu führen, dass die Anbieter mittelfristig keinerlei Produzentenrenten, Surplus-Gewinne machen werden, sondern zu ihren Grenzkosten verkaufen müssen. (Diese Grenzkosten schließen einen „normalen Gewinn" ein, d.h. ein Entgelt für Managertätigkeit, Risikoübernahme etc.) Natürlich wird es von der Anbieterseite Gegenstrategien geben wie z.B. durch künstlich erhöhte

Produzentenrenten
entfallen

Globaler
Wettbewerb

Variantenvielfalt und extrem unübersichtliche Tarifgestaltung (vgl. Produkt- und Preisdifferenzierung). Positiv gesehen: es wird mehr Anstrengungen geben, zielgruppenorientierte Güter zu entwickeln und insbesondere durch Innovationen eine Vorreiterrolle zu spielen.

INTERNET - Technologien und gesamtwirtschaftliche Effizienz: Obwohl die INTERNET - Technologien eine globale Markttransparenz schaffen, die hierfür üblicherweise eingesetzten Transaktionskosten dramatisch senken und dadurch alles für eine Annäherung an die beschriebene Situation einer vollkommenen Konkurrenz spricht, gehen von dieser Technologie jedoch auch Tendenzen zu einer Monopolisierung der Märkte aus. INTERNET - Technologien schaffen Größenvorteile (Skaleneffekte) in der Distribution, weil ein Anbieter einen globalen Markt abdecken kann. Schwerwiegender ist jedoch angesichts der Technologieintensität sowohl der Produkte als auch der Transaktionen die Kreierung und Besetzung von Industriestandards. Gelingt es einem Anbieter z.B., derzeit allein führend in der sicheren elektronischen Abwicklung von Zahlungen (micropayment) zu werden, so würde das unweigerlich zu einer Monopolisierungstendenz auf diesem Marktsegment führen.

Unter makroökonomischen Gesichtspunkten stellt sich sehr wohl die Frage, ob technologisch führende Unternehmen mit Monopolisierungstendenzen oder ein vollkommener Wettbewerb die volkswirtschaftliche „welfare" stärker vorantreiben. Inwieweit eine Konzentration in einem technologisch-dynamischen Umfeld den Wettbewerb und damit die "welfare" wirklich reduziert, wird unterschiedlich eingeschätzt. Nach Ansicht der Vertreter der Chicago School ist eine Konzentration zur Erzielung wirtschaftlicher Effizienz zwingend notwendig. Nur große Unternehmungen können die Vorteile der Economies of Scale und der Erfahrungen aus kumulierter Produktion nutzen und damit die Bedürfnisse der Nachfrager besser befriedigen als kleine Wettbewerber. Eine Konzentration wird hier als Ergebnis eines Wettbewerbsprozesses, bei dem die effizientesten Anbieter die höchsten Marktanteile erreichen, gesehen. Die Vertreter der "Vollkommenen Konkurrenz" sehen jedoch in Konzentrationen Einschränkungen des Wettbewerbs und somit eine suboptimale Situation.

Eine gesamtwirtschaftliche Effizienzbetrachtung ist jedoch vielschichtig. Es gibt produktive, allokative und innovative Effizienzbetrachtungen, die sich gegenseitig bedingen bzw. ineinandergreifen. Kern der produktiven Effizienz ist die kostengünstige Nutzung der Ressourcen im weitesten Sinne. Darin eingeschlossen sind die oben erwähnten Massenproduktionsvorteile, Funktionsspezialisierungen und Transaktionskosteneinsparungen. Allokativ-effiziente Situationen zeichnen sich dadurch aus, dass keine Monopolrenten entstehen, sondern die Konsumentenrente maximiert wird. Monopolrenten werden durch Wettbewerbspreise verhindert. Die produktive Effizienz ist in den Darstellungen der klassischen Mikroökonomie dadurch gekennzeichnet, dass aus volkswirtschaftlicher Sicht eine maximale "Produktionsmöglichkeitskurve" erreicht wird. Die allokative Effizienz zeichnet sich dadurch aus, dass die Angebotsstruktur den Konsumentenpräferenzen entspricht. Durch eine Umallokation der Ressourcen kann der Wohlstand eines Wirtschaftssubjektes nicht verbessert werden, ohne den Wohlstand irgend eines anderen Wirtschaftssubjektes zu vermindern (Pareto-Optimalität). Unter innovativer Effizienz lassen sich alle Formen der Anwendung neuer, kostengünstiger Produktionsverfahren oder neuer besserer Produkte subsumieren.

Bildet man diese Effizienzkriterien auf die Wirkungen der INTERNET - Technologien ab, so muss man konstatieren, dass angesichts der kurzen Produktzyklen das Verfolgen der innovativen Effizienz einen weitaus kritischeren Erfolgsfaktor darstellt als die Erfüllung produktiver Effizienzziele. Inwieweit eine Monopolstellung die innovative Effizienz stärker unterstützt als eine Vollkommene Konkurrenz ist, wie aktuelle Kartellverfahren gegen *Micro-*

Vielschichtige Effizienzkriterien

soft zeigen, höchst strittig. Ganz allgemein muss man konstatieren, dass ohne den von *Microsoft* gesetzten Industriestandard der Betriebssysteme bzw. seiner Plattformen, der PC sich nicht so schnell in die Anwendungen hätte einfädeln können. Das "Verschlafen" der INTERNET - Entwicklung und das Behindern der Browser - Entwicklung durch das gleiche Unternehmen stehen dagegen schwerwiegend auf der Passivseite.

Die allokative Effizienz wird eindeutig gesteigert durch die neue, mit den INTERNET - Technologien einhergehende und noch nie erreichte Transparenz der Bedürfnisse und Möglichkeiten der Nachfrager, einen sofortigen Qualitätsvergleich durchzuführen.

Ausschaltung der Mittler: Groß- und Einzelhandel (Disintermediation):
Der Großhandel und alle Zwischenhandelsstufen basieren auf der räumlichen Nähe zum Kunden, seiner Kenntnis aller in Frage kommenden Produkte etc. Zwischenhändler leiten ihre ökonomische Stellung aus dem Überbrücken unvollständiger asymmetrischer Informationsstände zwischen den Wirtschaftssubjekten ab. Eine Behebung dieser unbefriedigenden Informationssituation ist für den Nachfrager normalerweise mit Informationskosten verbunden. Das Beschaffen der Informationen ist nun unterschiedlich schwierig. Am einfachsten sind reine Preissuchvorgehensweisen einzuschätzen, in deren Rahmen der Nachfrager nach dem niedrigsten Preis für ein homogenes Gut sucht. Weitaus aufwendiger sind Qualitätsrecherchen einzuschätzen. Der Nachfrager versucht, eine optimale Angebotsqualität bei konstanten Preisen zu eruieren. Natürlich können sich beide Informationsbedürfnisse auch mischen. Während Preise sich eindeutig feststellen lassen, ist das bei Qualitäten häufig nicht der Fall. Hier ist oft das Vertrauen auf die Erfüllung zugesicherter Qualitätsmerkmale notwendig. Eine Preisrecherche wird nur dann abgebrochen, wenn der Nachfrager ein subjektiv als ausreichend wahrgenommenes Informationsniveau erreicht hat oder eine weitere Informationssuche als zu kostspielig

empfindet. Das Unvermögen des Nachfragers, Qualitätsmerkmale häufig letztgültig beurteilen zu können, ist darauf zurückzuführen, dass er nicht über ein entsprechendes Beurteilungs-Know-how verfügt und dieses auch nicht in vertretbarer Zeit aufbauen kann bzw. will oder die Kosten der Beurteilung subjektiv als zu hoch einstuft. Die Einschaltung eines Zwischenhändlers ist nun ein Weg, diese Kosten und die Risiken zu minimieren. Informationen sind also ein zentrales Instrument der Unsicherheitsreduktion im Kaufentscheidungsprozess. Diese informationsökonomischen Funktionen des Zwischenhandels werden durch die Netzwerke weitgehend überflüssig bzw. würden die Transaktionskosten unnötig aufblähen. INTERNET - Technologien sind Technologien der Informationsverarbeitung.

Die Überbrückung von geographischen Räumen und damit die Nähe zu den Marktpartnern ist ohnehin durch die Netzwerk-Infrastrukturen überlegen gelöst. Die informationsökonomische Funktion der Zwischenhändler und damit in weitem Sinne der Transaktionen wird durch die durch die Netzwerke ermöglichte Information, Kommunikation, Evaluation und Koordination nicht nur substituiert, sondern mit deutlichen Mehrwerten ausgestattet.

Auf der Grundlage des *OECD* Input/Output-Modells wird durch das Electronic Commerce ein Rückgang der Groß- und Einzelhandelsaktivitäten von 25% vermutet. Dies wird zu einem geschätzten Rückgang in der Nutzung bzw. der Kostenart „Gebäude und diesbezügliche Bewirtschaftungsleistungen" um 50% führen, was 12,5% der totalen Kosten des Groß- und Einzelhandels ausmacht. Der Bedarf an Kapital und Arbeit wird sich um 30% reduzieren. Das sind 7,5% der totalen Kosten des Groß- und Einzelhandels (OECD 1999). Die aggregierten Distributionskosten der Volkswirtschaften der OECD nehmen um 5% ab. Diese Schätzungen beziehen sich jedoch nur auf den Handel bzw. den Business-to-Consumer-Bereich. Für Kostenreduzierung im Business-to-Business-Bereich, der den weitaus größeren signifikanten Anteil an den Gesamtkosten darstellt, liegt keine Schätzung vor (OECD 1999, S. 72). Einen guten Anhaltspunkt bietet die Wirkung der Substitution der Papierschecks durch elektronische Zahlungswege, deren Kosteneinsparung in den USA auf 30 Mrd US-$ geschätzt wird (Litau, Niskanen 1997).

Die Kosten für Vermittlungsberufe, deren Existenz sich auf eine asymmetrische Verteilung von Informationen stützt, werden nahezu total entfallen. Hier handelt es sich v.a. um Berufe, die als „human modems" arbeiten und keinerlei Mehrwerte zu ihrer Informationsvermittlung beisteuern wie z.B. Reisebüros, Versicherungsagenturen, Stockbrokers etc.

Für Zwischenhandelsstufen bleiben Funktionen, die sich durch originäre Zusatz-Qualitätsmerkmale (value-added) anreichern lassen, welche durch die INTERNET - Technologien (vorerst) nur schwer realisiert werden können. Da in den Netzwerken z.B. jeder mit jedem in Verbindung treten kann, jeder ein multinationaler Anbieter sein kann, entstehen Probleme der Qualitätsabsicherung, des Schutzes der Privatsphäre, des Vertragsschutzes etc. Dadurch ergibt sich möglicherweise ein Bedürfnis nach einer "Ökonomie des Vertrauens" (vgl. Ein neuer Informationsmarkt). Für Zwischenhandelsstufen bleibt auch eine Expertenrolle bei Gütern, deren Qualität schwierig zu beschreiben bzw. zu beurteilen ist. Durch das Aggregieren von Nachfragern kann eine erfolgreichere Preisaushandlung erfolgen, aber auch die Nutzung von Economies of Scale bei den Anbietern ermöglicht werden.

Markteintritt:

Kleinere Firmen bzw. Existenzgründungen haben den Vorteil, nicht durch große Mitarbeiterbestände und Filialnetze belastet zu sein. Bisher waren auch für kleine Unternehmen die hohen Ausgaben für Investitionen in neue Technologien eine größere Barriere als das Kreieren neuer Geschäftsideen. Nach dem Preisverfall der Informations-Technologien sind mangelnde Finanzierungsquellen und das Risiko eines Kapitalverlustes nicht mehr gegeben. Diese geringen Eintrittsbarrieren und die geänderten Kostenstrukturen haben im Umfeld des Electronic Commerce zu vielen Neugründungen geführt. Große Unternehmen sind, um wettbewerbsfähig zu bleiben, gezwungen, Geschäftsbereiche zu „kannibalisieren" und

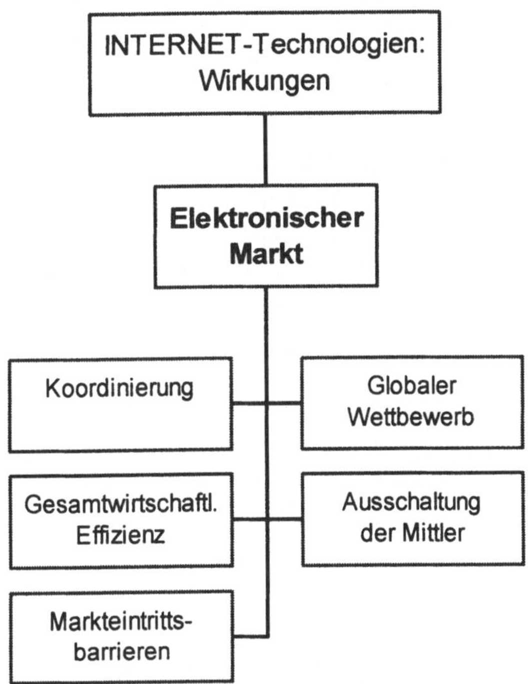

Abbildung 1-13: Wirkungen der INTERNET - Technologien

sich in einem „Bypass" ihrer traditionellen Vertriebsstrukturen im Electronic Commerce zu engagieren.

Preissenkung:
Niedrigere Kosten gehen nicht automatisch mit niedrigeren Preisen einher. Dazu bedarf es eines Wettbewerbsdruckes und/oder einer reduzierten Zahlungsbereitschaft. In ersten Untersuchungen (OECD 1999) zeigt sich, dass die auf den Einsatz der Informa-

tions-Technologien zurückzuführenden Kostenreduzierungen nicht ohne weiteres weitergegeben werden. Mögliche Gründe hierfür können darin liegen, dass die Nachfrager nach diesen Produkten in der Regel jung, gut ausgebildet und aus Bevölkerungsschichten mit einer hohen Kaufkraft sind. Sie sehen die Qualitätssteigerungen der Online-Produkte gegenüber konventionellen Gütern und sind bereit, die gleichen oder sogar höhere Preise zu zahlen. Die großen Unternehmungen sind bisher mit Preissenkungen zögerlich, da sie ihre konventionellen Distributionsketten über die Zwischenhändler nicht desavouieren wollen.

Wenn sich die Demographie der Nachfragerstruktur hier ändert, wird die Zahlungsbereitschaft möglicherweise abnehmen und der zu erwartende Wettbewerbsdruck einsetzen.

2. Lieferanten-Kunden-Beziehung

(Business-to-customer interactions)

2.1 Preisdifferenzierung

Preisfestsetzungen können sich

➤ an den Produktionskosten
➤ an der Nachfrage
➤ an dem Verhalten der Konkurrenz
➤ an den Interdependenzen innerhalb der Produktlinien

orientieren. Die Orientierung an nur einem Parameter kann, wie viele Beispiele zeigen, zu Fehlschlägen führen. Eine alleinige Ausrichtung der Preise an der Wiedergewinnung der Produktionskosten vernachlässigt Nutzenkalküle des Nachfragers. Zahlungsbereitschaft basiert auf Nutzenvorstellungen.

Der Preis ist an das jeweilige Niveau des erwarteten Nutzens gebunden. Häufig wird eine Lücke zwischen erwartetem und wahrgenommenem Nutzen bestehen. Gibt es im einfachsten Fall möglicherweise eine mangelhafte Transparenz über den Nutzen eines Gutes, so sollte diese verbessert werden, um das Potenzial der Zahlungsbereitschaft ausschöpfen zu können. Stimmen nun die Nutzenvorstellungen mit den kostenbasierten notwendigen Preissetzungen nicht überein, muss eine Quersubventionierung aus anderen Produktionslinien erfolgen. Dies muss möglicherweise so lange geschehen, bis durch eine breite Distribution der Nutzen des Gutes zunimmt. Bei digitalen Produkten tritt häufig eine Nutzensteigerung ein, wenn durch sie Anwendungs- und/oder komplementäre Produkte ergänzt werden. Natürlich kann die Deckung der

Kosten nur kurz -, aber nicht mittel- oder langfristig vernachlässigt werden. Es gibt also immer ein Spannungsfeld zwischen betriebswirtschaftlichen Kostenzwängen und den Nutzenvorstellungen beim Nachfrager.

Die Nachfrager sind jedoch - wie schon das Marketing intensiv betonte - bei weitem keine homogene Masse. Nachfrager lassen sich in unterschiedliche Segmente der Nutzenerwartungen und -einschätzungen einteilen.

Nachfrager sind keine homogene Masse

Die Kalküle der Mikroökonomie bzw. des Marketings zeigen, dass durch Preisdifferenzierungen die Zahlungsbereitschaft (willingness-to-pay) bei unterschiedlicher Bewertung durch den Konsumenten am Markt am besten ausgeschöpft werden kann. Differenzierung der Preise heißt allgemein, dass bei einem gleichen (Basis)Produkt, häufig durch marginale Zusatzmerkmale verschleiert - positiver ausgedrückt: durch Customization - von verschiedenen Nachfragern aufgrund bestimmter Kriterien verschieden hohe Preise gefordert werden.

Wie a.a.O. dargestellt, gibt es für digitale Produkte im Rahmen der Netzwerke technologiebedingt eine Kostenstruktur, die durch alleinige Fixkosten und vernachlässigbare variable Kosten gekennzeichnet ist. Nicht nur aus Gründen der Ausschöpfung der Kostendegression (alte Strategie), sondern auch zum Erreichen einer kritischen Masse an Nachfragern zur Nutzenentfaltung (neue technologiebedingte Strategie) müssen Instrumente zur Nachfragemengensteuerung eingesetzt werden. Eine derartige ertragsorientierte Preis-Mengen-Steuerung - häufig auch als Yield-Management bezeichnet - wäre ohne technologische Unterstützung nicht möglich. Im Rahmen der Netzwerke können durch Erfassung und Aufbereitung von Kundendaten sogar Preisänderungen im Zeitverlauf vorgenommen und optimiert werden. Die Notwendigkeit einer mengenorientierten Preispolitik ergibt sich auch aus den Ex-

Digitale Produkte: hohe Fixkosten - geringe variable Kosten

ternen Effekten digitaler Produkte (vgl. Externe Effekte). Durch eine breite Distribution nimmt analog zu Softwareprodukten auch bei digitalen Produkten jedweder Art der Nutzen in der Regel zu, da weitere Anwendungsprodukte auf diesen aufsetzen etc. Hier gilt also nicht der Grundsatz: je exklusiver, je knapper das Gut, desto höher der Wert. Dafür bieten sich Preisdifferenzierungen, Preisbündelungen und Produktdifferenzierungen an. Differenzierungen wie auch Bündelungen lassen sich mit Hilfe der neuen Informationstechnologien besonders leicht realisieren und intelligent ausrichten. Gerade das INTERNET als 'point-to-point-Technologie' stellt hierfür eine effektive Plattform dar.

Nachfragemengensteuerung: Kostendegression - kritische Masse an Nachfragern

Zur Differenzierung können verschiedene Kriterien isoliert oder kombiniert herangezogen werden.

Preisdifferenzierungen, Preisbündelungen, Produktdifferenzierungen

Beispiele für exogene Segmentierungsmerkmale sind (Meffert 1995):

> räumliche Kriterien
> (z.B. Differenzierung zur Ausschöpfung regional bedingter unterschiedlicher Kaufkraftniveaus)
> zeitliche Kriterien
> abnehmerorientierte Kriterien
> (z.B. Alter, Geschlecht, soziale Stellung)
> quantitative Kriterien
> (z.B. Einzelleistung versus Dauerleistung).
> verhaltensorientierte Kriterien
> (z.B. "Preisrechercheure" versus "Nicht-Rechercheure").

Preisdifferenzierungen: Segmentierungsmerkmale

Hand in Hand mit Preisdifferenzierungsstrategien gehen Produktdifferenzierungen. Für beide Vorgehensweisen ist eine möglichst genaue Kenntnis der Präferenzen und der "willingness-to-pay" der Nachfrager nötig. Ein Teilziel ist eine hohe Korrelation zwischen Produkt-Segmentierungsmerkmal und der Zahlungsbereitschaft.

Die Möglichkeit einer empirischen Eruierung von sog. Indifferenzkurven - eines der theoretischen und weidlich überstrapazierten Fundamente der Mikroökonomie - ist bei fast keinem anderen Gut so gegeben wie bei digitalen Produkten. Bedingt durch die häufig sich stellende Interaktionsschnittstelle bis tief in die Wertschöpfungskette hinein, gibt der Nachfrager seine Präferenzen preis.

Korrelation zwischen Produktsegmentierungsmerkmalen und Zahlungsbereitschaften

Für das systematische Beobachten, Registrieren und Auswerten der Bedürfnisse, Gewohnheiten des Verhaltens von Käufern etc. ergeben sich durch die neuen Informationstechnologien für die primäre Marktforschung bisher nicht gekannte Möglichkeiten. Im Rahmen des INTERNET, seiner Benutzeroberfläche WWW und mit Hilfe von JAVA geschriebenen Browsern läßt sich auf Grund ihrer Interaktivität (die durch die Hypertextverknüpfungen eine bisher nicht bekannte Sensitivität bzw. Tiefenwirkung erhält) durch Hintergrundaufzeichnungen das Verhalten, das Interesse der Nachfrager festhalten und zu Kundenprofilanalysen komprimieren. Damit ist ein großes Tor zu einer feinen Zielgruppensegmentierung und -identifizierung geöffnet. Durch dieses Online-Monitoring kann auch die Integration des externen Faktors (Nachfragers) analysiert und aus Anbietersicht bewertet werden. Dies kann zunehmend durch intelligente Software unterstützt werden. Ein gutes Beispiel ist der Intelligente Agent *Firefly* Network *(http://www.firefly.com)*, der sich besonders tief in die Bedürfnisstruktur der Nachfrager einfädelt (vgl. Interaktion).

Erforschung des Konsumentenverhaltens: Grenzenlose Tiefe durch technologiegestützte Interaktion

Die weitgehendste, aber auch umstrittenste Form der Identifikation von Zielgruppen ist das Verfolgen der elektronischen Datenspur mit Hilfe sog. Cookies (vgl. Interaktion).

Cookies und Datenspuren

Die INTERNET - Technologien ermöglichen die Gewinnung von Daten mit einer bisher nicht gekannten Sensitivität. Im Rahmen eines derartigen Systems können dann die Daten prognostiziert,

Strategien simuliert und für Preis- und Produktdifferenzierungs-
strategien verwendet werden.

Das beste Vorbild für eine einfache, aber umso erfolgreichere
Preisdifferenzierung für *das selbe Produkt* in gleicher Ausführung
ist die Tarifgestaltung der Fluglinien. Sie differenzieren den Preis
und schöpfen die Konsumentenrente (=Geldbetrag, den ein Nachfrager zu zahlen bereit ist, aber de facto bei einem undifferenzier-
ten Preisgefüge nicht zahlen muss) nur durch Restriktionen ab. Sie
unterscheiden im einzelnen bei der Tarifierung Buchung im voraus, Samstag/Sonntag, Touristen etc.

> Die Variation der Restriktion einer örtlichen und zeitlichen
Zugänglichkeit ist nahezu schon ein Klassiker. Analog zu den
Telefontarifen bietet der Datenbankanbieter *Dialog* verschie-
dene Tarife für den Tag, für die Zeit nach 17 Uhr etc. an. Viele
Datenbankanbieter haben spezielle Bibliothekstarife, so dass
die Nutzer der Bibliothek nur am Ort der Bibliothek in den
Datenbanken recherchieren können.

> *PAWWS Financial Network* verlangt 8.95$ pro Monat für eine
Finanzdienstleistung, ein Portfoliosystem, das die Börsenkurse
mit einer Verzögerung von 20 Minuten positioniert. Ein sofort
erstelltes (real-time) Portfolio kostet 50$ pro Monat.

> Ein Beispiel für Preisdifferenzierungen durch das Angebot
verschiedener Qualitätsstufen war der *IBM Laser Printer E*.
Dieser Drucker war identisch mit dem Standardprodukt *IBM
Laserprinter*. Er druckte 5 Seiten pro Minute anstatt der 10
Seiten des Standarddruckers. Das wurde durch einen Chip
herbeigeführt, der eine künstliche Warteschlange aufbaute.

> Der Datenbankanbieter 'Lexis-Nexis' verkauft seine digitalen
Informationsprodukte praktisch an jeden Nutzer zu einem un-

terschiedlichen Preis. Die Differenzierungsmerkmale orientieren sich an der/dem

> Größe der Firma
> Art der Firma: Profit- versus Non-Profit-Unternehmen
> Typ der benutzten Datenbank
> Uhrzeit der Nutzung
> Häufigkeit der Nutzung
> Nutzungsart: Downloading versus Bildschirmnutzung.

Eine räumliche Differenzierung wie z.B. der Verkauf des Wirtschaftsbuches X in den USA zu einem höheren Preis als in der Türkei (wegen der geringeren Kaufkraft) ist im Rahmen einer Digitalisierung und eines Vertriebs über das INTERNET schwerlich möglich. Da das INTERNET eine globale Distributionsmaschine mit räumlichen Egalisierungstendenzen darstellt, muss zur Verfolgung einer räumlichen Differenzierung diesem Vorteil des INTERNET gegengesteuert werden. Produkte müssen 'lokalisiert' werden, um eine weltweite Verbreitung unattraktiv zu machen. Im vorliegenden Beispiel könnte dies für den Absatz in der Türkei durch das Einfügen von Zahlen, Tabellen, Beispielen etc. aus der Türkei erfolgen. Dann könnte weiterhin für die USA ein hoher Preis und für die Türkei ein niedriger Preis gefordert werden.

INTERNET - Technologien werden neue Möglichkeiten der Preisdifferenzierung schaffen, wie das obige Beispiel Downloading versus Bildschirmnutzung zeigt. So werden z.B. INTERNET - Rechercheure versus Nicht-Rechercheure differenziert. Nachfrager, die im INTERNET recherchieren und auf ein Gut zugreifen, müssen einen niedrigeren Preis bezahlen als Nachfrager, die "vor Ort" ein Gut erwerben.

Preisdifferenzierungen sind auch unter welfare- bzw. volkswirtschaftlichen Gesichtspunkten zu bewerten. Wenn Preisdifferenzierungen dazu führen, dass die Qualität oder die Menge der digitalen Produkte abnimmt, dann sinken die Vorteile für Nachfrager und Anbieter und somit auch die welfare. Wenn jedoch verschiedene Preisdifferenzierungen neue Märkte schaffen, die sonst nicht bedient werden könnten, dann steigt der volkswirtschaftliche Nutzen. Dies ist bei allen Gütern, die durch dominant hohe Fixkosten gekennzeichnet sind, der Fall. Dazu gehören insbesondere die hier untersuchten Netzwerkprodukte. Es sind Informationsgüter wie Datenbankdienste, Software, Musik, Videos etc., die konstitutiv in der Produktion und Distribution mit den INTERNET - Technologien verwoben sind. Zur Deckung der sehr hohen Fixkosten sind Konsumenten notwendig, die sehr hohe Preise bezahlen, aber auch Nachfrager, die nur niedrige Preise zahlen wollen oder können und somit einen positiven Deckungsbeitrag leisten. Viele Produkte könnten ohne Zugriff auf diese gespaltene Zahlungsbereitschaft gar nicht produziert werden. Daraus folgt, dass Preisdifferenzierungen die volkswirtschaftliche Güterversorgung ausweiten und damit die welfare steigern.

Preisdifferenzierungen: Volkswirtschaftlicher Nutzen

2.2 Produktdifferenzierung

Wie oben ausgeführt, ist der Erlös generell abhängig vom Nutzen, den der Nachfrager aus diesem Gut ableiten kann. So ist dies auch bei digitalen Produkten. Die Strategie der Produktentwicklung kann daher nur sein, den Nutzen der Produkte zu maximieren und diesen Wert so weit wie möglich in Preise umzusetzen. Daraus folgt, dass Produkt- und Preisdifferenzierungsstrategien in einem engen Wechselspiel stehen. Natürlich zielen Strategien einer Produktdifferenzierung auch darauf ab, die Homogenitätsvoraussetzung der Vollkommenen Konkurrenz außer Kraft zu setzen.

Ausgehend vom Kernprodukt eines digitalen Gutes müssen bei Verfolgung dieser Strategie zielgruppenspezifische Mehrwerte entwickelt werden, die in eine Produktvielfalt münden und in verschiedenen Versionen ausgeliefert werden können. Zusätzliche Qualitätsmerkmale sollten so lange hinzugefügt werden, wie die willingness-to-pay die jeweilig entstehenden Mehrkosten deckt. Anschließend können die Informationsprodukte in die unteren Marktsegmente herabgeschleust werden.

In der theoretischen Aussage der Mikroökonomie heißt die Empfehlung: reichere ein Produkt so lange mit zusätzlichen Qualitätsmerkmalen an und/oder steigere die Erfüllung der Qualitätsmerkmale so lange, bis der wahrgenommene Zusatznutzen der am häufigsten nachfragenden Kunden gleich den zusätzlich entstehenden Kosten ist. Von diesem optimierten Produkt können, zeitlich gestreckt durch Mindererfüllungen der Qualitätsmerkmale, entsprechende Produkte für Nachfrager mit einer geringeren willingness-to-pay entwickelt werden.

Bei informationsintensiven Produkten kann im Rahmen der Interaktion das 'Einfallstor', die Benutzeroberfläche (Interface), differenziert werden. Sie ist der ideale Kandidat für eine Variantenvielfalt im Bereich der Produktdifferenzierung. Die häufigste Form ist die Unterteilung des Interface in erfahrene und unerfahrene Nutzer. In der Regel gibt es z.B. bei den erfahreneren entwickeltere Bedürfnisse und eine höhere willingness-to-pay. Bei Datenbankanbietern können beispielsweise für eine anspruchsvollere Nutzung größere Datenbestände angeboten werden. Dies macht doppelten Sinn, da die fortgeschritteneren Nutzer einen höheren Preis zu zahlen bereit sind und zudem durch geschicktere Recherchestrategien in der Datenbank geringere 'Staukosten' verursachen. So bietet das Datenbankunternehmen *Knight-Ridder* im Rahmen seiner Firma *Dialog* Datenbankrecherchen unter dem Produkt *DialogWEB* für professionelle Informationsverarbeiter an. Ein Teil dieser Datenbank wird über die Firma *DataStar*, die ebenfalls zu dem Unternehmen gehört, mit einer sehr einfachen Benutzeroberfläche für Laien wesentlich billiger angeboten. Diese Datenbank ist für die Informationsspezialisten ohne Wert, da abgesehen von den geringen zur Verfügung stehenden Datensätzen die Oberfläche für sie viel zu zeitaufwendig und unpräzise ist. So kann *Knight Ridder* den Wert seiner Datenbank optimal in Produkt und Preis differenzieren und bei dem Produkt *DialogWEB* einen zusätzlichen Abhängigkeitseffekt ('Lock-in-Effekt') erzielen. Je effektiver nämlich die Datenbankmanipulationsbefehle im Rahmen des Interface angeboten werden, desto komplizierter werden sie unweigerlich. Damit einher geht ein Sich-Gewöhnen der Nutzer an diesen Befehlsvorrat, was einer großen Barriere hinsichtlich eines Wechsels zum Konkurrenten gleichkommt.

Generell werden Datenbankrecherchen durch viele automatische Filtermechanismen wie Browser, Spracherweiterungen und -verengungen (z.B. Einsatz der Boole'schen Operatoren) und Sprachannäherungen (z.B. sounds like) den individuellen Bedürfnissen angepaßt. Selektions- und Bewertungsschritte werden gemäß individueller Vorgaben in Zukunft zunehmend durch Intelligente Agenten unterstützt.

Wenn digitale Produkte mit einer speziellen Hardware oder Software verknüpft werden können, erweitern sich die technischen Möglichkeiten. Eine Online-Zeitung kann z.B. nur mit einem Browser gelesen werden. Hat der Anbieter einen Einfluss auf den Browser, dann kann er die Qualität seines spezifischen Produktes steigern. Wird z.B. die Seite 7 gelesen, dann ist die Wahrscheinlichkeit groß, dass anschließend die Seite 8 gelesen wird. Der Browser kann also schon zum Zeitpunkt, an dem die Seite 7 gelesen wird, die Seite 8 im Hintergrund in den Zwischenspeicher laden, so dass ein zügiges Weiterlesen möglich ist.

Produkt-differenzierungen: Beispiele

Durch Variation der Qualitätsmerkmale können unterschiedliche Versionen konfiguriert werden. Ansatzpunkte sind die Bildauflösung, das Antwortzeitverhalten, die Vollständigkeit etc. Die Entwicklung und Abgrenzung von standardisierten Qualitätsmerkmalen unterstützt also nicht nur ein Qualitätsmanagement, sondern auch Strategien der Produktdifferenzierung.

Ein Beispiel für eine Variation des grundständigen Leistungsumfangs ist *Kurzweil*. *Kurzweil* ist ein Anbieter von Software für Spracherkennung. Das Grundvokabular ist das Basisprodukt. Für die einzelnen Berufe gibt es einen unterschiedlichen Vokabularvorrat. Nicht von ungefähr ist die Version für Chirurgie hundert Mal so teuer wie das Basisprodukt. Bei Softwareprodukten ist die Differenzierung zwischen Basis- und einem angereicherten Produkt besonders einfach und somit fast der Normalfall.

Quicken bietet eine Buchführungssoftware als Basisprodukt an und als Mehrwertprodukt zusätzlich eine Finanzierungs-, Hypotheken-, Versicherungskalkulation etc.

Gerade bei digitalen Produkten kann man die Träger differenzieren: sie können online oder offline angeboten werden. Hier stellt sich eine ökonomische Kernfrage, die sich häufig bei Produktdifferenzierungen im Rahmen der derzeitigen technologischen Entwicklung ergibt: Ist die Online-Version eines Produktes komplementär oder substitutiv zur Offline-Ausgabe? Ein substitutives Verhältnis wäre fatal, es würde das Produkt "kannibalisieren", und man müsste durch Produktdifferenzierung versuchen, dies zu verhindern. Eine komplementäre Verknüpfung wäre natürlich wünschenswert.

Qualitätsmerkmale und unterschiedliche Zielgruppen

Qualitätsmerkmale von Produkten	Zielgruppen/Nutzungen
Benutzeroberfläche (Interface)	Ungeübte Nutzer / Professionelle Nutzer
Aktualität	Sofortiger (Online)Zugriff / verspäteter, zeitverzögerter Zugriff
Dauer der Verfügbarkeit, Format, Lesbarkeit	Kurzfristige (OnScreen) / langfristige Nutzung (Download)
Bildauflösung	Hoch- / geringauflösende Bilder
Kommunikation	Ungeübte Nutzer / Professionelle Nutzer
Antwortzeitverhalten	Gelegentliche Nutzer / Professionelle Nutzer
Kapazität	Generelle Nutzungen / Professionelle Nutzungen
Komfort	Freizeitnutzungen / Professionelle Nutzer
Features	Gelegentliche / Häufige Nutzung

Abbildung 2-1: Qualitätsmerkmale und korrespondierende Zielgruppen

Bei den Online-Informationsprodukten gibt es den konstitutiven Vorteil, dass Informationen elektronisch gesucht, gefiltert, sortiert und gebündelt werden können. Offline-Versionen haben Vorteile beim Lesen (z.B. das Buch) und beim Hören (z.B. die CD). So steht das Buch bei wissenschaftlicher Literatur ohne weiteres in einem komplementären Verhältnis zu einer Online-Version des Textes. Die Online-Ausgabe dient dem Browsing, die gedruckte Version dem Lesen. Wie a.a.O. gezeigt, haben Printverleger eine Fülle von Produktergänzungen entwickelt, die das konventionelle Produkt nicht gefährden, sondern mit Mehrwerten ausstatten (vgl. Informations(Inhalte)Anbieter).

Im einzelnen ist zu prüfen, wie viele Produktvarianten unter dem Gesichtspunkt sowohl einer Wertsteigerung für den Nutzer als auch einer Steigerung der Erlöse optimal sind. Dabei zeichnet sich normalerweise eine Obergrenze der Differenzierungen dadurch ab, dass zu viele Produkte durch mangelnde Ausnutzung der Economies of Scale höheren Distributionsaufwand, höhere Kosten auf der Angebotsseite und möglicherweise Verwirrung auf der Nachfrageseite verursachen. Höhere Distributionskosten fallen bei einer Mass Customization digitalisierter Produkte nicht mehr ins Gewicht. Umso schwerwiegender ist dagegen bei diesen Produkten angesichts der derzeit ohnehin bestehenden Akzeptanzschwelle die Bereitschaft der Nachfrager, sich über die Produktvielfalt und deren Eigenschaften zu informieren.

Zur Optimierung einer Produktdifferenzierung muss von einer sorgfältigen Analyse des Marktes und des Produktes ausgegangen werden. Eine quasi natürliche große Zweiteilung des Marktes ergibt sich aus der Unterscheidung zwischen professionellen und gelegentlichen (Amateur)Nutzern. Dies ist in vielen Märkten der Fall. Bei den Fluggesellschaften sind es die Segmente Geschäftsreisende und Touristen. Die erstere Nutzung erfolgt im Kontext der Wertschöpfung des jeweiligen Unternehmens, für die der Reisende unterwegs ist, die letztere zum Vergnügen. Dementsprechend hat *Knight-Ridder* -wie oben dargestellt- seine Datenbankdienste zweigeteilt: *DialogWEB* für professionelle Nutzer und *DataStar* für gelegentliche Nutzer. Bei digitalen Produkten ist im einzelnen zu prüfen, inwieweit das Anwortzeitverhalten, das Interface, die Kompetenz etc. unterschiedlich modifiziert werden können, um eine Produktdifferenzierung zu ermöglichen. Dabei wird die Spanne zwischen einer minimalen und maximalen Erfüllung dieser Qualitätsmerkmale je nach Wahrnehmungen der angestrebten Zielgruppe liegen.

Das Werben mit der einfachsten Version ist zugleich auch Werbung für die teuerste Version. Denn durch das Herausstellen der Merkmale des 'low-end-Produktes' wird dem Nachfrager noch einmal deutlich aufgezeigt, um wie viel besser das 'high-end-Produkt' ist. Damit wird auch ein entsprechender Preiserhöhungsspielraum aufgebaut. Treten später neue Konkurrenten in den Markt ein, kann der Preis für die 'Premium-Version' gesenkt und Mitbewerber abgewehrt werden.

Versionen eines Produktes

Abgesehen davon, dass im Rahmen der Produktdifferenzierungen Mehrwerte an den Bedarfen von Zielgruppen orientiert sein sollten, entstehen bei digitalisierten Produkten durch den hohen Interaktionsgrad zwischen Anbieter und Nachfrager zunehmend individuelle Produktionsverläufe. Die Integration des Kunden bei der Produktkonfigurierung ist gerade bei digitalen Produkten schon heute durch die technologische Entwicklung für das nächste Jahrzehnt vorgezeichnet. Dieses One-to-One-Marketing als umfassendster Ansatz einer Kundenorientierung wird alle bisher bekannten Produktdifferenzierungen hinsichtlich Flexibilisierung und Differenzierung von Produkten in den Schatten stellen. Es kommt zu einer fallspezifischen Gestaltung der Geschäftsbeziehung zwischen Einzelkunden und Anbieter (vgl. Virtualisierung der Organisation und Innovative Geschäftsmodelle).

Auf den INTERNET - Seiten von *newscan (http://www.newscan-online.de)* hinterlegt der Benutzer seine Präferenzen, indem er aus verschiedenen Themen selektiert und eigene Suchanfragen formuliert. Ruft er nun die News-Seite auf (Pull-Modell), so erhält er eine elektronische Zeitung, die seinen Vorlieben entspricht. Darüber hinaus kann er angeben, dass er per E-mail benachrichtigt werden möchte, falls Neuigkeiten eintreffen (Push-Modell). Kostenpflichtige Informationsdienste individualisieren teilweise auch den Preis, indem sie nur die abgerufenen Inhalte berechnen (Pay-per-Use).

Ein überragender ökonomischer Vorteil einer - wie auch immer herbeigeführten - Endkombination der Produktionsmöglichkeiten des Anbieters durch den Nachfrager aus Anbietersicht ist, dass das personalisierte Ergebnis, das Produkt, wegen des hohen Grades an Individualität sich nicht eignet, weiterverkauft bzw. weitergegeben zu werden. Bei digitalen Produkten ist es geradezu der "Fluchtkorridor", sich aus der Falle des missbräuchlichen Kopierens (Vervielfältigen) der Produkte zu befreien.

Auch digitale Informationsprodukte kommen an dem psychologischen Phänomen der Abneigung der Konsumenten vor Extremen nicht vorbei. Wie viele Marketingexperimente zeigen, wählt die Masse der Konsumenten weder die teuerste noch die billigste Version, sondern die in der Mitte liegende. Diese Wahl kann man beeinflussen, indem man die Qualitätsmerkmale der 'Premium-Version' stark ausbaut, wohlwissend dass es kein Kostenproblem werden wird, da wenige Konsumenten sie wählen werden und die überhöhte Ausführung den alleinigen Zweck hat, den Konsumenten eine mittlere Ausprägung des Informationsproduktes anbieten zu können.

2.3 Produktbündelung

Bündelt man die digitalen Informationsprodukte, so können die Nachfrager ein einzelnes Produkt überhaupt nicht erwerben oder es ist preislich so unattraktiv gestellt, dass eine Erwerbung nicht lohnt. In den Fällen, in denen der Konsument eigentlich nur ein Produkt kaufen wollte, aber das Paket erwirbt, erzielt der Anbieter einen zusätzlichen Erlös, der zwar geringer ist als bei einem Einzelverkauf der Komponenten, aber sich sonst überhaupt nicht ergeben würde. Ein erfolgreiches Beispiel dieser Strategie ist das *Office*-Paket von *Microsoft*. Um eine Entweder-oder-Kaufentscheidung der Nachfrager zu verhindern, werden die Versionen gebündelt angeboten.

Ein klassisches Beispiel der Bündelung von Informationsprodukten sind Zeitungen, Zeitschriften etc. Würde jeder einzelne Artikel verkauft, so wären die Erlöse sehr viel geringer als bei dem Paket, das eine Zeitung darstellt. Bündelungen reduzieren die Streuung der willingness-to-pay im oberen und unteren Bereich und erhöhen dadurch die Erlöse.

Ganz analog wie eine Datenbank in einem Betrieb viele Funktionen und Abläufe integriert, kann auch ein Anbieter viele Anwendungen im Rahmen der Netzwerke mehrwertsteigernd bündeln und zugleich durch den Lock-in-Effekt die Eintrittsbarriere für Konkurrenten erhöhen. Herrscht derzeit bei Produktbündelungen das Erlösmaximierungsziel noch vor, so muss doch deutlich gesehen werden, dass auf den Netzwerken auch erhebliche Integrationseffekte für den Letzt-Anwender aufgebaut werden können.

2.4 Interaktion: Neue Dimensionen der Marktforschung

Die zentrale Aufgabe der Business-to-costumer-Schnittstelle ist es, die Anforderungen der Nachfragerseite zu erkennen, über diese Anforderungen unternehmensintern zu kommunizieren und sicherzustellen, dass das Leistungsangebot eines Unternehmens das Präferenzsystem der Nachfrager in deren subjektiver Wahrnehmung besser erfüllt als Konkurrenzangebote. Im Mittelpunkt der Betrachtungen steht also immer das Ineinandergreifen der Dispositionen von Anbieter- und Nachfragerseite im Rahmen von Transaktionsprozessen.

Marktforschung: bisher unbefriedigend

Die Anstrengungen im Marketing und insbesonders die darauf aufsetzenden Bemühungen eines Qualitätsmanagements bekommen durch die INTERNET - Technologien neue Schubkräfte. Durch sie findet ein deutlicher Beitrag zur Reduzierung der Informationsasymmetrien und Unsicherheitsprobleme bei den Transaktionspartnern statt. Zugleich wird auch die bisher sehr begrenzte Informationsverarbeitungskapazität der Marktteilnehmer erweitert. So können z.B. die Nachfrager durch Aufzeichnung ihrer technologisch gestützten Interaktion hinsichtlich ihrer Präferenzen bzw. Erwartungen präziser erschlossen werden (sog. Monitoring). Dies ist vorteilhaft, weil der Status quo der Kundenbeziehungen die überwiegende Basis für die Prognose zukünftiger Bedarfe ist. Die Segmentierungsstrategien des Marketings, die bei rudimentären Indikatoren wie beispielsweise den sozio-demographischen endeten, können durch effektivere Konzepte wie z.B. die Aufzeichnung von Nachfragegewohnheiten (customer history) abgelöst werden. Derartige Informationsgewinnungen und -verdichtungen waren bisher nicht so ohne weiteres möglich, da es keinen „automatischen" Einblick in die Verhaltensweisen, Selektionsmechanismen und weitergehend in die Erwartungen, Bedürfnisse, der Nachfrager gab. Die bisherigen Wirkungen der Netzwerke sind an der Marketingschnittstelle, an den „front-line-systems" ziemlich spurlos vorbeigegangen, wenn man von dem Scanning-System des Einzelhandels einmal absieht. Dies lag früher sicher an der schwierigen und aufwendigen Datengewinnung von Präferenzen durch komplizierte Befragungen etc. Durch die direkte Anbindung der Letzt-Nachfrager an die Netzwerke liegt das Nachfrageverhalten durch die Interaktion mit den Angebotsprofilen digitalisiert vor. Der Nachfrager betreibt somit selbst die Informationsgewinnung.

Dies kann in der einfachsten Form über die Protokolldateien des kontaktierten Servers erfolgen. Jedes Mal, wenn auf eine Ressource des WEB-Servers zugegriffen wird, werden in dem sog. Log file die Adresse des Nachfragers, das Datum und die Uhrzeit des Abrufs und die gesendeten Seitenelemente aufgezeichnet. In einem ersten Ansatz zur Messung der Intensität der Anfrage kann nun der Serverbetreiber die Anzahl der Zeilen der Protokolldatei (sg."Hits") zählen. Die Anzahl der "Hits" oder Treffer besagt, wie oft ein Abruf von *Seitenelementen* beim Server stattgefunden hat. Da eine Seite aus mehreren Elementen wie Grafiken, Links, Sound oder bewegten Bildern besteht und jeder Aufruf einen "Hit" erzeugt, ergibt dies lediglich eine Aussage über die Komplexität der Seite. Eine Abhilfe bietet sich durch die Zählung der Seitenaufrufe, sog. "Page Views" oder "Page Impressions". Mit einem "Page View" bezeichnet man den Aufruf einer *kompletten* WEB-Site. Dabei gilt es zu beachten, dass die Erfassung anhand der Frames erfolgt und eine Seite aus mehreren Frames bestehen kann. "Visits" geben die Anzahl unterschiedlicher Besucher einer WEB-Site an. Damit kann man ihre Reichweite (Reach) bestimmen. "Ad Clicks" werden in Verbindung mit der Bannerwerbung verwendet. Es werden Nutzer gezählt, die ein bestimmtes werbetragendes Objekt, z.B. einen Banner, anklicken und dadurch auf die WEB-Site des Werbenden gelangen. Die "Click through Rate" drückt das Ver-

Serverkontakte zählen

Cookies = Datenspuren

hältnis zwischen "Page Views" und "Ad Clicks" aus. Die "View Time" oder "Exposure" hält die Verweildauer eines Nutzers auf einer bestimmten WEB-Site fest. Die "Ad View Time" drückt die Zeitspanne aus, in der eine Werbung im Sichtfeld des Bildschirms zu sehen ist. Dies ist relevant, wenn auf einer WEB-Site nicht alle werbetragenden Objekte gleichzeitig gezeigt werden können.

Man kann im einzelnen auch auswerten, von welcher WEB-Site der Nutzer gekommen ist und, nachdem er die eigene Web-Site besucht hat, zu welcher WEB-Site er weiter"wandert". Hier lässt sich eine Fülle von Kennzahlen konzipieren. Kennzahlen sind zwar stark informationsverkürzend, sie verdichten bewusst komplexe Realitäten, aber sie ermöglichen durch ihre Operationalisierungsfunktion erste Entscheidungen über wichtige Sachverhalte. Beispiele von Kennzahlen für Portale gibt Abb. 2-2. Es ist unschwer zu erkennen, dass sich ein Portal-Controlling herausbilden wird. In einem nächsten Schritt werden Controlling-Ziele und Benchmarks entwickelt werden und damit die Grundlage für ein Management der Portale gelegt. Verzerrungen bei diesen Kennzahlen entstehen durch die Proxy-Cache-Server. Diese speichern häufig angefragte Seiten lokal und prüfen bei einer Anfrage durch einen angeschlossenen Client, ob die gewünschte WEB-Site aus dem lokalen Cache abgeholt werden kann. Im positiven Fall kann der eigentliche Anbieter keinen Seitenaufruf registrieren. Eine weitere Verwässerung der Nutzerdaten gibt es bei Angehörigen von Firmen und Organisationen durch die Firewall-Systeme. Firmeninterne IP-Adressen werden auf eine einzige externe IP-Adresse umgesetzt.

Die oben erwähnten, jedoch sehr rudimentären Vorgehensweisen der Nachfragererkundung werden durch das "Ablegen" von sog. Cookies erweitert. Ein Cookie ist eine Datei, die auf Veranlassung des besuchten WEB-Servers auf dem Computer des Anfragers erzeugt wird. Diese wird dann vor Ort auf der Festplatte des Nachfragers gespeichert. Die Datei dient der Authentisierung des On-

Kennzahlen: Beispiel Portale und Aggregatoren			
	Gesamte Web-Site	Einzelne Web-Seite	Werbung auf einer Seite
Kontakt-kennzahlen	Bruttoreichweite (Site Exposures, Site Visits, Sessions) Anteil der Mehrfachbesucher (Site Exposure Duplication) Nettoreichweite (Site Reach) Besuchsfrequenz (Site Frequency)	Bruttoreichweite Page Exposures, Page Views, Page Requests Nettoreichweite Besuchsfrequenz	Bruttoreichweite (Banner Exposure, Banner View) Nettoreichweite Zahl der Mehrfachkontakte Kontaktfrequenz
Inter-aktivitäts-kennzahlen	Verweildauer Zeit zwischen zwei Besuchen Brutto-Besuchstiefe Nettobesuchstiefe	Seitenverweildauer	Click-Through-Rate Click-Through-Reichweite Click-Through-Frequenz Bannerverweildauer Zielseitenverweil-dauer

Abbildung 2-2: Kennzahlen: Portale und Aggregatoren
(Quelle: Schumann 2000)

line-Nutzers. Auf Grund diverser Vermerke und benutzerspezifi-
scher Angaben in der Cookie-Datei kann der Anbieter sich ein Bild
des Nachfragers machen (customer tracking). Hier entsteht ein

weitaus breiterer Datenstrom als durch die oben genannten Kennzahlen. So kann z.B. nicht nur der Kauf eines Produktes festgehalten werden, sondern entlang der Transaktionsschritte auch der Ausstiegszeitpunkt eines Interessenten. So kann dieser etwa bei der Darstellung des Produktprofils, Bekanntgabe des Preises, des Lieferzeitpunktes, der Zahlungsbedingungen etc. erfolgen. Hier ergeben sich wertvolle Hilfestellungen für eine Enpassanalyse.

Wie harmlos die Cookies unter dem Gesichtspunkt der Datenschutzgesetze und deren Intentionen sind, ist derzeit noch ungeklärt. Manche Browser wie z.B. *Netscape* geben eine Warnung an den Nutzer aus mit der Option, die Platzierung eines Cookies abzuwehren. Hagel zeigt Missbräuche von durch das INTERNET gewonnenen Kundendaten auf. In den USA haben sich dazu Verbraucherschutzgruppen organisiert *(Electronic Frontier Foundations)* (Hagel 2000). Am wirkungsvollsten wird - jenseits von Datenschutzregulierungen - ein technologisches Patt zwischen Anbieter und Nachfrager sein. Nachfrager werden sich wehren durch E-mail-Filter und Cookie Suppressors, die verhindern, dass eine WEB-Site Informationen im Computer eines Online-Nutzers speichert (vgl. Ein neuer Informationsmarkt).

Präferenz-Cluster, "Geschmacksgemeinschaften"

Diese Hintergrundaufzeichnungen verlieren an Wert, wenn der Nachfrager zwar im Netz sehr aktiv ist, eine lange consumer history produziert, aber selbst nicht weiß, was seine Präferenzen sind, er sie nicht artikulieren bzw. offenbaren kann. In diesen Fällen - aber generell sehr viel intelligenter - helfen sog. "Kollaborative Filter-Softwareprodukte". Der Pionier eines derartigen WEBbasierten Empfehlungssystems ist das Unternehmen *Firefly*, das inzwischen von *Microsoft* aufgekauft wurde. Die Funktionsweise kann man besonders gut an Musikpräferenzen, die häufig diffus sind, demonstrieren. Im Rahmen eines Eingangsdialogs geht der Intelligente Agent mit dem Nachfrager gemeinsam die angebotenen CD- und Video-Artikel durch und veranlasst ihn (häufig auch implizit),

Bewertungen abzugeben. Durch diese iterative Vorgehensweise entsteht eine besonders feine Bedürfnisstruktur, die abgespeichert wird. In der Folge wird sein Interaktionsprofil gebündelt und mit den vorhandenen abgespeicherten Präferenzprofilen anderer Nachfrager verglichen. Aus diesem Abgleich können auf der Grundlage ähnlich strukturierter Präferenzdaten anderer Kunden dem neuen Nachfrager spezifische Vorschläge über Musikstücke gemacht werden, die er nicht genannt und möglicherweise nicht gekannt

Collaborative Filtering

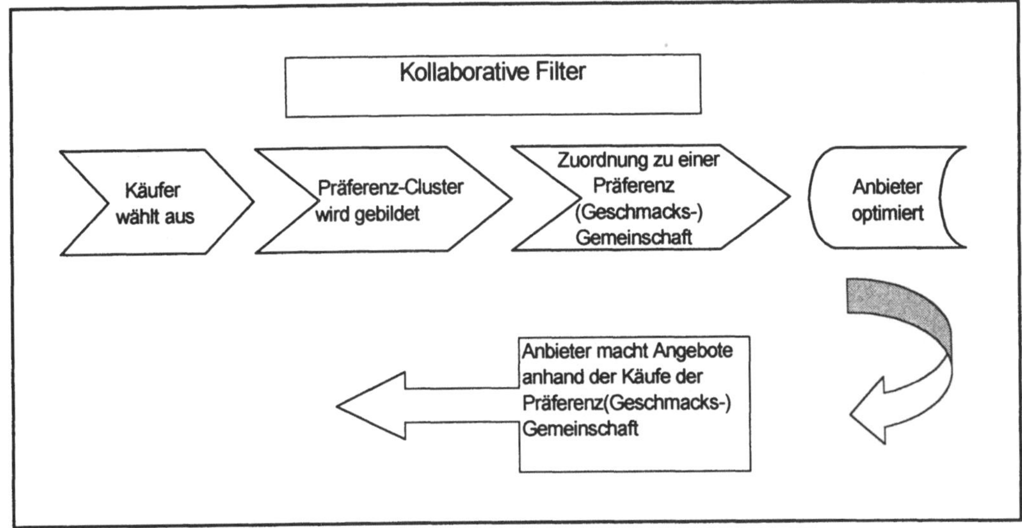

Abbildung 2-3: Kollaborative Filter

hat. Mit Hilfe dieser Software können Präferenz-Cluster gebildet werden, die eine "Geschmacksgemeinschaft" bilden. Diese Filter werden auch für Bücher, Filme und WEB-Sits etc. eingesetzt. Auf dieser Plattform können sich Teilnehmer mit gleichen Interessen untereinander kennen lernen und Erfahrungen etc. austauschen. Bewertungen bzw. Ratings werden also durch Mitglieder der Gemeinschaft eingegeben (collaborative) und im Bedarfsfall auf die Bedürfnisse eines einzelnen Mitgliedes gefiltert (filtering). Die Netzwerke ermöglichen somit bisher nicht gekannte Möglichkeiten der Informationsgewinnung und -analyse, auf die sich eine Zielgruppenbildung bzw. Nutzenmodellierung des Marketings stützen kann.

Auch hier stellt sich bei einer dauerhaften Beziehung auf Grund der frei konfigurierten Schnittstelle zwischen Anbieter und Nachfrager ein "Lock-in-Effekt" ein. Ein Wechsel des Anbieters würde in der Regel zu hohe Transaktionskosten nach sich ziehen, da die gegenseitige Abstimmung über Präferenzen und Produktionsmöglichkeiten erneut wieder durchgeführt werden müßte.

2.5 Customer-Relationship-Management

Die neue netzwerkbasierte Fülle und Qualität der Daten zur Marktforschung darf nicht in einer Inselstellung bleiben, sondern muss über das unternehmensinterne Netzwerk - über das INTRANET - direkt mit den Feldern der Wertschöpfungskette verknüpft werden. Diese mögliche weitreichende Datenintegration über Betriebsgrenzen, Abteilungsgrenzen ist die besondere Effektivität der Standards der INTERNET - Technologien. INTRANETs verbinden nun die verstreuten Informationssammlungen im Betrieb. Alle Marketingdaten über Kunden, potentielle Nachfrager, Trends, Produkte, Absatzkanäle, Mitbewerber etc. können in den Betrieb, in die Felder der Wertschöpfungskette gespiegelt und integriert werden - man denke z.B. an eine Verknüpfung der Absatzdaten mit der Kostenrechnung. Generell kann man sagen, dass die Qualität der netzwerkgestützten Marktforschung im Bereich der Gewinnung von Primärdaten einen Quantensprung vollzogen hat. Vervest zeichnet das Bild eines Kunden-"Instrumentenbretts" vergleichbar mit dem eines Flugzeuges (Vervest 2000). Die Effizienz- und Effektivitätssteigerung dieser maschinengestützten, im Hintergrund ablaufenden Feldforschung ist beachtlich, wenn man bedenkt, wie dürftig die Kosten-Nutzen-Relation von face-to-face-Befragungen, Beobachtungen etc. war (vgl. Interaktion). Diese digitalisierten Daten können ohne Mühe mit Methodentools der empirischen Sozialforschung für weitere Informationsverdichtungen und -wirkungen verknüpft werden. Auch das Verbinden mit allgemeinen ökonomischen Daten wie makroökonomischen Wachstumsraten, Anzahl der Markteintritte und -austritte, regulativen Rahmenbedingungen reduziert sich auf das Vorhandensein geeigneter Datenbasen. Eine Informationsüberflutung ist nicht zu befürchten, denn gerade die

INTERNET- Technologien haben bisher nicht gekannte Filtertechniken (Intelligente Agenten, Metadatenkonzepte) hervorgebracht.

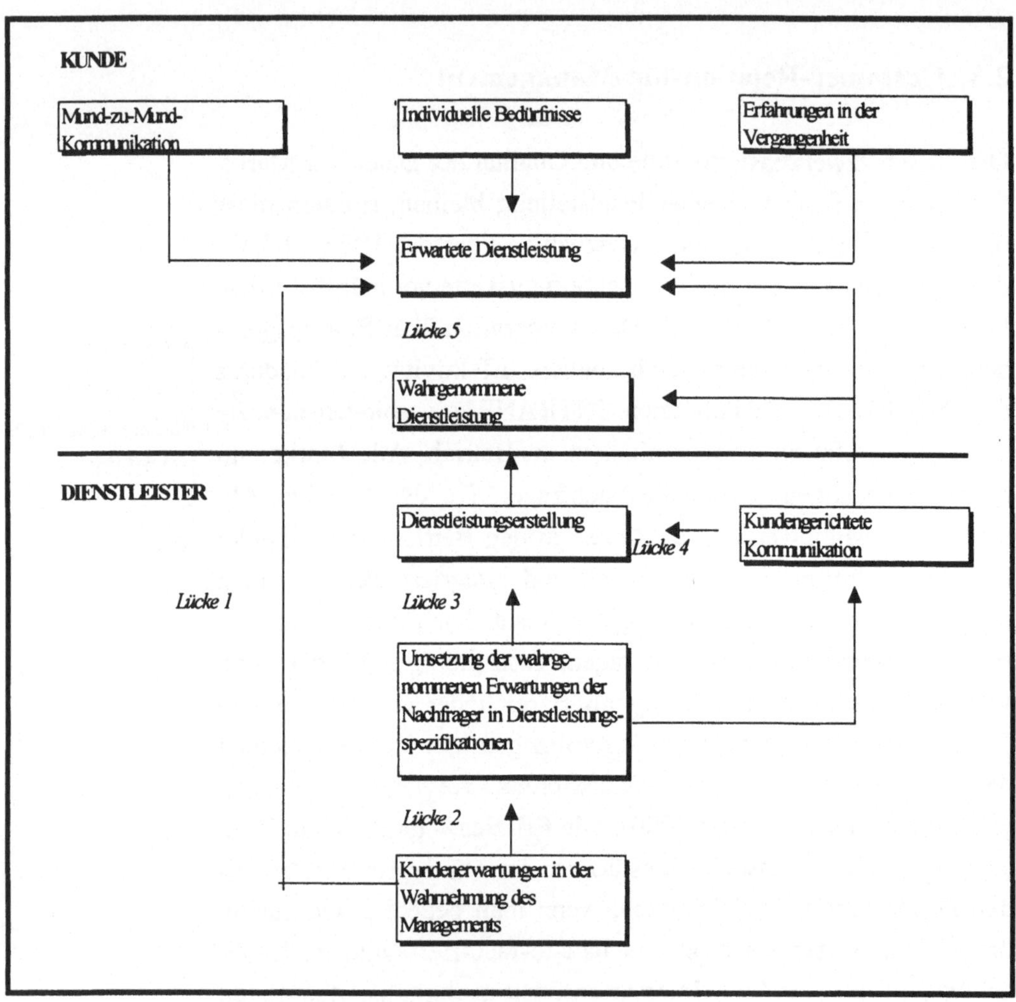

Abbildung 2-4: Qualitätsmodell
(Quelle: nach Parasuraman 1987)

Die durch das INTERNET aufgebaute Interaktions-Schnittstelle wird also - wie oben dargestellt - Daten erzeugen, die tiefe Einblikke in die Erwartungen, Bedürfnisse und Wahrnehmungen der Letztnachfrager erlauben. Diese technologiebedingte Transparenz über die Nachfrager, verbunden mit der Einschätzung, dass diese mit einer gestärkten Nachfragemacht aus der technologischen Entwicklung hervorgehen werden, bedeutet einmal mehr eine Beachtung der Leitideen des Total-Quality-Management, die derzeit unter dem Eindruck der Potenziale der Netzwerke unter Customer-Relationship-Management diskutiert werden. Customer-Relationship-Management ist eine Strategie, die explizit auf die Individualisierung der Kundenbindung ausgerichtet ist. Es geht um die Unterstützung des Prozesses der Anbahnung, Etablierung und Pflege *individueller* Geschäftsbeziehungen mit dem Ziel einer maximalen Zufriedenheit des Nachfragers. Die Umsetzung der technologischen Potentiale in die Prinzipien *Individualisierung, Interaktion* und *Integration* steht - wie hier ausführlich dargestellt - im Mittelpunkt einer Netzwerk-Ökonomie. Customer-Relationship-Management fokussiert im Gegensatz zum Supply Chain Management die Netzwerkunterstützung des Marketingprozesses durch

> Elektronische Produktkataloge, Zielgruppensegmentierungen, Online-Demonstrationen etc.
> Kundenservice im Umfeld von Ferndiagnosen, Fernwartungen, elektronischen Handbüchern.
> Möglichkeiten der Produktkonfiguration
> preisbezogene Maßnahmen (Rabatte)
> Kundenforen für den Erfahrungsaustausch.

Enabler für Customer-Relationship-Management

Die Softwareunterstützung einer Integration der Nachfragedaten mit dem Back Office steckt trotz vieler Anbieter derzeit noch weitgehend in den "Kinderschuhen". Die Ist-Situation ist größtenteils immer noch geprägt durch die Fragmentierung von Kundendaten in verschiedene funktionale DV-Anwendungen wie z.B. Rechnungsstellung, Lagerhaltung, Garantiefälle, Kostenrechnung, Planung etc. Vervest schätzt bei einigen Telekommunikationsanbietern die Verteilung der Kundendaten in 300 verschiedenen DV-Systeme (Vervest 2000). Vorreiter für das Handhaben der Verzahnung der

Pilotanwender der Verzahnung von Angebot und Nachfrage: Informationsintensive Dienstleistungen

Angebotspotenziale mit der Interaktions-Schnittstelle sind Dienstleistungen, und hier insbesondere informationsintensive Dienstleistungen.

Parasuraman u.a. (Parasuraman 1987) haben ein Dienstleistungsqualitätsmodell konzipiert (vgl. Abb. 2-4). Dieses auf Informationen ausgerichtete Modell ist in den Netzwerken aktueller denn je und gilt genauso auch für das Management materieller Produkte. Denn ebenso wie Dienstleistungen nicht auf Vorrat produziert werden können, können in einem Umfeld des Mass Customization, One-to-One Marketing Güter nicht in großen, langfristig planbaren Losgrößen produziert werden. Ad-hoc-Produktionsverläufe der Endkombination sind nur durch eine sehr schnelle, umfassende Informationsversorgung effektiv steuerbar. Das Modell stellt eine "Road Map" für die Softwareentwickler von Customer- Relationsship-Managementsystemen dar. Es werden fünf sog. Leistungslücken markiert. Diese Lücken sind primär Informations- und Verzahnungslücken und zeigen deutlich auf, welche qualitätssteigernden Wirkungen durch die Netzwerke ausgelöst werden können.

Lücke 1
Die Lücke zwischen Kundenerwartungen und Unternehmensauffassung entsteht dadurch, dass das Unternehmen die Wünsche oder den Bewertungsprozess der Nachfrager nicht bzw. nicht richtig kennt.

Informationslücken   *Lücke 2*
Die Lücke zwischen Unternehmensauffassung und Umsetzung der wahrgenommenen Erwartungen der Nachfrager in Dienstleistungsspezifikationen entsteht u.a. durch mangelnde Informationen über die Prozesse der weitverzweigten bzw. komplexen Abläufe.

Lücke 3

Die Lücke zwischen einem angestrebten Qualitätsstandard und der Leistungsausführung entsteht u.a. durch mangelnde Informationsdistribution an die Mitarbeiter in den Feldern der Wertschöpfungskette.

Lücke 4

Die Lücke zwischen Leistungsausführung und an den Kunden gerichteter Kommunikation entsteht durch unzureichende Informationen des Kunden, um seine Erwartungen zu beeinflussen.

Lücke 5

Die Lücke zwischen wahrgenommener und erwarteter Leistungsqualität entsteht dann, wenn eine oder mehrere der oben beschriebenen Lücken vorhanden sind.

Informationsdistribution im Betrieb durch das INTRANET, präzisere Marktforschungsergebnisse durch die oben dargestellten Aufzeichnungen der Interfaces werden einen effektiven Beitrag zur Schließung dieser Lücken leisten.

Können z.B. Informationen über die Zufriedenheit der Nachfrager allen Mitarbeitern zugänglich aufbereitet werden, so können diese viel qualifizierter agieren als wenn sie weitgehend auf der Grundlage veralteter grober Vorgaben handeln müßten. Durch die INTERNET-Technologien gibt es nun eine Informations-Architektur, die es erlaubt, alle Daten über Qualitätskriterien, ihre Erfüllungsgrade, ihre Lücken, eingeleitete Maßnahmen in alle Felder, Prozesse zu verteilen bzw. einsehbar zu machen. Nicht übersehen werden darf dabei der immense Restrukturierungsbedarf. Die primären Felder der Wertschöpfungskette müssen aus ihrer "autistischen" Situation in "front line systems" überführt werden. Dies kann nur gelingen, wenn die dafür notwendige Informationsinfrastruktur vorhanden ist. Nicht nur dies ist eine Herausforderung für die traditionell von einer "Eigenwert"-Auffassung gesteuerten DV-Abteilungen, sondern auch die Tatsache, dass die Nachfrager das Unternehmen zunehmend über das technologiegestützte Portal "betreten". Die Intelligenz dieses Interfaces ist mit entscheidend für die Interpretation der individuellen Bedürfnisse, für die erste kundengerichtete Kommunikation zur realistischen Stabilisierung der Erwartungen und deren Kanalisierung in die Wertschöpfungskette. Aber die technologische Unterstützung ersetzt nicht das Management. Die Verknüpfung der Marketing-Schnittstelle mit den Betriebsabteilungen ist möglicherweise weniger ein Willensbildungsproblem über die generelle Zielrichtung als ein Willensdurchsetzungsproblem. Hier gibt es eine massive Unterstützung durch die Netzwerke. Das INTRANET erlaubt - wie oben dargestellt - umfangreiche Reorganisationen der Aufbauorganisation in Richtung objektorientierte Strukturen. Die damit einhergehenden Teamstrukturen werden mit den Präferenzen der ihr zugeordneten Zielgruppen sehr viel direkter konfrontiert als dies in hierarchischen Strukturen der Fall wäre. Auch mögliche Führungsprinzipien wie eine periodisierte Messung der Zufriedenheit der Klientel, des Empowerment der Mitarbeiter schaffen eine zusätzliche Ausrichtung auf ein Customer-Relationship-Management.

Netzwerke ermöglichen objektorientierte Organisation

Das Charakteristikum einer modernen Dienstleistung wie z.B. eine Unternehmensberatung ist richtungsweisend für die ökonomische Umsetzung der INTERNET - Technologien in Richtung eines Mass Customization, One-to-One Marketing. Der Nachfrager stellt sein Problem dar, bekommt vom Anbieter (personell oder maschinell) Lösungsstrategien vorgestellt und löst dann die "Endkombination" der Produktionsfaktoren und damit die Produktion des Gutes aus.

Integration des Externen Faktors in die Endkombination

Diese Integration des Nachfragers in die endgültige Produktkonfiguration ist natürlich unterschiedlich intensiv in dem Spektrum zwischen Dienstleistungen und Sachgütern. Dabei wird es im

Rahmen der INTERNET - Technologien eine zunehmende Konvergenz zwischen materiellen und immateriellen Ausprägungen der Güter geben. Der Absatz eines Sachgutes ist nahezu undenkbar ohne Inanspruchnahme von flankierenden Dienstleistungen. Es ist deutlich absehbar, dass auch hier der Dienstleistungs-Anteil zunehmend entscheidender für den Erfolg wird.

Darüber hinaus verlagert sich das aus dem Dienstleistungsbereich bekannte Eingreifen des Nachfragers in die Feinabstimmung der Produktion auf Grund seiner Erwartungen durch die INTERNET - Technologien auch zusehends in die Produktion materieller Güter. Vorreiter ist die individuelle Zusammenstellung der Bauteile eines PC bei *DELL* (vgl. Virtualisierung der Organisation). Dieser Erfolg zeigt das zunehmende Interaktionsbedürfnis - das nun erstmals beobachtbar ist - auch bei materiellen Produktionsabläufen.

Interaktionsbedürfnis auch bei materiellen Gütern

Nicht übersehen werden darf, dass bei dem oben aufgeführten Argument, die INTERNET-Technologien würden Informationsasymmetrien reduzieren, nicht nur der Nachfrager der Begünstige ist. Die Anbieter erhalten durch die Einblicke in das Präferenzsystem der Nachfrager einen Informationsvorsprung. Dies eröffnet den Anbietern die Möglichkeit eines opportunistischen Verhaltens, d.h. die Ausnutzung der bestehenden Unsicherheiten unter Zuhilfenahme von List und Tücke. Der Nachfrager, der im Vorfeld der Kaufentscheidung maßgeblich durch die Unsicherheit eines möglichen opportunistischen Verhaltens des Anbieters beeinflusst wird, kann wiederum durch Intelligente Agenten seine Unsicherheitsposition drastisch reduzieren. Ob es hier zu einer "gleich gewichtigen" Informiertheit kommen wird, kann erst nach der Ausreifezeit der INTERNET - Technologien beurteilt werden.

2.6 Externe Effekte

Die industriegeprägte Wirtschaft stützt sich auf Quasi-Oligopole, die ihre Existenz den Economies of Scale, also der Fixkostendegression verdanken. Die Wirkungen der netzwerkgestützten Wirtschaft auf die Anzahl der Marktteilnehmer sind zweigeteilt. Auf der einen Seite wird durch sie eine noch nie dagewesene Markttransparenz realisiert und damit eine Plattform für die Markteintritte vieler kleiner Anbieter geschaffen. Andererseits ist sie durch häufig schnelllebige, temporäre Monopole geprägt, die sich auf kurzfristige technologische Vorsprünge stützen. Die Dauer derartiger marktbeherrschender Stellungen hängt von Losgrößen-Effekten im Rahmen einer Netzwerkwirtschaft ab. Ein Erfolgsfaktor im Umfeld der Netzwerkinfrastruktur ist die Kompatibilität der Systeme, die erst einen Nutzen erbringt, wenn eine kritische Masse ("Installed Base") erreicht ist. Je mehr Nutzer über ein Netzwerk verbunden bzw. integriert werden können, desto größer ist der Wert des Netzwerks (sog. *Externe Effekte* eines Netzwerks). Prominentes Beispiel ist - wie oben erwähnt - das Telefon: je mehr Anschlüsse es gibt, desto höher ist der Nutzen des Telefons für den Einzelnen, denn er kann mehr Partner mit dieser Technologie erreichen. Es ist ein klassischer Fall der Kombinatorik. Wenn es zehn Teilnehmer in einem Netzwerk gibt und der Wert des Netzwerkes ist für jeden proportional zu der Gesamtzahl anderer Teilnehmer, dann errechnet sich der Wert des gesamten Netzwerkes (für alle Nutzer) n x n-1 = n(2)-n. Daraus folgt, dass eine zehnfache Steigerung der Nutzer eine hundertfache Steigerung des Wertes (in welchen Währungseinheiten, Nutzengrössen auch immer) der Netzwerke mit sich bringt (Varian 1998). Natürlich bricht die Wertsteigerung nach Überschreiten eines Sättigungsgrenze ab. So ergeben sich bei dem obigen Beispiel für einen Europäer keinen nennenswerten Nutzensteigerungen, wenn die Telefonteilnehmer in China zunehmen.

Dabei ist der Weg zu einer Quasi-Monopolstellung einer Technologie in einem Netzwerk-Markt vorrangig von der Nachfrage nach Kompatibilität mit immer subjektiven Einschätzungen, Erwartungen über die Verbreitung der Technologie abhängig. Je mehr die Nachfrager nämlich darauf setzen, dass die eine oder andere Technologie externe Netzwerkeffekte erzielen wird, desto mehr wird sie diese auch erreichen und in einen sich selbst verstärkenden Wachstumsprozess einmünden. Die Nachfrager selbst nehmen eine Einschätzung vor, welche Informationstechnologie einmal die am meisten genutzte sein wird und damit den größten Wert für sie haben wird. Das Marktwachstum bei derartigen Informationstechnologien resultiert aus von der Nachfrage induzierten Größenvorteilen ("demand" Economies of Scale), die weniger durch die Preisvorteile der Fixkostendegression ("supply" Economies of Scale) als durch die Externen Effekte ihre Wirkung erzielen. Die besten Beispiele für einen derartigen Nachfragesog sind das Fax, E-mail, die *Microsoft*produkte etc. Auf diesem Gebiet gibt es so etwas wie eine "self-fulfilling prophecy". Wenn die Nachfrager von einem netzwerkgestützten Produkt glauben, dass es sich durchsetzen wird, dann wird es sich auch durchsetzen. Die beschriebenen Externen Netzwerkeffekte, die ihren Ausgangspunkt in den Erwartungen der Nachfrager über die Wahrscheinlichkeit des Eintreffens haben, entscheiden also über Erfolg oder Misserfolg der digitalen Informationsprodukte.

Die Erwartungen der Konsumenten hinsichtlich der Verbreitung müssen durch die Marketing-Strategien beeinflusst werden. Es muss suggeriert werden, dass der Massenabsatz nahezu "programmiert" ist. Aber nicht zu übersehen ist, dass die Erwartungen der Nachfrager über Netzwerkeffekte von der Größe der Anbieter be-

"Demand"
Economies of Scale

Kritisch bei
INTERNET - Technologien:
"self-fulfilling-prophecy"

Kommunikationspolitik soll Erwartungen der Nachfrager beeinflussen

einflusst werden. Je größer ein Unternehmen ist, desto mehr kann es auch "supply-Economies of Scale" (also die Fixkostendegression) nutzen und desto schneller seinen Kreis an Nachfragern erweitern. Diesen Effekt antizipieren wiederum die Nachfrager. Die aggressivste Strategie, diese "demand-Economies of Scale" zu beeinflussen ist, das Produkt kostenlos abzugeben. Erst in einer zweiten Phase werden die Investitionen refinanziert. Ein prominentes Beispiel einer derartigen Vorgehensweise ist die kostenlose Abgabe des *Netscape*-Browsers (einschl. seines Quellcodes). Mit kurzfristigem Umsatzverzicht wurde in nur sechs Monaten ein weltweiter Marktanteil von 80% erreicht. Die Refinanzierung bei *Netscape* erfolgte dann durch Beratungen, Werbeeinnahmen über das Portal, Modifikationen des Produktes etc. *Netscape* nutzte den sich bietenden Lock-in-Effekt aus unternehmensindividuellen Gründen nicht mehr. Dazu gibt es weitere Beispiele einer kostenlosen Abgabe mit dem Ziel, auf der Grundlage eines Lock-in-Effektes Upgrade-Versionen zu verkaufen. So gibt *Qualcomm* sein E-mail-Programm *Eudora*, *Thomson* bewertete Finanzdaten, *McAfees* seine Anti-Virus-Software, *Sun Java* kostenlos ab (Kelly 1999). Eine derartige Vorgehensweise des Verzichts auf anfängliche Umsätze ist im Rahmen von Marktdurchdringungsstrategien nicht unüblich - allerdings in etwas abgemilderter in Form von Niedrigpreisstrategien. Das zugrunde gelegte strategische Kalkül in einer Netzwerk-Wirtschaft ist eine Abwägung zwischen dem kurzfristigen Erlösverzicht und dem langfristigen Erlöspotenzial, das auf dem Lock-in-Effekt (Abhängigkeitseffekt) basiert. Da in dem Bereich der INTERNET - Technologien ein dominanter Geschwindigkeitswettbewerb herrscht, ist - in welcher Ausprägung auch immer - dies ein effektiver Strategieansatz.

Das hat Wirkungen auf die Marktstrukturen und unterstreicht die Bedeutung des Geschwindigkeitswettbewerbs bzw. der First-Mover Strategien.

Externe Effekte können positiv oder negativ sein. Ihnen ist gemeinsam, dass für sie nicht bezahlt werden muss. Es gibt also für sie kein monetäres Äquivalent. Das beste Beispiel für negative externe Effekte ist die Umweltverschmutzung durch die industrielle Produktion. Sie erscheint in keiner privatwirtschaftlichen Kostenrechnung. Positive externe Effekte stellen sich z.B. beim Kauf eines Fax-Gerätes ein: je mehr Leute einen Fax-Anschluss haben, desto wertvoller ist ein Fax-Gerät. Für diese Wertsteigerungen braucht jedoch kein monetäres Entgelt entrichtet werden. Dementsprechend möchten die Nachfrager auch nicht die ersten Nutzer eines digitalen Informationsproduktes sein und mithelfen, die externen Effekte erst aufzubauen mit dem zusätzlichen Risiko eines Totalverlustes.

Externe Netzwerkeffekte eines digitalen Informationsproduktes sind ganz ohne Frage auch von oben erwähnten Marketinganstrengungen abhängig, aber im Kern gibt es bei der Produktentwicklung zwei extreme Strategien, die natürlich auch gemixt werden können. Zum einen ist es eine Strategie, die auf Kompatibilität ausgerichtet ist, also einen Evolutionscharakter hat, zum anderen eine konsequente Ausrichtung auf Performance, die keine Rücksicht auf die derzeitige, sich am Markt befindliche Güterstruktur nimmt. Die Kompatibilitätsstrategie muss in der Regel Abstriche von der Performance machen, legt jedoch einen Migrationspfad, der erlaubt, Technologiesprünge in kleinen Schritten zu vollziehen und so die Umstiegskosten (sog. switching costs) zu minimieren. Dazu gibt es viele Beispiele bei den Softwareprodukten. Die Performance-Strategie muss die Produkte mit so viel Nutzen ausstatten, dass die Nachfrager bereit sind, die Umstiegskosten zu übernehmen und sie die Einschätzung gewinnen, dass auch andere Nachfrager das selbe tun werden. Um nun Schubkräfte auf die Entwicklung externer Netzwerkeffekte auszuüben, kann man offene Standards propagieren, so dass eine Vielzahl von Produkten verschiedener Hersteller kompatibel entwickelt werden kann, oder strategische Allianzen eingehen. Eine weitere Möglichkeit ist, die Produkte zunächst - wie oben erwähnt - unentgeltlich abzugeben in der Hoffnung, die Kontrolle über die Entwicklung zu behalten und später kommerzielle Erfolge daraus ziehen zu können. Unterlegene Unternehmen fordern oft offene Standards - so z.B. *Microsoft* im Fall von INTERNET - Browsern. Erfolgreiche Unternehmen versuchen häufig, offene Standards abzuwehren bzw. zu manipulieren - so *Microsoft* im Bereich seiner Desk-Top-Applikationen.

Hat ein Anbieter seine Technologien monopolisiert, so bekommt er einen erdrückenden Wettbewerbsvorteil. Die Nachfrage konzentriert sich auf ihn und durch die Größenvorteile erhält er angesichts gering steigender Grenzkosten (bei Software- bzw. Informationsprodukten sind sie nahezu Null) sogar noch die Kostenführerschaft. In diesem Fall kann er die *"supply-Economies of Scale"* mit den *"demand-Economies of Scale"* bündeln.

2.7 Lock-in / Switching Costs (Umstiegskosten) der INTERNET - Technologien

Wie oben ausgeführt, reduzieren die Netzwerke die Informations- und Distributionskosten etc. weltweit. Viele Friktionen im Bereich der ökonomischen Transaktionen entfallen. Aber es entstehen zugleich auch neue Mauern wie beispielsweise beim Wechsel des Informationssystems von einem Hersteller zum anderen. So muss es heute schon sehr wichtige Gründe geben, um von einem *MacIntosh*-Computer zu einem anderen PC-Hersteller oder zu einem UNIX-System zu wechseln. Dabei ist zu bedenken, dass es zu diesen Systemen viele zusätzliche komplementäre Investitionen mit unterschiedlichen Anschaffungszeitpunkten gibt, ganz zu schweigen von den Investitionen in die Mitarbeiter. Das faszinierende und immer wieder zitierte Beispiel für übermächtige Switching Costs, die den Weiterbetrieb einer alten Technologie schützen, auch wenn sich hieraus wegen des nicht genutzten technischen Fortschritts Nutzeneinbußen ergeben, ist die Tastatur auf dem Keyboard. Die QWERT-Anordnung (genannt nach dem Beginn in der ersten Reihe) geht auf das Jahr 1870 zurück. Die Anordnung bei den Schreibmaschinen richtete sich nach dem Ziel, eine Verhakung der Tipphebel zu minimieren mit der Folge, dass die am häufigst vorkommenden Buchstaben so weit wie möglich auseinander platziert wurden. Nachdem das Verhaken der Tippenhebel mechanisch gelöst war, sind bis heute alle Versuche gescheitert, eine Tastatur einzuführen, bei der die am häufigsten benutzten Buchstaben beieinander liegen. Die Switching Costs, verbunden mit dem Netzwerkeffekt, sind weitaus höher als der Nutzenvorteil einer schreibergonomisch angeordneten Tastatur. Generation auf Generation wird die alte Tastaturanordnung gelehrt und niemand will eine andere erlernen, da er meint, diese Fertigkeit nicht einsetzen zu können bzw. dass sie nicht nachgefragt werde. Das Management derartiger Wechsel- oder Umsteiger-Kosten könnte einer der kritischen Erfolgsfaktoren des INTERNET - Zeitalters werden. Die Nachfrager müssen eine Strategie wählen, diese Kosten zu minimieren, indem sie die Abhängigkeit von Systemherstellern in ihren Investitionsentscheidungen sehr genau berücksichtigen. Die Systemanbieter müssen das Ziel haben, möglichst unauffällig den Nachfrager an sein System zu binden bzw. einzuschließen. Hierfür gibt es viele prominente Beispiele: so hat *IBM* zu spät gemerkt, dass sie durch die Übernahme von DOS in eine derartige Lock-in-Situation geraten sind.

Auch kleine Umsteigerkosten können in einem Massenmarkt eine große Bedeutung haben. Der Wettbewerb der Telefongesellschaften, Kunden „einzuschließen", ist ein gutes Beispiel hierfür. Auch die Strategie von *AOL*, jedem eine CD nicht nur einmal „in die Hand zu drücken", zielt auf ein Lock-in ab. Bei einem Wechsel des INTERNET - Service-Providers müßte dann zunächst die E-mail-Adresse geändert werden etc. Der Zeitaufwand für das Ändern der E-mail-Adresse kostet in Form der Benachrichtigung aller Betroffenen sehr viel mehr als die monatliche Grundgebühr des bisher genutzten Providers.

Mikroökonomisch gesehen muss z.B *AOL* - um bei diesem Beispiel zu bleiben - die Umstiegskosten (switching costs) zu einem anderen Anbieter und den zu erwartenden Umsatz eines neuen Kunden abschätzen, um die Anstrengungen wie Werbeeinsatz, Beeinflussung der Umstiegskosten etc. dimensionieren zu können. Die zu errichtenden Umstiegsbarrieren können für den Anbieter geringe Kosten (Änderung der Schnittstelle, Hinzufügen von neuen Attributen zur Datenbank etc.), aber auch hohe Kosten (zusätzliches Personal für die Kundenunterstützung etc.) nach sich ziehen.

Daraus folgt, dass sich die Umstiegskosten aus Kostenbestandteilen des Anbieters und des Nachfragers addieren. Möchte jetzt z.B. *AOL* einen Kunden von einem anderen Provider abwerben, so könnten sich folgende Schätzungen ergeben: Der Kunde schätzt den Aufwand des Wechsels für sich mit DM 50,– ein, der Anbieter hat einen Aufwand zur Einrichtung eines neuen Kundenkontos etc. von DM 25,–. Um jetzt den Wechsel anzustoßen, muss der Anbieter einen Teil der Umstiegskosten des Kunden mittragen, indem er ihm - so z.B. 1999 in Deutschland - 50 Freistunden anbietet. Daraus folgt, dass die diskontierte Gewinnerwartung pro Kunde die Kosten der Freistunden (und die beim Kunden verursachten Kosten) überkompensieren muss.

In der Informationswirtschaft sind die Barrieren zum Wechseln des Anbieters besonders hoch. Informationen werden gespeichert, manipuliert, gefiltert etc. Diese Vorgänge basieren auf einem Geflecht und Zusammenspiel von Soft- und Hardwareelementen. Um derartige Systeme nutzen zu können, ist zudem ein gerüttelt Maß an spezifischem Know-how von Nöten.

Im einzelnen kann man folgende Barrieren eines Anbieterwechsels mit den daraus resultierenden Umstiegskosten unterscheiden:

> *Verträge:* Häufig ist das Augenmerk bei Verträgen nur auf den Preis gerichtet. Nicht beachtet wird, dass der Anbieter gerade bei digitalen Informationsprodukten an den Qualitätsmerkmalen wichtige Veränderungen vornehmen kann.

> *Langfristige Investitionen:* Wenn eine Investition eine lange Lebensdauer hat, präjudiziert sie alle Investitionen in peripheren Bereichen und Ausgaben für das häufig nur vom Hersteller exklusiv verkaufte Verbrauchsmaterial. Bevor die Investition abgeschrieben bzw. durch den technologischen Fortschritt überholt ist, wird der Anbieter versuchen, die alte Anlage in

Zahlung zu nehmen und durch eine neue zu ersetzen, um den Kunden weiterhin „eingeschlossen" zu halten.

➢ *Produktspezifisches Training, Know-how*: Das beste Beispiel sind Software-Produkte. Es bedeutet für den einzelnen, für den Betrieb jeweils einen enormen Aufwand, sich an eine neue Software zu gewöhnen.

➢ *Informationen in Datenbanken:* Die Verknüpfung von Informationen im Rahmen von Datenformaten mit der Software und im weiteren Sinne mit der Hardware ist ein besonders gravierender Fall des Gebunden-Seins an einen Hersteller. Je mehr Datensätze in einem derartigen System sind, desto schwieriger wird es, sie zu konvertieren. Nur das Orientieren an standardisierten Datenformaten und Interfaces kann hier Abhilfe schaffen.

➢ *Kosten der Eruierung von Anbietern:* Diese Suchkosten, die ohne nennenswerte technologische Unterstützung nicht unerheblich sind, werden durch die INTERNET -Technologien (Intelligente Agenten etc.) in Zukunft an Bedeutung verlieren.

➢ *Loyalitätsprogramme:* Während in der Informationswirtschaft die Friktionskosten wie Suche nach Anbietern, Distributionskosten etc. durch die neuen INTERNET - Technologien abnehmen werden, können dieselben technologischen Potenziale genutzt werden, um Mengenrabatte etc. zu vergeben. Das große Vorbild derartiger Bonus-Programme sind die Fluggesellschaften, die mit Hilfe ihrer DV mühelos die Meilenprogramme verwalten können. *Amazon.com* hat diese Bonusstrategie dahingehend umgesetzt, dass jeder, der eine Buchbesprechung auf seiner WEB-Seite abgespeichert hat und einen Link zu *Amazon* legt, bei einem Verkauf des Buches einen Bonus gutgeschrieben bekommt. Diese Programme hebeln den durch die

Netzwerke ermöglichten Preiswettbewerb aus. Sie konterkarieren damit den welfaresteigernden Effekt eines Preiswettbewerbs. Nachfrager, die sich durch Loyalitätsprogramme einschliessen lassen, erlauben dem Anbieter ein wenig wie ein Monopolist zu agieren.

Der Vorteilsnehmer des „Einschließens" braucht nicht immer - wenn auch überwiegend - der Anbieter sein. Entwickelt ein Anbieter für einen Kunden ein spezielles Informationsprodukt, so ist er genauso an den Kunden gebunden wie vice versa.

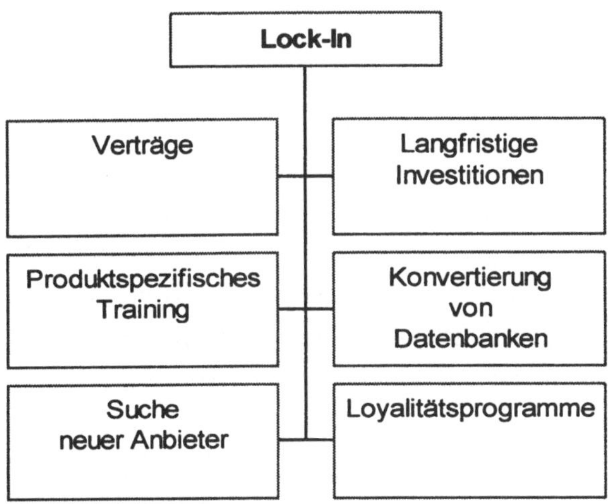

Abbildung 2-5: Lock-In

Dieses „Gefangen-Sein" in einem System, aus dem man nur mit hohen Umstiegskosten entkommen kann, ist möglicherweise eines der größten ökonomischen Phänomene der derzeitigen informationstechnologischen Entwicklung. Im folgenden soll gefragt werden, wie und mit welchen Strategien, Managementhandlungen man auf diese Situation reagieren kann.

Der Käufer einer Informationstechnologie-Komponente sollte sich nicht vom aktuellen, evtl. sehr niedrigen Preis leiten lassen. Er sollte eine langfristige strategische Kalkulation über die Kosten einer späteren Konvertierung der eingelagerten Informationen in ein anderes System anstellen und diese Umstiegskosten schon vor der Kaufentscheidung abschätzen und diskontieren. Die Strategie kann nur lauten, diese Kosten so weit wie möglich zu minimieren und auf den Verkäufer abzuwälzen. Die Ziele müssen vor Vertragsabschluss umgesetzt werden, denn bei hohen Umstiegskosten hat die Investition schon gleich nach dem Kauf einen sunk-cost-Charakter. Es muss also aus Käufersicht darauf gedrängt werden, den Verkäufer an den Kosten der Konvertierung aus dem Vorgängersystem zu beteiligen sowohl betreffend der Datenumsetzung, der Unterbrechung des laufenden Betriebes, als auch des Trainings und des Personals. Ebenso müssen langfristig Qualitätsmerkmale, kostenlose Upgrades, Service- und Supportgarantien vertraglich abgesichert werden. Natürlich hängen die Erfolgsaussichten derartiger Verhandlungsziele von der jeweiligen Marktstellung des Nachfragers und des Anbieters ab. Das Verhandeln über die Umstiegskosten ist ein Informationsproblem. Der Käufer weiß mehr über seine Operationen, der Verkäufer kennt sich besser mit seinen Technologien aus. Die Frage ist nun, wer besser informiert ist, d.h. eine Intensivierung des Informationsmanagements ist hier allemal rentierlich. Umstiegskosten wären natürlich ein vernachlässigbares Problem, wenn der Anbieter seine Technologien an offenen Standards orientieren würde, denn dann könnte der jeweilige Betreiber Komponenten des Systems von einem anderen Hersteller beziehen oder relativ mühelos das System wechseln. Dass derartige „offene Standards" nicht gerade das „Lieblingskind" der Hersteller sind, haben die vielen Anstrengungen großer Nachfrager wie der EU-Kommission, US-Administration zur „Pull-Durchsetzung" der OSI-Standards gezeigt, denen nur ein mäßiger Erfolg beschieden war. Die Hersteller werden so lange wie möglich offene Standards boykottieren, bis sie - wie die TCP/IP-Entwicklung zeigte - überollt werden.

Der Verkäufer hat naturgemäß prinzipiell gegenläufige Interessen zum Käufer. Dabei sollten die Strategien nicht von vorneherein auf ein Null-Summen-Spiel zwischen Käufer und Verkäufer konzipiert werden. Selbstverständlich hat der Verkäufer einer Technologie das Interesse, dem Kunden Upgrades, Wartungsverträge, neue Ausrüstungen, komplementäre Komponenten etc. zu verkaufen. Mikroökonomisch gesehen hat er ein Absatzvolumen, das sich durch die Höhe der Umstiegskosten und seiner Qualitätsvorteile gegenüber dem Konkurrenten abgrenzen läßt. Dieser Wert kann negativ werden, wenn die Qualitätsnachteile gegenüber dem Konkurrenten die Umstiegskosten überkompensieren.

Der von den neuen Informationstechnologien ausgehende Effekt des Lock-in eines Kunden bedeutet nicht, dass der Wettbewerb (selbst im Sinne einer vollkommenen Konkurrenz) zum Erliegen kommt. Es ändert sich lediglich die Kalkulationsgrundlage: der Preis einer Technologie wird jetzt über den Erlös des gesamten Lock-in-Zyklus des Produktes kalkuliert. Der Wert eines Kunden entspricht nunmehr wegen der zeitlich gestreckten, programmierten Quasi-Erlöse dem Barwert einer dynamischen Investitionsrechnung. Nichts spricht dagegen, dass sich auf der Grundlage der Barwerte eine vollkommene Konkurrenz einstellt. Aber auch dem gewinndämpfenden Effekt einer vollkommenen Konkurrenz kann man durch Produktdifferenzierung, Kostenführerschaft, First-Mover-Strategien entfliehen.

Wettbewerbsvorteil: Höhe der Umstiegskosten und Qualitätsvorteil

Im Schutzwall der Umstiegskosten können auch komplementäre Produkte abgesetzt werden, die in der Regel einen Integrationseffekt mit dem Basisprodukt haben und so dem Nutzer (auch durch ein one-stop-shopping) einen zusätzlichen Vorteil stiften.

Anbieter subventionieren die Umstiegskosten

Wie oben ausgeführt, muss der Umstieg von potenziellen Kunden subventioniert werden, da für diese Wechselkosten entstehen. Dies erfolgt üblicherweise durch Subskriptionsangebote, die jedoch die

Stammkunden häufig nicht so recht nachvollziehen können. In diesem Fall empfiehlt sich eine Produktdifferenzierung, um die Reputation bei den eingeschlossenen Kunden nicht zu verlieren.

3. Intra-organisatorische Abläufe

(Intra-business-interactions)

3.1 Dekonstruktion der Wertschöpfungskette durch Informationslogistik

Wie oben dargestellt, erfassen INTERNET - Technologien nicht nur einzelne Abläufe, sondern tiefergehend die ganze Wertschöpfungskette von Unternehmen unterschiedlicher Branchen. Eine Wertschöpfungskette setzt sich ganz allgemein gesehen aus allen Tätigkeiten zusammen, die erbracht werden, um ein Produkt zu konzipieren, herzustellen, anzubieten, auszuliefern und nach dem Verkauf durch den Kundendienst zu betreuen.

Nicht nur die Grafiken der Wertschöpfungskette, auch die derzeitigen Ablauforganisationen gehen von einem linearen Fluss physischer Aktivitäten aus. Dabei werden alle Informationen, die innerhalb eines Unternehmens, zwischen ihm, seinen Lieferanten und seinen derzeitigen und potentiellen Kunden fließen, weitgehend ausgeblendet. Informationen entzogen sich bisher einer ökonomischen Betrachtungsweise, weil die industrietypisch geprägten Wirtschaftswissenschaften wenig Methoden, Sichtweisen für immaterielle Funktionen bzw. Güter bereit halten. Informationen über Lieferantenbeziehungen, Prozessabstimmung, Kunden- und Mitarbeiterbedürfnisse, Umfeldbeziehungen etc. wurden vor dem Hintergrund der geringen Strukturierung, schwierigen Verbreitung als höchst unternehmensindividuell, exklusiv und schwierig steuerbar eingeschätzt. In diesem Umfeld entwickelte sich auch kein ausreichendes Abstrahierungsvermögen von alltäglichen Beziehungen. Der Wert von Kundenbeziehungen liegt in Wirklichkeit in den

Informationen, die man über den Kunden hat und die der Kunde über das Unternehmen hat. Marken, Firmennamen etc. stellen letztendlich nichts anderes dar als reale, verstandes- oder gefühlsmäßige Informationen, die Käufer in ihren Köpfen zu einem Produkt, zu einem Unternehmen abgespeichert haben. Auch Werbung und weite Teile des Marketings sind nichts anderes als Informationsgewinnungs- und Informationsvermittlungsvorgänge. Informationen bestimmen also weitgehend - wenn auch wenig formalisiert, strukturiert - die Beziehungen der Felder einer Wertschöpfungskette. Durch die INTERNET - Technologien kann man diese vielfältigen Verknüpfungen nunmehr in bisher nicht gekanntem Ausmaß effektiv und effizient handhaben. Das Management von Informationen bzw. im weiteren Sinne von Wissen bekommt durch den Treiber INTERNET nun erstmals eine informationslogistische Infrastruktur. Informationsflüsse können jetzt optimal koordiniert werden. Eine derartige Informationslogistik kann eine ganzheitliche und abgestimmte Planung, Gestaltung und Nutzung von unternehmensinternen und -externen und somit schnittstellenübergreifenden Informationssystemen betreiben. Ziel und gleichzeitig Herausforderung für das Management ist dabei die Umsetzung des "logistischen Prinzips der Information":

> die richtige Information: *vom Empfänger benötigt und verstanden*

> zum richtigen Zeitpunkt: *für das Fällen von Entscheidungen ausreichend*

> in der richtigen Menge: *so viel wie nötig, so wenig wie möglich*

> am richtigen Ort: *beim Empfänger verfügbar*

> in der erforderlichen Qualität: *ausreichend detailliert und wahr, unmittelbar verwendbar.*

Eine zentrale Zielsetzung der Informationslogistik besteht in der Optimierung der Informationsverfügbarkeit und der Informationsdurchlaufzeiten. Dem Just-in-Time-Prinzip folgend würde das bedeuten, dass Informationen erst dann bereitgestellt werden sollten, wenn sie für Entscheidungen tatsächlich benötigt werden. Durch die individuellen Zugriffsmöglichkeiten auf standort- und zeitabhängige Informationen, unterstützt durch Kompressions- und Suchhilfen, werden viele bisher gültigen Organisationsprinzipien außer Kraft gesetzt. Organisationen basieren bis heute auf der Verknüpfung kleinster organisatorischer Einheiten. Dabei grenzt sich die kleinste organisatorische Einheit durch die Kontrollspanne bzw. das Berichtswesen ab. Arbeitsaufgaben, Stellen werden so gestaltet, dass ein Informationsaustausch zwischen wenigen Personen erfolgen kann, die, um zu einer schlüssigen Informationsstruktur zu kommen, in einer Hierarchie über- bzw. untereinander stehen. Die Wirtschaftlichkeit des Informationsaustausches determiniert und begrenzt die Organisationen. Die Grenzen der Informationsreichweite und der Verarbeitung von Informationsmengen sind nun durch die Netzwerke nicht nur nach außen verschoben, sondern derart aufgelöst worden, dass man heute die strategische Dekonstruktionswirkung lediglich erahnen kann. Die neuen Kommunikationsstandards und die explosionsartige Zunahme der in INTERNET, INTRANET, EXTRANET eingebundenen Personen und Organisationen trennen die Informationsströme von den Kanälen, in denen sie bislang ihren Weg nahmen. Diese traditionellen Informationskanäle, die stets nur einen begrenzten Personenkreis erreichten, werden überflüssig und auf alle Fälle unwirtschaftlich. Somit werden so klassische Organisationsstrukturen wie die hierarchische Aufbauorganisation, die Informationen häufig auch als Machtinstrument missbrauchte, abgelöst durch fließende, auf dem INTRANET basierende, abteilungsübergreifende und teamorientierte Zusammenarbeit. Durch den offenen Standard der Netzwerk-Technologien können alle Felder der Wertschöpfungskette losgelöst von ihrem früheren physischen Ablauf betrachtet werden. Es wird eine weitgehende Dekonstruktion der Wertschöpfungskette geben.

Obsolet werden auch die klassischen Märkte mit ihren Informations- und Koordinationskanälen mit der Abfolge physische Einkaufsstraße, Laden, Abteilung, Regal. Diese Abfolge bedeutet für den Nachfrager erhebliche Informationskosten. Die Koordination der Märkte wird in Zukunft zunehmend ohne räumliche Bindung von Anbietern und Nachfragern durch multimedial dargebotene und mit Hypertext vernetzte Informationen sowie durch eine hohe Geschwindigkeit der Produkt- und Preisvergleichsmöglichkeiten in der Qualität verbessert. (Dabei wird der Umfang der Märkte durch die niedrigen Markteintrittsbarrieren ohnehin gesteigert. Das Angebot wird größer, denn jeder kleine Unternehmer kann durch die Präsenz im INTERNET zum multinationalen Unternehmer werden.) Es ist keine Verkaufsmannschaft, kein Filialsystem, keine Ladenkette etc. mehr vonnöten.

Geringe Markteintrittsbarrieren: Jeder ein multinationaler Unternehmer

Ein besonderer Druck auf Fragmentierungen der Wertschöpfungskette und damit auf die Informationslogistik kommt von der Individualisierung der Nachfrage (vgl. Interaktion). Mass Customization impliziert das Eingreifen des Kunden in den Wertschöpfungsprozess. Dies erfordert den Entwurf und die Beherrschung einer komplizierten Informationsarchitektur. Für den Anbieter stellt sich nämlich die Frage, welche Teile der Wertschöpfungskette kundenindividuell zu gestalten sind und welche Teile standardisiert ("massenhaft") organisiert werden können. Das Optimum einer derartigen Informationslogistik liegt in der Unterstützung einer Modularisierung der Wertschöpfungskette irgendwo in der Spanne zwischen einem möglichst geringen Grad an interner Varietät (Fertigungskomplexität) und einem möglichst hohen Grad an externer Varietät (kundenindividuelle Produktgestaltung) (Fröschle, 2000).

Von der Auflösung einer durchgängigen physischen Wertschöpfungskette werden die Branchen je nach der Informationsintensität ihrer Wertschöpfungskette betroffen sein.

Absolute Vorreiter werden Unternehmen sein, deren Geschäft Informationen sind, denn hier sind die Kosten der physischen Distribution besonders hoch. Beispiel hierfür sind alle Unternehmen, die jetzt noch Informationen bereitstellen, die elektronisch effektiver und weitaus billiger geliefert werden könnten als mit Hilfe physischer Elemente wie Verkaufs- und Vertriebssysteme (Niederlassungen, Läden oder Verkaufspersonal). Große Veränderungen wird es daher schon mittelfristig bei Zeitungshäusern, Reisebüros, Versicherungen, Banken, Softwarefirmen, wissenschaftlichen Fachverlagen etc. geben (vgl. Innovative Geschäftsmodelle). Zeitungen z.B. basieren auf dem Konstruktionsprinzip einer Bündelung von Informationen. Das Schnüren von Informationspaketen nach individuellen Interessen - also das Eingreifen in die Wertschöpfungskette - wäre das weitaus überlegenere Produkt, würde jedoch das bisherige Finanzierungs- bzw. Geschäftsmodell außer Kraft setzen (vgl. Informations(Inhalte)Anbieter).

Dieses dekonstruktivistische Prinzip, das ja die Grundlage des Siegeszuges der INTERNET - Technologien darstellt, Grundlage der Paketvermittlung in der Telekommunikation ist, wird sich also zusehends auch auf das Zusammenspiel der Marktpartner und der Organisationselemente übertragen.

Da die Netzwerke eine problemlose Informationsverteilung betreiben können und damit die Informationsintensität der Transaktionen steigern, entsteht neben den klassischen Wettbewerbsinstrumenten wie Preis und Menge ein neuer Wettbewerbsparameter „Informationsqualität".

3.2 Innovationsmanagement von Informationstechnologien

Das Management von INTERNET - Technologien im weitesten Sinne bekommt in einer netzwerk-gestützten Wirtschaft eine zunehmend kritischere Bedeutung. Aufgabe eines Managements derartiger Netzwerk-Technologien ist es, die Technologien als Infrastruktur zu planen sowie deren effiziente und effektive Implementierung, Nutzung und Weiterentwicklung zu steuern und zu kontrollieren. Es geht also nicht nur darum, vorhandene Technologien einzukaufen und zu nutzen, sondern auch um die Fähigkeit der Organisation, neue Technologien in ihrer Bedeutung für das eigene Unternehmensgeschehen zu erkennen. Dabei spielen sowohl die Wahrnehmung der Nutzbarkeit solcher Technologien als auch Fähigkeiten zur Nutzung eine Rolle.

Im vorliegenden Kontext hat ein Technologiemanagement eine extrem strategische Bedeutung. Dessen Teilaufgaben sind

➤ Beobachten und ex-ante Evaluation der technologischen Entwicklung
➤ Bestimmung und ex-ante Evaluation des Technologiebedarfs des Unternehmens als Ganzes, einzelner Geschäftsfelder, einzelner Prozesse der Wertschöpfungskette und/oder sogar hinsichtlich der Bedarfe von Zielgruppen
➤ Beeinflussung der Technologiediffusion im Unternehmen
➤ Treffen und Vorbereiten von strategischen und operativen Technologie-Einsatzentscheidungen.

Differenziert man die INTERNET - Technologien nach ihren Eigenschaften und Funktionen, so kann man möglicherweise folgende Ebenen unterscheiden (Krcmar 1997):

> Basistechnologien zur Bereitstellung der Basisfunktionalitäten Verarbeitung, Speicherung, Kommunikation
> Technologiebündel, d.h. Kombinationen von Basistechnologien in bestimmten Ausprägungen wie z.B. Multimedia, Client-Server-Architekturen
> funktionsorientierte Technologiebündel, d.h. Anwendungsformen wie E-mail, betriebswirtschaftliche Anwendungssoftware, File-Transfer-Management-Programme.

Technologieebenen

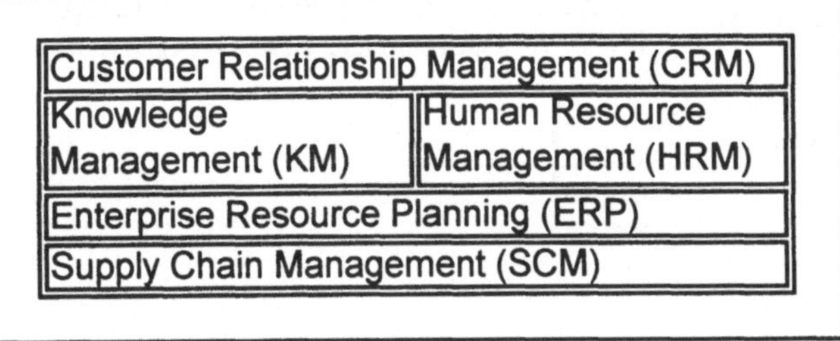

Abbildung 3-1: Software-Trends, Anwendungscluster einer zukünftigen netzwerkgestützten Unternehmung

Über allem schwebt in der derzeitigen turbulenten Situation die richtige Einschätzung der *Technologietrends* und möglicher Wirkungen weniger auf die Produktivität als auf die Gestaltung von Informationsprodukten. In der Umgebung der Netzwerke herrscht ein ausgesprochener Geschwindigkeitswettbewerb. Dem überstrapazierten populären Satz "ein Lebensjahr entspricht sieben INTERNET - Jahren" ist nichts hinzuzufügen. Produktstrategien können derzeit nicht auf der Grundlage der heute auf dem Markt angebotenen Technologien basieren. Es gilt vielmehr, die technologische Entwicklung auf zukünftige Nutzungskonzepte hin zu evaluieren, bevor die Technologien - in der Regel sind es Technologiebündel - verfügbar sind. Sind diese Technologien dann einsatzbereit, kann sofort mit der Markteinführung der auf ihr basierenden Produkte begonnen werden. Man muss sich also frühzeitig "ausmalen", wie man eine Technologie einsetzen wird, selbst wenn die Entwickler noch mit ihren Prototypen beschäftigt sind. Diese Einschätzungen werden im Umfeld von Schlüssel- und Schrittmachertechnologien vorgenommen. Schlüsseltechnologien sind vorhandene Technologien, die in ihrer vollen Wirksamkeit noch nicht zum Tragen gekommen sind und daher auch ein Maß an Veränderungsmöglichkeiten enthalten. Schrittmachertechnologien sind Technologien, die sich noch im Entwicklungsstadium befinden; von ihnen wird ein erhebliches Veränderungspotenzial erwartet. Im

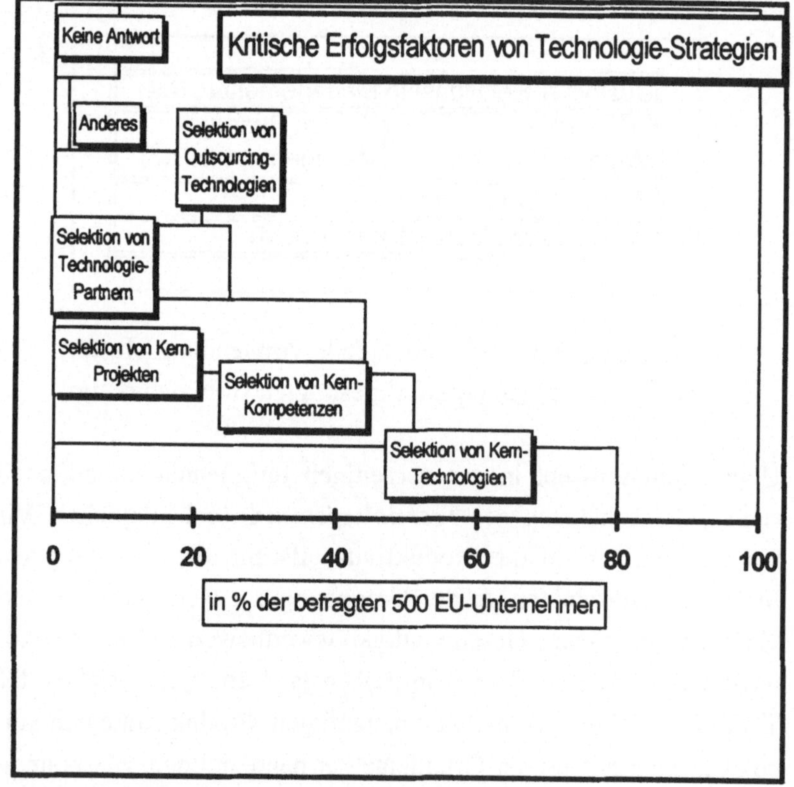

Abbildung 3-2: Kritische Erfolgsfaktoren von Technologiestrategien
(Quelle: Europäische Kommission 1996)

Bereich der Informations- und Kommunikationstechnologien ist also eine lineare Extrapolation - wie oben dargestellt - völlig unmöglich. Es muss hier im Hard- und Softwarebereich ständig mit technologischen Durchbrüchen gerechnet werden. Daraus folgt, dass eine auf organisatorischen Vorkehrungen basierende *Unternehmenskultur*, welche die Fähigkeit fördert, neue Technologien in ihrer Bedeutung für die eigene Wertschöpfung, für die eigenen Produkte zu erkennen und umzusetzen, eine erfolgskritische Bedeutung hat.

Unternehmenskultur: Organisationales Lernen

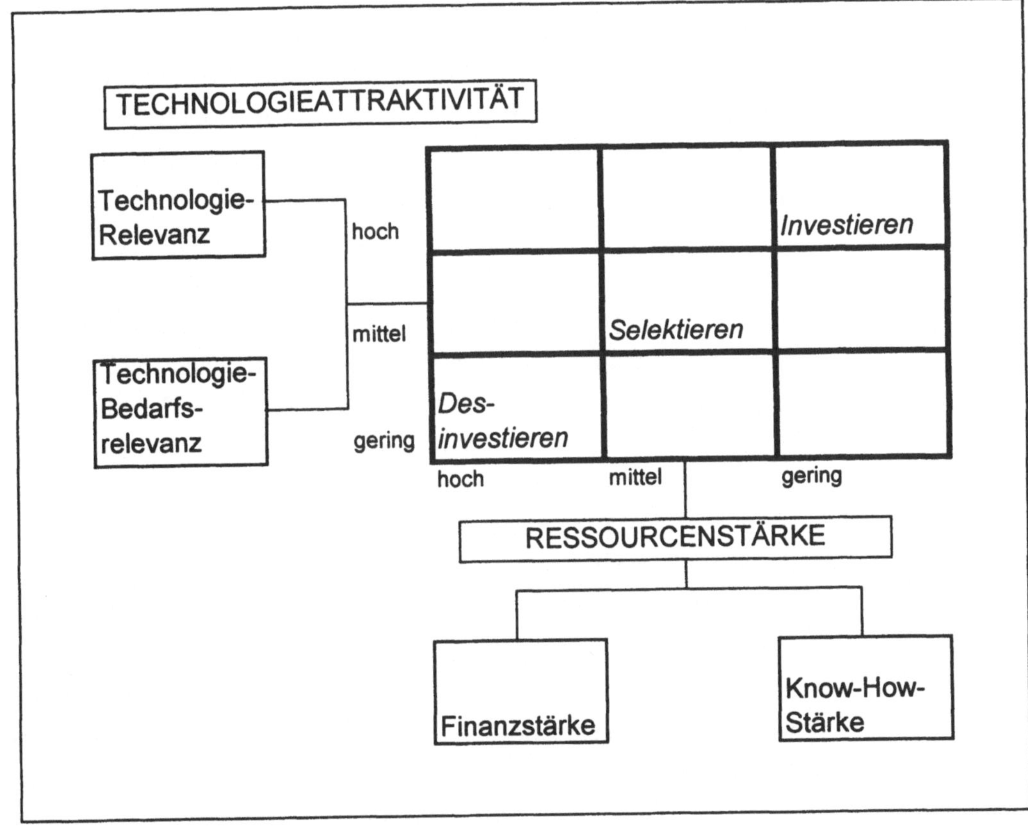

Abbildung 3-3: Technologieportfolio

Dabei wird *unternehmensindividuell* die Bedeutung der Informationstechnologien für den strategischen Planungsrahmen maßgeblich beeinflusst vom Durchdringungsgrad der Informationstechnologie im Unternehmen (Ist-Zustand) und von generellen Machbarkeits-kalkülen bzw. -urteilen über die

> Technologiereife
> Technologieakzeptanz der Mitarbeiter
> Technologie - Standards
> Technologiediffusion in der Organisationsstruktur.

Technologie-Controlling

Angesichts der Schwierigkeit des Technologiemanagements, diese Handlungen auf der Grundlage von Modellen ausreichend darstellen zu können, kann eine zukunftsorientierte Willensbildung in einem ersten Annäherungsschritt nur durch ein strategisches Technologie - Controlling erfolgen. Aufgabe eines Technologiecontrollings ist es gemäß der Zielvorgaben des Unternehmens, Vorstellungen über *zukünftige Zustände* im weitesten Sinne zu sammeln und diese zu systematisieren. Es ist ein erster Schritt zur Reduzierung der Komplexität. Bei den hier betrachteten INTERNET-Technologien mit extrem kurzen Innovations- und Produktzyklen, die von einem komplizierten Mix aus technology push und demand pull gesteuert werden, kann auf dieser Grundlage eine Vorsteuerung nur durch hochaggregierte Kriteriensysteme erfolgen. Für diese Kriterien müssen Informationen und Bewertungen gewonnen, aufbereitet und verdichtet werden. Da die hieraus gewonnenen Anwendungsfelder und Technologien auf subjektiven Wahrscheinlichkeiten basieren und somit mit zusätzlichen Risiken behaftet sind, bedarf es der Konzipierung von Technologieportfolios. Der Portfolio-Gedanke eines optimalen Ertrags-Risiko-Mixes aus der Welt der Wertpapiere ist im Umfeld der INTERNET - Technologien dringend geboten (Hofmann 1999).

Der Strategiefächer zu einem derartigen Technologie-Portfolio könnte wie folgt aussehen:

> Aggressive Entwicklungstrategie
Man geht davon aus, dass der derzeitige Informations- und Kommunikationstechnologie-Einsatz im strategischen Horizont unzureichend ist und dass eine Forcierung von Investitionen und Entwicklungsanstrengungen ein kritisches Erfolgspotenzial dargestellt. Man strebt auch unter Einbeziehung aller Risiken eine "first mover"-Rolle an.

> Momentum-Strategie
Die im Einsatz befindliche Informations- und Kommunikationsstrategie wird auch für zukünftige Anforderungen als tauglich empfunden. Daraus folgt, dass man die Technologieentwicklung aufmerksam beobachtet und auf mögliche Anpassungshandlungen überprüft.

> Moderate Entwicklungsstrategie
Die moderate Entwicklungsstrategie ist zwischen die aggressive und die Momentum-Strategie einzuordnen. Es werden Technologiepilotprojekte durchgeführt und sorgfältige Wirkungsanalysen, insbesondere unter strategischen Zielvorstellungen, bewertet.

> Defensivstrategie
Man wird sich aus Technologieinvestitionen kontinuierlich zurückziehen, da die Informations- und Kommunikationstechnologien von neuen Entwicklungen abgelöst werden.

Technologie-Portfolio

In der derzeitigen turbulenten Situation können die zukünftig sich abzeichnenden notwendigen Funktionalitäten von informationsgetriebenen Netzwerken ausschnittsweise wie folgt strukturiert werden:

> Technologieneutralität der zu verwaltenden Informationsobjekte
> > Bewältigung großer Datenbestände bei hohen Performance-Anforderungen in Speicherung, Retrieval, Netzübertragung und Datenaufbereitung
> > Verfahren zur intelligenten Filterung und Selektion,
> > Integrative Speicher-, Adressierungs- und Verwaltungstechniken für unterschiedliche komplexe Informationsformen und -formate, Netzkomponenten zur Integration verschiedener Ressourcen
> > Schnittstellen zu den verschiedenen Bereichen der Informationsversorgung
> > Integrative und transparente Navigations- und Suchpfade.

Prognose technologischer Funktionalitäten

> Hypertextsysteme zur Nutzung komplexer Angebote
> > Verbesserung der inhaltlichen Strukturierung und Erschließung digitaler Informationsressourcen, Meta-Strukturen
> > Intelligente Formatumsetzungen, diversifizierte, fachspezifische Präsentation unterschiedlicher und heterogener digitaler Informationsobjekte.

Technologiebündelung

Ein derartiges Strukturierungsgitter kann Richtschnur verschiedener Stufen einer *Technologiebündelung* sein.

Die Sichtweise von Informations- und Kommunikationstechnologien als Speichermedium, als eine Verarbeitungsform oder als Kommunikationssystem ist zu allgemein. Ein Denken aus bestehenden Produkten bzw. Anwendungen heraus ist zu spezifisch. Die Verknüpfung dieser beiden Betrachtungsebenen ist wünschenswert. Produkte bzw. Anwendungen bestehen nämlich häufig aus einem Geflecht von Kombinationen bereits vorhandener Produkte und Basistechnologien. Diese Abläufe von Bündelungen, seien sie nun technikorientiert oder anwendungsorientiert, sind sorgfältig zu untersuchen bzw. zu imitieren.

Aufbauend auf den Basistechnologien wie Datennetze, Datenbanken, Chip-Technologien, Videokommunikation, die auf den Funktionalitäten Kommunikation, Speicherung, Verarbeitung etc. beruhen, folgt eine Ebene, die die grundständigen Technologien bündelt und eine Plattform für die Endprodukte bzw. die Anwendungen darstellt.

Technologie-bündelung

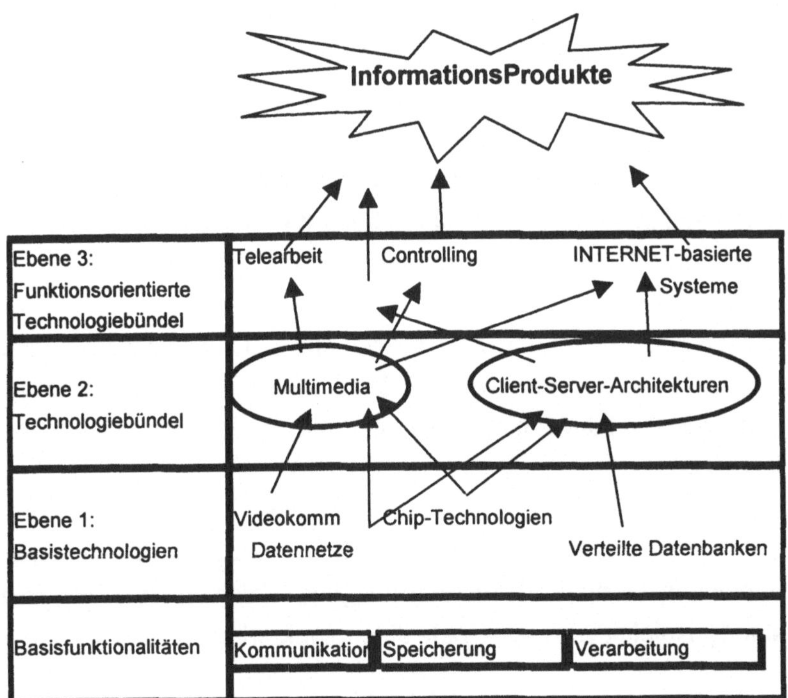

Abbildung 3-4: Technologiebündelung
(Quelle: nach Krcmar 1997)

Ein typisches Beispiel ist Multimedia.

Als Multimedia-System bezeichnet man rechnerbasierte Informationssysteme, deren Benutzerschnittstelle mehrere verschiedene Informationsträger (Medien) aufweist. Multimediasysteme haben das Ziel, durch neue Prinzipien an der Schnittstelle zwischen Mensch und Maschine eine bessere Informationsübertragung zu schaffen. Multimedia strebt dies durch den Einsatz neuer und attraktiverer Medienarten an. Neben der Verarbeitung, Speicherung, Übermittlung von Informationen steht die integrierte Darbietung von visuellen und akustischen Medien (Text, Graphik, Rasterbild, Audio und Video) im Vordergrund.

Beispiel: Multimedia

Entscheidende Komponenten eines Multimedia-Systems im Basisfunktionalitäts-Bereich der Verarbeitung sind Multiprozessorrechner zur Aufnahme großer Datenmengen sowie Kompressionsalgorithmen und Audio-Video-Codierung als Basistechnologien. Im Kommunikationsbereich sind Multimediasysteme auf Breitbandkommunikation als Kommunikations-Basistechnologie angewiesen, um ihr Potenzial voll entfalten zu können (Krcmar 1997).

Dieses sog. Technologiebündel ist anwendungsunabhängig einsetzbar. Die Konfigurierung zu Produkten ist ein anschließender und, wie man häufig feststellen muss, ein evolutionär verlaufender Prozess.

Es bedarf dann einer weiteren funktionsorientierten Technologiebündelung. E-mail, document imaging, Telemedizin, Telearbeit sind Beispiele derartiger Grade einer Konkretion.

Innovationsführung durch Technologiebündelung

Für die Abschätzung von Trends für die Kreierung neuer bzw. die Weiterentwicklung bestehender netzwerkgestützter Informationsprodukte ist es also hilfreich, sich ein Bild von Kombinationsmöglichkeiten der Technologiebündel zu machen.

Wildwuchs der Struktur der Informationstechnologien

Im naturgemäß nicht bekannten Umfeld der Potenziale der Informationstechnologien blühen Sprachformulierungen, Moden etc., die - um im Bild zu bleiben - von ökonomischen Interessen und wissenschaftlicher Profilierung kräftig begossen werden. In Wirklichkeit sind die ökonomisch tragfähigen Fortschrittsprozesse um vieles langsamer als es die "beschriebene Welt" häufig darstellt. Aber trotz allem hat diese Rhetorik ihren Platz als Motor der Aktivitäten. Als Folge dieser Aktionen - wenn sie nicht rein technikorientiert formuliert sind - verändert sich die Organisationskultur. Die Mitarbeiter und das Management werden davon beeinflusst und treiben derartige Entwicklungen - wenn auch häufig im Schneckentempo - weiter voran. Technologien haben keinen Eigenwert, erst in Verbindung mit effektiven Anwendungen, die die Nutzer nachfragen, entsteht ein Nutzen. Dabei zeigt sich - wie die Total-Quality-Leitidee drastisch herausstellt -, dass es große Unsicherheiten über die Bedürfnisse der internen und externen Kunden gibt. Hier kann man beobachten, dass die Kampagnen der Informationstechnologie-Anbieter den Endnachfrager mit einbeziehen und so seine Präferenzen und damit seine Nachfrageerwartungen beeinflussen, was wiederum durch den Nachfragedruck direkt neue technologische Entwicklungen voranbringt. Dadurch, dass die Technologieanbieter den Letztnachfrager in ihren Marketingaktivitäten in grossem Umfang mitberücksichtigen, ergibt sich ein kompliziertes Gemisch aus technology push und demand pull. Es ist nun Aufgabe des Managements, die Wirkungen der unterschiedlichen Modewellen auf die Mitarbeiter, Produktentwicklungen und damit die aggressiven sowie die moderaten und defensiven internen und externen Sichtweisen zielorientiert zu integrieren.

3.3 Funktionaler Technologieeinsatz: Abstrahieren branchenindividueller Abläufe

Sowohl die Unternehmen als auch die Märkte sind intelligente Informationsverarbeiter. Sie eruieren und verarbeiten Informationen über Präferenzen der Nachfrage, Kosten und Restriktionen ihrer Wertschöpfung etc. Da die Datenverarbeitung ohnehin, die Netzwerke jedoch noch zusätzlich die Kosten der Informationsgewinnung, -verdichtung und -verarbeitung dramatisch senken und mit neuen Gestaltungspotenzialen ausstatten, ist abzusehen, dass die Organisation der Unternehmen von dieser Entwicklung nicht unberührt bleiben wird. Bei einer fehlenden technologischen Anpassung werden gerade diese Technologien Schwachstellen der konventionellen Organisation wie z.B. ressortegoistisches Denken und Handeln der Mitarbeiter besonders grell beleuchten und einen Innovationsdruck erzeugen.

Ein Baustein der bisher praktizierten Organisationsstrukturen war die begrenzte Informationsverarbeitungskapazität und damit Koordinationsfähigkeit eines Stelleninhabers. Diese Grenzen verschieben sich durch die Netzwerke (vgl. INTRANET) zusehends immer weiter. Würde die Organisationsstruktur bzw. die Wertschöpfungskette im weiteren Sinne darauf nicht reagieren, so würden Produktivitätseffekte, aber insbesondere auch die Effektivitätswirkung der Netzwerke verpuffen. Die Wirkungen der INTERNET - Technologien auf die Binnen-Organisation sind zur Zeit nur mäßig erforscht. Die innerbetrieblichen Daten liegen wenig zugänglich, sehr verstreut und gering komprimiert vor. Schon die konventionelle Ablauforganisation hat man in den Unternehmungen noch nie in den Griff bekommen bzw. einer rationalen Prüfung zuführen können.

Die INTERNET - Technologien verkomplizieren nicht nur inner-
betrieblich, sondern auch zwischenbetrieblich die Ablauforganisation, indem die Prozesse über die Grenzen der Unternehmung hinaus verlaufen (siehe auch Virtualisierung der Organisation).

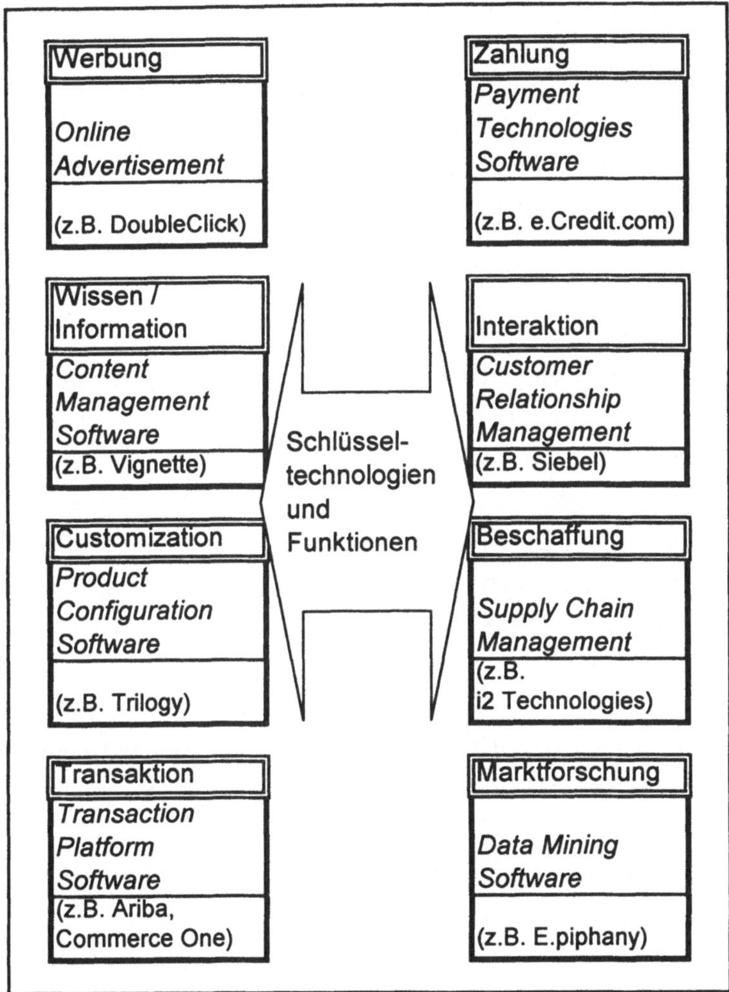

Abbildung 3-5: Netzwerkgestützte Schlüsseltechnologien und zu
verknüpfende Funktionen

In dieser Umbruchssituation ist ein Ansatzpunkt, die Technologiewirkungen auf die betrieblichen Funktionen (häufig deckungs-

gleich mit den Feldern der Wertschöpfungskette) zu erforschen. So sind Prozesshandbücher und Datenbanken mit Best-practice-Beispielen Wege, die mehr Transparenz in diesen Zusammenhang bringen werden. Die unterschiedlich intensive Abstrahierung branchenindividueller Abläufe auf Funktionen wie z.B. Verkauf mit Hilfe von Filialen oder Verkauf per Post, Verkauf über das INTERNET etc. zeigt die grundständigen Elemente *ähnlicher Funktionen* und damit die Einsatzpunkte für Technologien auf. Wenn man für die branchenunabhängigen Funktionen den Technologieeinsatz an Best-practice-Beispielen ausgerichtet hat, kann man von dieser Plattform ausgehend branchenindividuelle Abläufe auf technologische Unterstützung untersuchen. Diese Vorgehensweise reduziert das Risiko und ist einer rein branchen- bzw. betriebsindividuellen Technologieeinsatzplanung der Ablauforganisation sicherlich überlegen. Die letztere Sichtweise unterschätzt die Gemeinsamkeiten der verschiedenen Wertschöpfungsketten und überschätzt die Kompetenz der eigenen Mitarbeiter, eine eigenständige Optimierung des Einsatzes der neuen INTERNET - Technologien durchführen zu können. Die Erwartungen der Nachfrager werden ohnehin durch die "beste" Abwicklung von Funktionen beeinflusst. Liefert der Unternehmer einer Branche X über Nacht, lassen sich Kundenwünsche einbringen, so fällt es auf, wenn bei einem anderen Gut einer anderen Branche lange Lieferzeiten vorliegen, die Produktkonfigurationen sich nicht beeinflussen lassen.

Produktivitätseffekte der INTERNET - Technologien sind abhängig von der unterstützenden Organisationsstruktur, den Kommunikationspraktiken und der Aus- und Fortbildung der Mitarbeiter. Mitarbeiter werden zunehmend zu einem wichtigen Komplementärfaktor für einen effektiven Einsatz der INTERNET - Technologien. Die sich abzeichnenden technologiegestützten objektorientierten Organisationsstukuren bauen auf Mitarbeitern auf, die teamfähig und entscheidungsfähig sind.

3.4 INTRANET

In jedem Betrieb müssen ständig Daten, Informationen und Dokumente zwischen den Mitarbeitern, Instanzen, Abteilungen "top down" und "feed forward" ausgetauscht werden. Viele Daten entstehen ohnehin im Rahmen digitalisierter Routinen und verharren häufig in Inselstellungen. Der innerbetriebliche Informationsaustausch wurde bisher mit Hilfe lokaler Netzwerke auf einem aus heutiger Sicht sehr "primitiven Niveau" abgewickelt. Dazu wurden oft proprietäre Protokolle verwendet. Da mit der Schubkraft des INTERNET das TCP/IP-Protokoll eine große Verbreitung gefunden hat, verwenden es immer mehr Betriebe für den innerbetrieblichen Informationsaustausch. Sie wollen zum einen die problemlose plattformübergreifende Verknüpfung heterogener Hardware und Betriebssysteme, so z.B. *Windows*, UNIX, *Apple* etc., zum anderen die INTERNET-Basisdienste wie World-Wide-Web, ftp, E-mail, Newsgroups, Chat für das innerbetriebliche Handeln nutzen. Ein wesentlicher Beitrag dazu ist das portable, speicherplatzsparende und hypermediafähige Dokumentenformat HTML sowie die Folgeprodukte wie z.B. XML (Extensible Markup Language). Die Interoperationalität, die Integration der unterschiedlichsten Formate (Text, Audio, Video), die einfache Bedienbarkeit, die Schnittstelle zu Datenbanken, seine rapide steigende Akzeptanz durch die Nutzer sind in der Summe allen anderen Netzwerkkonfigurationen überlegen. Ältere, in proprietären Dateiformaten gespeicherte Dokumente müssen allerdings in das HTML-Format neu gefasst oder konvertiert werden. Letzteres kann entweder in einem einmaligen Konvertierungslauf oder im Moment des Zugriffs erfolgen. Die Dokumente können auch in ihrem Orginalformat verbleiben, zentral verwaltet und im Bedarfsfall an einen WEB-Browser im Origi-

nal übertragen werden. Mittels Zusatzprogrammen ("Viewer",
"Plug-ins") kann der Nutzer schließlich die Dokumente in einem
WEB-Browser betrachten. Der WEB-Server dient in diesem
Zusammenhang nicht primär der Datenhaltung, sondern der Daten-
vermittlung (Gateway-Funktionen).

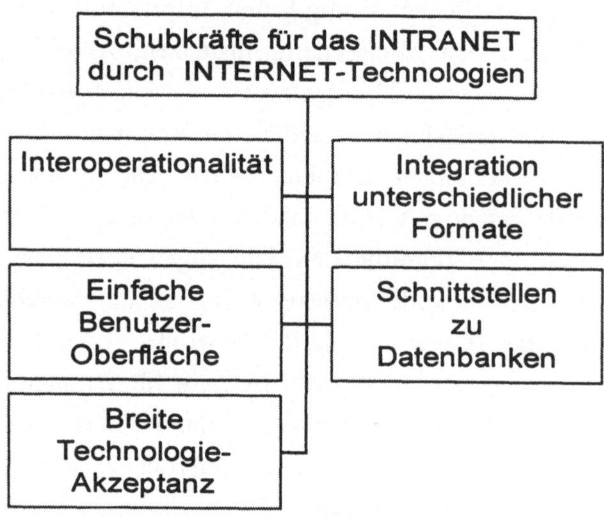

Abbildung 3-6: Schubkräfte für das INTRANET

Die Nutzung der INTERNET - Technologien für eine geschlossene
Nutzergruppe bezeichnet man als INTRANET. Diese Gruppe kann
sich natürlich auch standortübergreifend zusammensetzen.

Es gibt mehrere Möglichkeiten, solche INTRANETs zu realisieren.
Zum einen kann ein internes, vom INTERNET unabhängiges
TCP/IP-Netz aufgebaut werden; die entfernten Standorte werden
über VAN oder gemietete Standleitungen verknüpft. Die INTER-
NET - basierten Werkzeuge können verwendet werden, aber es ist
keine Schnittstelle zum INTERNET vorhanden. Es handelt sich
also um ein firmeninternes Netzwerk auf der Basis von TCP/IP.
Diese Lösung ist zuverlässig, aber kostspielig. Ein weiterer Weg
besteht darin, bestimmte Teile der firmeninternen Netze an das

Integration von
INTERNET und
INTRANET

INTERNET anzuschließen. Dem Integrationsziel folgend wird bzw. kann das INTRANET dem INTERNET geöffnet werden. Dazu wurden im Rahmen von Firewalls Sicherheitsvorkehrungen gegen unbefugten Zugriff auf das innerbetriebliche Netz getroffen. Soll das INTERNET für standortübergreifende Kommunikation genutzt werden, so sind die Daten wegen ihres ungeschützten Zustandes zu verschlüsseln und es ist - wie oben dargestellt - zu beachten, dass es bei zeitkritischen Anwendungen keine garantierten Übertragungsgeschwindigkeiten gibt.

Jeder Prozess innerhalb eines Unternehmens wird von Informationsaktivitäten begleitet. Durch die informationstechnischen Entwicklungen und die immer komplexer werdenden Marktanforderungen steigt der Informationsanteil im Leistungsprozess und im Produkt. Information stellt zum einen eine Ressource dar, die den anderen Produktionsfaktoren vorgelagert ist, zum anderen kann Information auch das Endprodukt sein. Information als Ressource oder als Gut muss, bevor sie produktiv eingesetzt werden kann, generiert werden.

Schon heute ist abzusehen, dass das INTRANET auf der Grundlage des minimalen technischen und finanziellen Aufwandes eine stabile Plattform sowohl für die häufig etwas visionär erscheinenden Workflow-, Groupware- und Data-Warehouse-Anwendungen als auch im weiteren Sinne für ein Wissensmanagement sein wird. Es scheint, dass nun erstmals sowohl in den Betriebseinheiten als auch in weitverzweigten Unternehmungen Informationsflüsse und in umfassendstem Rahmen Wertschöpfungsprozesse durchgängig erfasst, modifiziert und gesteuert werden können.

Software für Gruppenarbeit (Groupware) beinhaltet im Idealfall die Funktionsbereiche

➢ Nachrichtenaustausch (E-mail oder Messaging)

> gemeinsame Dokumentbearbeitung und -verwaltung Diskussionen und Konferenzen

> Unterstützung arbeitsteiliger Prozesse (Workflow Management)

> gemeinsame Termin- und Projektverwaltung.

Bei Software für Gruppenarbeit gibt es den Marktführer *Lotus Notes*. Man kann aber auch mit weniger Aufwand mit Hilfe der WWW-Schnittstelle und der internetfähig gemachten üblichen Office-Pakete einen Teil der oben genannten Funktionen abdecken. Aus der Textverarbeitung kann man ins WWW springen und im vorliegenden Kontext dies - je nach Berechtigung - im INTRANET verbreiten und von dort WEB-Seiten in die Textverarbeitung importieren, verarbeiten und zurückschreiben. Ebenso lassen sich mit einem Tabellenkalkulationsprogramm erstellte Arbeitsblätter ins WWW ex- und importieren. Zusätzlich gibt es viele Nischen-Softwareprodukte wie Terminplaner etc., auf die über einen WWW-Browser zugegriffen werden kann.

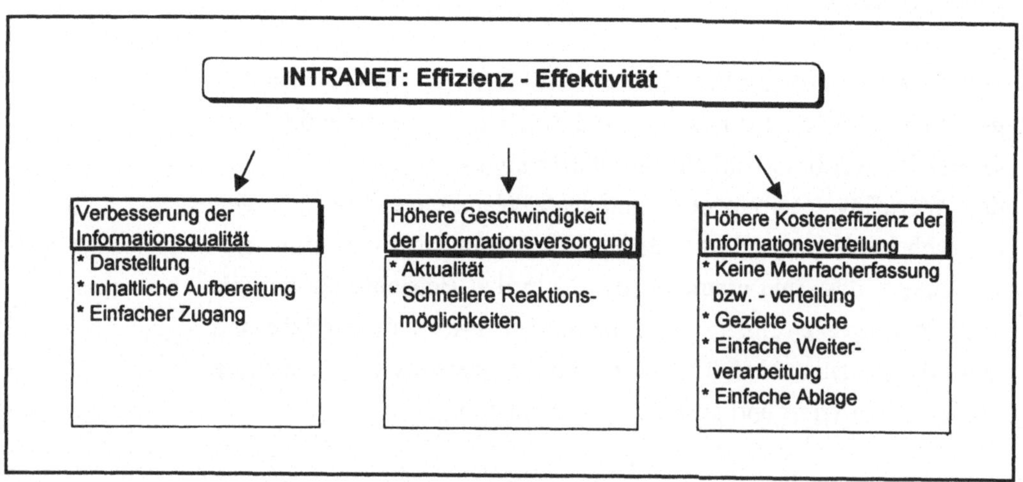

Abbildung 3-7: INTRANET: Effizienz - Effektivität

Es sind also Kooperationen über Arbeitsbereiche auf der Grundlage des INTRANET denkbar, auf die die Mitarbeiter entsprechend ihrer Berechtigungen jederzeit und von jedem Ort zugreifen können, um dann anschliessend Daten und Dokumente verändern zu können. Häufig spricht man in diesem Zusammenhang von einem Company Wide WEB (CWW). Der zusätzliche Vorteil des Einsatzes dieser Softewarepaktete im INTRANET liegt natürlich in den Kombinationsmöglichkeiten mit INTERNET - Diensten in allen TCP/IP-basierten Netzen.

Folgende Wirkungen des INTRANET auf die Wertschöpfungskette kann man markieren.

Verbesserung der Informationsversorgung und Kommunikation:

Die Verbreitung bereits veröffentlichter Informationen aus unterschiedlichen Quellen im Betrieb ist raum- und zeitunabhängiger, aktueller und benutzerfreundlicher als bisher möglich. Druckmaterialien sind häufig schon veraltet, ehe sie alle Mitarbeiter erreichen und sie lassen sich nur mit beträchtlichem Aufwand aktualisieren. Typische Anwendungen sind Produkt- und Preisinformationen, Verfahrens-, Organisations-, Projekt- und Technologiehandbücher, Informationen über Kunden und andere Marktteilnehmer, Telefonlisten etc. In einem INTRANET stehen diese Informationen auf einem WWW-Server zur Verfügung, und jeder Mitarbeiter kann unabhängig von seinem augenblicklichen Standort mit einem WEB-Browser auf diese Daten schnell und einfach zugreifen. Ebenso schnell und einfach können diese Daten wiederum aktualisiert werden.

Aktuelle
Informations-
versorgung

Dies ist von Nutzen, wenn man davon ausgeht, dass der Informationsstand der Mitarbeiter einen maßgeblichen Einfluss auf die Qualität ihres Handelns hat. Über diese einfachen Informationen hinaus können neben den üblichen Firmennachrichten z.B. von den Mitarbeitern des Marketings, des Vertriebs direkte Erfahrungen, Produktbeschreibungen der Konkurrenz, Feedbacks von den Nachfragern explizit unmittelbar in das Netz gestellt werden. Damit generieren die Mitarbeiter Informationen und nehmen somit integrativer am Betriebsgeschehen teil. Die erfolgskritische Bedeutung einer Mobilisierung des Wissens bzw. im engeren Sinne von Informationen der Mitarbeiter hat sich zuerst bei den Unternehmensberatungsfirmen gezeigt. Sie sind die Pilotanwender. So verwenden z.B. *Arthur Andersen* (Neumann 1998) und *McKinsey* sog. "Best-Practice-Datenbanken". Hier werden aus den Projekten die jeweiligen Vorgehensweisen, Lösungsstrategien eingelagert. *Arthur Andersen* arbeitet z.Zt. gezielt auf ein INTRANET-gestütztes Knowledge-Based-System hin, in dem das implizite Wissen der Mitarbeiter explizit und mit externen Informationen verknüpft werden soll (Probst 1998).

Mit zunehmender Ausdehnung im Unternehmen und steigenden Teilnehmerzahlen im INTRANET wächst auch das Informationsangebot. Es gibt neue Präsentationsformen. Multimedia-Dokumente enthalten Texte, Tabellenkalkulationen, Graphiken, Bilder, Videos, Tondateien und Links zu anderen Dokumenten. Einmal dazu berechtigt und geschult, kann jeder Teilnehmer in beliebigem Umfang WEB-Sites erstellen. Die Komplexität dieser Informationssammlungen nimmt zu und damit auch die Wahrscheinlichkeit von Informationsredundanzen. Gleichschrittig dazu wird die Transparenz immer unbefriedigender. Über die bloße Sammlung von Wissen bzw. Information hinaus entsteht also bei diesen unstrukturierten Informationen ein Bedarf einer formalen und inhaltlichen Erschließung bzw. Indexierung der Datenbestände, Einrichtung von Rating- oder Voting-Systemen zur Beurteilung von Diskussionsbeiträgen etc., Generierung graphischer Übersichten zu den Hypertext-Netzwerken ("Getting lost in Hyperspace" etc.), für das Legen vordefinierter Pfade zu Standorten etc. Diese Beschreibung, Einordnung und Bewertung der Daten bezeichnet man als Metadaten. Aus allem folgt die Einrichtung einer Informations-Infrastruktur mit den diesbezüglichen Mitarbeitern und Technologien. Sie ist die organisatorische Voraussetzung für eine lernende Organisation, damit die Wissensbasis genutzt, verändert und fortentwickelt werden kann.

Dieses Content-Management hätte also die Aufgabe,

> Datenformate
> Link-Strukturen
> Informations-Lebensdauer (Versionen)
> Aktualisierungsrythmen (Updates)
> Nutzerfeedback
> Fehlgriffe
> Informationsanbieter
> Informationsobjekte/dokumente

zu betreuen. Aber alle gesammelten, strukturierten und eingelagerten Informations- bzw. Wissensbestände haben keinen Eigenwert. Erst der erfolgreiche Einsatz des Wissens für unternehmensspezifische Problemlösungen ergibt einen Wert. Die Aufnahme der Informationen bzw. des expliziten Wissens sollte daher von der strategischen Prognose des jeweiligen Wertes für den Unternehmensprozess abhängig gemacht werden. Hinter diesen aufzubauenden INTRANET - Portalen wird nicht nur das implizite Wissen der Mitarbeiter, das sie bereit sind abzugeben, sondern auch das explizite Wissen aus Dateien, Datenbanken etc. des Betriebes abrufbar sein.

Verbreitung persönlicher Informationen

Im Rahmen von E-mail, News-Groups und Chat können Biographien, Informationen, Ideen etc. aus dem persönlichen Bereich verbreitet werden. Dieses Potenzial ist vor dem Hintergrund der

INTRANET-Dienste	Wirkungen	Technologie

Informationsversorgung:
  Verbreitung bereits veröffentlichter fachbezogener Informationen
 	
  Verbreitung nicht veröffentlichter fachbezogener betriebsinterner Informationen generiert durch die Mitarbeiter
	Schnelle, raum- und zeitunabhängige, benutzerfreundliche Verbreitung aktueller Informationen
	  Vermeidung von Doppellösungen
	  Entwicklung von Verbesserungsvorschlägen
	  Anreize höherer Motive:Identifizierung, Selbstverwirklichung (Lernfortschritte)
		CWW; Datenbanken
		
		News-Groups

Verbreitung bisher nicht veröffentlichter persönlicher Informationen	Schaffung sozialer Mitarbeiter-Kontakte	E-mail, Chat
Rationalisierung: Selbstbedienungsfunktionen	Erledigung von Arbeitsvorgängen durch Selbstbedienung: Reisekostenanträge, Adress- und Steuerklassenänderungen, Urlaubsanträge, interne Bestellsysteme (Büro-Material) etc	CWW; Datenbanken

Zusammenarbeit (Teambildung):
  Generierung beliebiger Arbeitsgruppen
  Unterstützung von Teamarbeit
	Bestmögliche Kompetenz der Arbeitsgruppe
	  Verkürzung der Durchlaufzeiten, Entwicklungszeiten etc.
		CWW (+Groupware-Funktionalität)

Abbildung 3-8: Wirkungen des INTRANET
(Quelle: nach Jaros-Sturhahn 1998)

sozialen Motive der Mitarbeiter nicht unbedeutend. Es böte sich hiermit ein weiter Rahmen für Arbeitskontakte, für den Aufbau zwischenbetrieblicher Beziehungen etc. an.

Funktionsintegration, Verbesserung der Zusammenarbeit, Koordination:

Eine überragende Wirkung der neuen Informations- und Kommunikationstechnologien ist die Möglichkeit, die strenge tayloristische Arbeitsteilung zu reduzieren. INTRANET ist in diesem

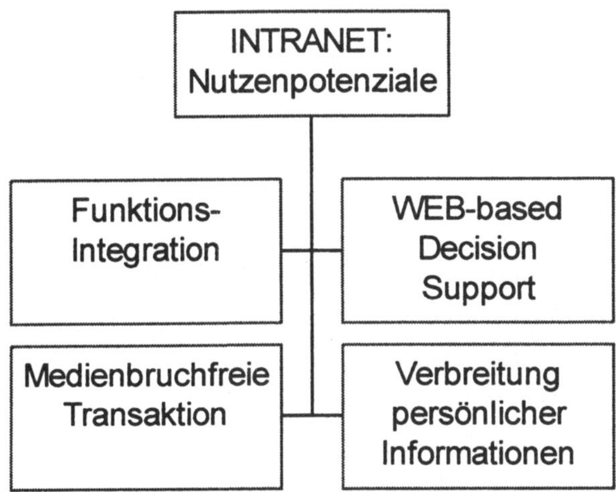

Abbildung 3-9: Nutzenpotenziale des INTRANET

Zusammenhang nur eine technologische Ausprägung, ein weiterer Schritt, Mitarbeiter raumunabhängig zu verbinden. Teambildung ist somit nicht mehr an die räumliche Zusammenführung von Mitarbeitern gebunden. INTRANET ist also ein betriebsinterner komplementärer Mosaikstein zum INTERNET. Dies fördert die

INTRANET: Plattform für objektorientierte Organisationsstrukturen

➢ Kommunikation im Betrieb (Kommunikationskultur)
➢ Art der zwischenmenschlichen Beziehungen (Teamkultur)

> Aufgabenverteilung und Integration von Abteilungen bzw. Stellen (Organisationskultur)

> Art und Weise, wie Mitarbeiter ihr Wissen der Organisation zur Verfügung stellen (Informationskultur).

Medienbruchfreie Transaktionsverarbeitung:

Das Electronic Data Interchange, die zwischenbetriebliche Integration, findet im INTRANET seine Fortsetzung in einer betriebsweiten Infrastruktur. Alle Vorteile des EDI, die Transaktionen wie Kundenbestellung, Akzeptanz der Bestellung, Kostenvoranschläge, Produktionsplanung, Bestimmung des Lieferzeitpunktes etc. papierlos medienbruchfrei und integriert über den ganzen Betrieb ablaufen zu lassen, greifen hier.

WEB-based Decision-Support-Systems:

Derartige Datenkomprimierungen waren bisher in der Mainframe-Welt an sehr teure spezielle OLAP-Software-Produkte gebunden und wenig interaktiv und nutzerfreundlich. Die übliche Schwachstelle, dass ein gutes Konzept nicht durch eine "Massen"-Technologie unterstützt wurde, war auch hier vorhanden. Daher ist die Entwicklung von Decision Support Systems, Executive Information Systems über die Anfangseuphorie nicht hinausgekommen und in der Anwendung auf wenige Personen in sehr großen Unternehmen begrenzt geblieben. Heute beginnt man im Umfeld des INTRANET nach Potenzialen einer Entscheidungsunterstützung zu fragen. Wie a.a.O. dargestellt, werden im Rahmen der Ausrichtung auf ein One-to-One Marketing sehr detaillierte Daten über die Kundenprofile gewonnen und durch ein Customer Relationship Management mit der Wertschöpfungskette verknüpft. Das INTRANET wird sicherlich auf Grund seiner unkomplizierten, robusten Architektur eine geeignete Plattform sein, um Data Warehouses, Entscheidungsunterstüzungssysteme auch für kleinste Unternehmungen zu ermöglichen. Es wird eine breite Willensbildung und Beteiligung aller Betroffenen möglich sein im Gegensatz zu den monolithischen Vorgängern, die nur wenigen Personen im Management einen Zugriff ermöglichte. Diese Systeme sind nun nicht mehr exklusiv für eine strategische Entscheidungsebene, sondern optional für alle Mitarbeiter einsetzbar. Letzteres ist unter den heutigen modernen Management-Leitideen wie Total Quality Management, objektorientierte teamgeprägte Organisationsstrukturen ein wesentlicher Erfolgsfaktor.

3.5 Empowerment der Mitarbeiter

Generell kann man sagen, je informationsintensiver das Produkt, die Wertschöpfungskette ist, umso mehr basieren die Aktionen der Mitarbeiter auf dem Bewerten, Interpretieren, Analysieren von Daten und desto kritischer ist der Erfolgsbeitrag des Personals. Prahalad und Hamel verstehen im Rahmen ihres Kernkompetenzansatzes einen informationsintensiven Betrieb als ein Portfolio technologischer, organisationaler Fähigkeiten (Prahalad/Hamel 1990). Die Anforderungen an das Personal kommen aus verschiedenen Blickwinkeln: von der zu erreichenden Zufriedenheit der Nachfrager, ihrer Integration in den Produkterstellungsprozess, aus den prozessualen Abläufen der Wertschöpfungskette und aus dem Management der Potenziale. Bei den Potenzialfaktoren stehen der Faktor Personal und die Technologien nicht isoliert nebeneinander. Beide befinden sich in einer starken Abhängigkeit voneinander. So zeigt sich zur Zeit, dass bei den Anbietern netzwerkgestützter Produkte das nicht Schritt haltende technologische Wissen des Personals die möglichen Investitionen in die Technologien bremst. Bei den hausinternen Hürden zur Umsetzung der Potenziale des Electronic Commerce gaben 1998 in Deutschland 49,9% der Befragten an, dass ihnen Mitarbeiter mit entsprechenden Realisierungsmöglichkeiten fehlen (Schober 1998).

Zur optimalen integrativen Nutzung der Potenziale der Netzwerke sind neue Rollenverständnisse, neue Qualifikationen und Motivationsmuster der Mitarbeiter notwendig

Wesentlich ist, dass die Mitarbeiter über das Handling der Systeme hinaus die Technologien zur Steigerung der Mehrwerte der Produkte nutzen. Gehen die Mitarbeiter davon aus, dass neue Technologien nur dazu dienen, ihre alten Routinen 1:1 zu automatisieren, so steigern sie zwar ihre Produktivität, aber das Unternehmen wird im Wettbewerb unterliegen.

Die ständig notwendige Erweiterung der Netzwerk-Qualifikationen verlangt von den Mitarbeitern ein hohes Abstraktionsvermögen, potenzialorientiertes vernetztes Denken, überdurchschnittliche Lernbereitschaft und Belastbarkeit. Um die Mitarbeiter zu motivieren, sind Anreize notwendig wie z.B. Entscheidungsbefugnisse, Belohnung durchgängiger Karrieremuster etc., aber auch eine technologieinnovative Unternehmenskultur.

Anreize

Die neuen INTERNET - Technologien eröffnen bei informationsintensiven Betrieben ein großes Chancenpotenzial, die eindimensionalen Ansätze des Taylorismus und der Human-Relations-Bewegung zu überwinden. Teilvorgänge, die bisher nur von funktional spezialisierten Arbeitsplätzen erledigt werden konnten, können nun zusammengeführt werden. Eine Aufgabenintegration und damit ein Job Enlargement (Aufgabenerweiterung) und ein Job Enrichment (Aufgabenbereicherung) kann sowohl in horizontaler als auch in vertikaler Richtung erfolgen. In der horizontalen Ebene können unterschiedliche Tätigkeiten auf der Ausführungsebene, in der vertikalen Planungs-, Entscheidungs- und Kontrollaufgaben einbezogen werden. Dies eröffnet insbesondere in netzwerkgestützen Betrieben größere Handlungsspielräume, Entscheidungs-, Mitwirkungs- und Informationsrechte für die Mitarbeiter. Eine derartige Funktionsintegration kommt dem von der modernen Arbeitspsychologie gesetzten Menschenbild eines lernenden, entwicklungsfähigen, nach Selbstbestimmung und Selbstverwirklichung strebenden Individuums entgegen (Kreikebaum 1997). Die Hauptstoßrichtung der Wirkungen der INTERNET - Technologien auf die Arbeitswelt kommt von der Datenintegration durch verteilte Datenbanksysteme, einfache, sehr viel "mächtigere" Benutzeroberflächen

*INTERNET -
Technologien:
Plattform für
- Job Enlargement
- Job Enrichment*

und Dislozierung der Zugriffe durch die Netztechnologien. Dadurch können Tätigkeiten gebündelt werden, die auf den gleichen Daten basieren.

Ordnet man netzwerkgestützte Produkte in eine Matrix (Picot/Reichwald 1991) von vier Grundtypen von Arbeitsformen ein, so kann man konstatieren, dass derartige informationstechnologieintensive Produkte weitgehend im Feld III zu verankern sind. Das Aufgabenmerkmal "Strukturiertheit" beschreibt das Ausmaß, in dem eine Problemstellung in exakte, einander zuordenbare Lösungsschritte zerlegt werden kann. Das Merkmal "Veränderlichkeit"

Netzwerkprodukte:
➢ gering strukturiert
➢ hohe Änderungsgeschwindigkeit

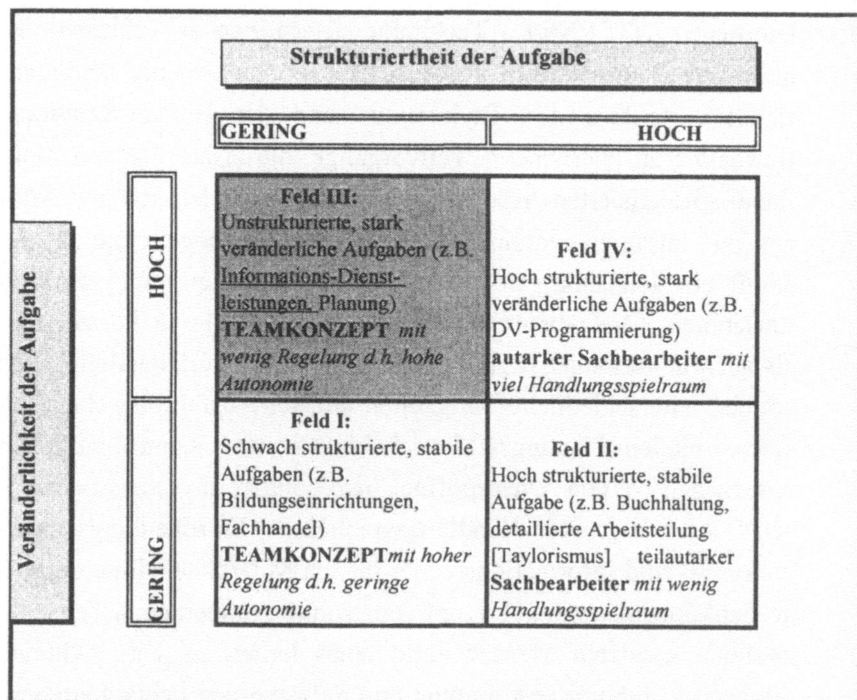

Abbildung 3-10: Arbeitsformen
(Quelle nach Picot 1991)

bezieht sich auf die Menge und Vorhersehbarkeit von Aufgabenänderungen. Je häufiger und je weniger vorhersehbar Änderungen bei Qualitäten, Terminen und Mengen im Rahmen der Erfüllung der Aufgabe auftreten, desto veränderlicher ist die Aufgabe. Netzwerkgestütze Produkte sind als gering strukturierte Aufgaben mit einer hohen Veränderlichkeit zu kennzeichnen. Sie sind situationsbezogen, zeitkritisch und die Daten sind auf den konkreten Problemlösungsbedarf des Nachfragers flexibel zu analysieren, zu interpretieren und zu bewerten. Dabei ist der Lösungsweg zu einem ganzheitlichen Ergebnis im einzelnen völlig offen, er ist im voraus nur in groben Kategorien planbar. Sowohl eine horizontale als auch eine vertikale Aufgabenintegration ist notwendig.

Die organisatorische Antwort, bezogen auf netzwerkgestützte Betriebe, kann nur ein Teamkonzept mit wenig Regulierung und hoher Autonomie sein. Ein Team ist eine kleine Gruppe von Personen, die durch eine gemeinsame Aufgabe, gemeinsame Leistungsziele und ein gemeinsames Fortkommen miteinander verbunden sind. Jedes Team wird mit den zur Erstellung kompletter Produkte notwendigen Ressourcen- und Entscheidungsvollmachten ausgestattet. Dabei wird man Teams zunehmend als Qualitätszirkel einrichten, d.h. nicht vorgegebene eindimensionale Leistungsziele sollen handlungsleitend sein, sondern die bestmögliche (vom Zirkel zu definierende und zu kontrollierende) Qualität für den internen und externen Nachfrager.

Teams mit Ressourcenverantwortung

Diese zunehmende Integration von ausführenden Arbeitsvorgängen mit managementbezogenen Aktivitäten erfordert bisher nicht angesprochene Fähigkeiten bei den Mitarbeitern:

❑ Fähigkeit zur Übernahme von Management- und Leitungsverantwortung bezüglich Problemlösung, Planung etc. (Probleme und Chancen müssen identifiziert, Alternativen bewertet und notwendige Entscheidungen getroffen werden)

Gestiegene Anforderungen

- ❏ Verantwortung für die Qualität der Aufgabenerfüllung
- ❏ Flexibilität bezüglich der Aufgabenerfüllung
- ❏ Fähigkeit, sich selbst Ziele zu setzen
- ❏ Fähigkeit zur Selbstkontrolle
- ❏ Selbstinitiative zur Problem- und Konfliktlösung
- ❏ soziale Kompetenz und Teamfähigkeit
- ❏ Fähigkeit zur Ausgestaltung der Autonomie (Der Mitarbeiter muß sich aus der Rolle des reinen Befehlsempfängers lösen und mit dem Betrieb identifizieren sowie seine Beiträge zum Markterfolg des Unternehmens erkennen, ohne dabei angeleitet zu werden) (Picot 1996).

Die Mitarbeiter erfahren entsprechend ihrer Fähigkeiten und Kompetenzen ein Empowerment. Diese neue Rolle der Mitarbeiter in den netzwerkgestützten Betrieben, die sich also im wesentlichen durch eine Zunahme der Anforderungen im Bereich Entscheidungs- und Verantwortungsfähigkeit für vollständige kundenorientierte Prozesse sowie Innovationsfähigkeit beim Einsatz der Netzwerk-Technologien zusammenfassen läßt, braucht für die Rolle des Managers bzw. der Leitung und für den Betrieb erhebliche Umstrukturierungen.

Da netzwerkgestützte Betriebe in einem Geflecht von Netzen agieren werden, bedeutet dies

Enthierarchisierung

- ❏ eine weitgehende Enthierarchisierung des Betriebes
- ❏ den notwendigen Aufbau von für jeden Mitarbeiter im INTRANET zugänglichen Controlling-Informations-Systemen bis hin zu Qualitäts-Informations-Systemen bzw. Entscheidungs-Unterstützungs-Systemen. Diese Systeme zeichnen das Wissen des Betriebes auf und helfen, tradierte Organisationsstrukturen zu überwinden. Sie stellen auch eine wichtige Plattform für das organisationelle Lernen dar (vgl. INTRANET).

❏ den notwendigen Aufbau von Managementstrukturen, die eine
   Vernetzung sich ergänzender Kompetenzen ermöglichen.

Generell muß man feststellen, dass technologisch basiertes An-
wendungswissen in Deutschland höchst unsystematisch aufgebaut
wird. Vorherrschend ist ein "training on the job", das eher als ein
Durchwursteln bezeichnet werden kann und hochgradig von persönlichen, nicht breit abgestimmten Initiativen abhängig ist. Auch
hier gibt es die Sichtweise, dass die Bildung von Teams, flachen
Organisationsstrukturen eine breitere Diffusion des technologischen Fortschrittswissens ermöglicht.

Es muss aber auch insbesondere eine Bewertung dahingehend vorgenommen werden, welche Fähigkeiten bewahrt, welche neu entwickelt werden sollten und welche sich als obsolet erweisen bzw.
in ihrer Bedeutung auslaufen werden.

3.6 Qualitätsindikatoren von Informationen - der erste Schritt zum Qualitätsmanagement

Die Potenziale der Netzwerke schaffen eine Plattform für eine bisher nicht gekannte Distribution von Informationen bzw. von Informationsprodukten. Man muss davon ausgehen, dass Mitarbeiter und Konsumenten einen globalen real-time-Zugriff auf alle privaten und geschäftlichen Informationen haben.

In einer Umfrage bei Vorstandsvorsitzenden schnell wachsender Firmen in den USA gaben 1998 etwa 60-80% der Befragten an, dass ihre Firmen das INTERNET als Quelle für Informationen über Mitbewerber und zur Gewinnung statistischer oder sonstiger Daten nutzen würden (Pricewaterhouse 1998). Diese derzeit stürmischen Entwicklungen, begleitet von großen Erwartungen und Phantasien, werden sich bei nüchternerer Betrachtung einer Effektivitäts- und Effizienzkontrolle stellen müssen. Schon heute zeigt sich bei einfachen Informations-Recherchen z.B. über die Portale ein hoher "Glücksspieleffekt". Die Treffergenauigkeit bei der Suche und das Relevanzranking lassen zu wünschen übrig, die semantische und/oder pragmatische Übereinstimmung zwischen den indexierten und den in den WWW-Angeboten tatsächlich erhaltenen Informationen ist gering, Hypertextverweise (dead links) etc. sind nicht mehr aktuell.

Es ist unschwer zu erkennen, dass hier ein Marktdruck entstehen wird, auch die Produktion von Informationen in ökonomischen Bahnen verlaufen zu lassen. Spätestens wenn die Verfolgung der Konzepte des Wissensmanagements "mehr Fahrt bekommt", wird das Data Mining auf das WEB ausgedehnt und zu einem WEB-

Mining. Bei der Übernahme dieser Daten bzw, Informationen in das unternehmenseigene Data Warehouse werden professionelle Bewertungen und Selektionen der einzelnen Informationsquellen stattfinden (vgl. INTRANET). Die Informationsprodukte werden dann in ökonomischen Kategorien gemessen. Diesen Regeln wird die nicht-kommerzielle Nachfrage folgen. Daraus ergibt sich, dass die Erstellung einer hohen Dienstleistungsqualität für Portale, Informationsproduzenten und alle, die in und mit diesem Umfeld agieren, ein zentraler Wettbewerbsfaktor werden wird.

Güter können - für welche Zwecke auch immer - nur dann produktiv sein, wenn der Verwender ihre Merkmale sicher einschätzen und erwarten kann. Diese Stabilisierung der Eigenschaften eines Gutes ist ein wichtiger Schritt in Richtung Qualität. Das ist eine hinreichende Bedingung. Notwendige Bedingung ist, dass durch das Gut ein Mehrwert entsteht.

Informationen bzw. Informationsprodukte sind wie Dienstleistungen immateriell und entzogen sich bisher weitgehend einer Standardisierung bzw. im weiteren Sinne einem Qualitätsmanagement. Die gleichbleibende Qualität industrieller, d.h. materieller Produkte kann nur das Vorbild für die Produktion von Informationen sein.

Als Qualität eines Informationsproduktes kann man die Fähigkeit eines Anbieters bezeichnen, die Beschaffenheit der intangiblen und der Kundenbeteiligung bedürfenden Leistung aufgrund von Kundenerwartungen auf einem bestimmten Anforderungsniveau zu erstellen. Sie definiert sich aus der Summe der Eigenschaften bzw. Merkmale von Informationsprodukten, diesen Anforderungen gerecht zu werden.

Qualität

Zur Optimierung von Qualitätsdimensionen bedarf es ihrer Planung, Steuerung und Kontrolle - also eines Managements. Ein funktioneller Managementzyklus erstreckt sich über die Felder Willensbildung, Willensdurchsetzung, Willenssicherung.

> Im Bereich der Willensbildung bedarf es einer Ist-Aufnahme (Status quo, Status-Quo-Prognose), Zielplanung (Soll-Zustand), Prioritätenfindung, Entwicklung, Bewertung von Kriterien bzw. Soll-Zuständen, der Konzipierung von Standards und Entwicklung von zielführenden Maßnahmen im Ressourcenrahmen, Entscheidung über Alternativen und Konzipierung von Programmen.

> Willensdurchsetzung erfolgt mit Hilfe von Organisations- und Personalführungsstrukturen.

> Willenssicherung impliziert eine Abweichungsanalyse.

Qualitäts-
management

Ausgangspunkt einer strategischen Qualitätsplanung ist also die Schwäche des Ist-Zustandes. Darauf aufbauend bedarf es einer Status-quo-Prognose des Ist-Zustandes und einer Schätzung der Soll-Anforderungen für den strategischen Zeitraum. Bei einem Auseinanderklaffen beider Zustände ergibt sich ein Planungs/Handlungsbedarf. Derartige Prognosen sind vor allem bei Informationsprodukten besonders schwierig, da die Konsumentenpräferenzen häufig durch schwer vorhersehbare technologische Angebotsschübe (technology push) beeinflusst bzw. verändert werden können. Hier ist also nicht nur eine prognostische Einschätzung der Attitüden der Nachfrager anzustellen, sondern auch eine der Strategien

> von führenden Technologieanbietern
> des eigenen Innovationsmanagements
> der im direkten Wettbewerb stehenden Konkurrenten.

Aus dem Vergleich von Soll- und Ist-Zuständen im strategischen Horizont kann die strategische Qualitätsposition des Betriebes markiert werden. Zur Schließung sich möglicherweise ergebender Lücken müssen Prioritäten gesetzt und entsprechende Maßnahmen zur Behebung dieses defizitären Zustandes entwickelt werden.

Jede Planung, auch die strategische, steht vor der Aufgabe, das jeweilige Bezugsobjekt operationalisieren zu müssen. Aufgabe der Qualitätsplanung ist es somit, *Qualität zu operationalisieren*. Zur Formulierung eines Qualitätskataloges geht man am besten von abstrakten Funktionen aus und versucht, diese systematisch möglichst so weit in ihre Untermengen aufzuteilen, bis eindimensionale Qualitätskriterien (Qualitätsindikatoren), gradierbare Qualitätsmaßstäbe erreicht sind.

"Bottle-neck": Operationalisierung von Kriterien

Wie unschwer zu erkennen, ist eine derartige Operationalisierung bei qualitativen Kriterien (Indikatoren) wie bei netzwerkgestützten Informationen bzw. Informationsprodukten ein äußerst schwieriges Unterfangen. Hier gibt es auch zu wenig Hilfestellung durch die Marktforschung bzw. die empirische Sozialforschung. Trotz der ungelösten Forschungsprobleme ist eine Operationalisierung der Qualität auf der Ergebnisebene im Rahmen eines Qualitätsmanagements notwendig, denn sonst ist sowohl eine qualitätsorientierte Willensbildung des Managements und der Mitarbeiter als auch eine diesbezügliche Willenssicherung in den Betrieben nicht möglich. Es stellt sich daher im Rahmen eines "second-best" bzw. pragmatischen Ansatzes zunächst die Frage, welche Qualitätsmerkmale bzw. -funktionen für netzwerkgestützte Informationsprodukte zutreffen.

Kriterien: Plattform technologieinvarianter Formulierungen von Anwenderproblemen

Eine Entwicklung derartiger Kriterien-, Indikatorenkataloge ist ein äußerst kritischer Schritt, um die *Komplexität* von Informationsprodukten zu *reduzieren*. Damit werden nicht nur die "Furchen" für das Management aufgezeigt, sondern auch die Möglichkeiten geschaffen, Kunden-/Anwenderprobleme *technologieinvariant* zu formulieren.

Folgende Qualitätsmerkmale kann man - allerdings noch grob strukturiert - über netzwerkgestützte Informationen bzw. Informationsprodukten entwickeln:

> *Zugang und Antwortzeitverhalten der Informationsprodukte;*
> *(access, responsiveness)*

Sowohl Zugang als auch Reaktionszeit auf interaktive Änderungswünsche des Nachfragers zu den Informationsprodukten aus dem INTERNET müssen vom zeitlichen Aufwand her angemessen sein zum Verhältnis des "Wertes/Nutzens" der Informationen. Der zur Verfügung stehende Zeitrahmen der Zielgruppe und der Nutzen einer alternativen Verwendung dieses Zeitbudgets bestimmen ebenfalls den Grad der Angemessenheit.

Endergebnis:
Qualitätsindikatoren

> *Kommunikation: Erklärungsbedürftigkeit der Informationsprodukte (communication, understanding / knowing the customer)*

Da in der Regel die Mitarbeit, Beteiligung des Nachfragers notwendig ist - z.B. Formulierung der Anfrage, des Problems, der Wünsche -, müssen die hier relevanten Interfaces so definiert und beschrieben werden, dass der Nachfrager in der Lage ist, sich in die Bereitstellungsleistung des Informationsanbieters zu integrieren. Es bedarf der

➤ Hilfen bei der Formulierung der Anfrage gemäß repräsentativer Anforderungsprofile bei Ersteinsteigern und Fortgeschrittenen
➤ Aufbereitung der Informationsprodukte gemäß Zielgruppe
➤ Hilfen beim Finden geeigneter Informationsquellen.

Problemlösungsqualität der Informationsprodukte
(competence, reliability, security)

Grundständige Eigenschaften von Informationen bzw. eines Informationsproduktes haben prinzipiell keinen Eigenwert. Sie müssen für Problemlösungsbedürfnisse von Zielgruppen bewertet, verfeinert und verdichtet werden. Informationen müssen einen Beitrag zur Lösung von kritischen Handlungs/Entscheidungssituationen liefern können. Nur so sind sie produktiv und erlangen einen Wert.

Nötig sind Monitoring und Evaluation der

➢ Anteile der erfolgreichen Nachfragen an der Gesamtzahl der durchgeführten Nachfragen
➢ Relevanz zur Lösung des Nutzerproblems
➢ Präzision, negativ gewendet: Minimierung der Redundanz, des Ballastes
➢ Zuverlässigkeit, gleichbleibenden Qualität, d.h. weitgehend fehlerfrei und dem Stand früherer Ausführungen entsprechend
➢ Vollständigkeit
➢ Sicherheit, d.h. die Informationen dürfen nicht mit Zweifeln oder Unsicherheiten behaftet sein.

Eine Operationalisierung der Qualität der Endergebnisse für ein Qualitätsmanagement - insbesondere im strategischen Horizont ein erster Schritt - ist nicht ausreichend. Ein Abprüfen der Qualität im Ist-Zustand an der Endnachfrager-Schnittstelle der Wertschöpfungskette ist notwendig, wird aber langfristig kein allein ausreichendes wirksames Instrument sein, Qualität dauerhaft zu sichern, Qualitätspotenziale zu erkennen bzw. effektiv auszuschöpfen. Daher muss in einem *ganzheitlichen* Ansatz die *Qualität aller Felder der Wertschöpfungskette* optimiert werden, um somit erst die Voraussetzung zu schaffen, eine den Nachfrageerwartungen entsprechende Qualität der Informationsprodukte erstellen zu können.

Qualität der Endergebnisse ist abhängig von der Qualität der Wertschöpfungskette

Folgt man diesem Ansatz des "Total Quality Managements", so sind alle Felder der Wertschöpfungskette einer Informationsproduktion dahingehend zu operationalisieren, dass qualitätssteigernde Entscheidungen unterstützt werden können.

Qualitätskriterien der prozessualen (primären) Aktivitäten der Wertschöpfungskette (Ablauforganisation)

Bei Informationsprodukten stellt sich durch die technologiegetriebene Ablauforganisation ein besonderer Bedeutungsrahmen für die Qualität der Endergebnisse.

Es bedarf des Monitoring und der Evaluation von

Wertschöpfungskette:
Qualitätsindikatoren

- Medienbrüchen
- Friktionen bei den Abstimmungsprozeduren
- der Unabhängigkeit bei Zugriffen auf Systemkomponenten
- Transparenz bei den Entscheidungsgrundlagen
- Redundanz von Informationen.

Qualitätskriterien des Personals bzw. des Humanvermögens (Sekundäre Aktivitäten der Wertschöpfungskette)

Personal:
Qualitätsindikatoren

Die Mitarbeiter müssen Kompetenz und auf allen Wertschöpfungsstufen Einfühlungsvermögen für die unterschiedlichen Bedarfe der Zielgruppen und die in der Arbeitsteilung folgenden Verrichtungen haben. Dazu bedarf es bestimmter Arbeitsbedingungen, die die Autonomie-, Mitwirkungs- und Verantwortungsspielräume stärken. Dies erwartet man heute von einer objektorientierten Organisationsstruktur. Mit dieser Struktur geht eine weitgehende Enthierarchisierung der Betriebe zugunsten teamorientierter Strukturen einher.

Es bedarf des Monitoring und der Evaluation der

➢ Kompetenz des Humanvermögens

  ➢ Fähigkeit des Personals, Anfragen zu verstehen, sie In-
      formationsprodukten zuzuordnen und umzusetzen
  ➢ Fähigkeit des betriebsintern eingesetzten Personals, die
      arbeitsteiligen Verrichtungen, Entscheidungen auf die
      Bedürfnisse des Endnachfragers (Externer Kunde) und
      der nachfolgenden Arbeitsschritte (Interner Kunde) aus-
      zurichten
  ➢ Kenntnisse und Fertigkeiten, die Informationsprodukte
      und -dienste gemäß Suchanfragen nutzergerecht zu er-
      stellen.

➢ Arbeitsbedingungen des Humanvermögens

  ➢ Qualifikationschancen
  ➢ Anteil der Routineaktivitäten
  ➢ Motivation
  ➢ Handlungsautonomie und Entscheidungsspielräume
  ➢ Mitwirkung
  ➢ Verantwortungsspielräume
  ➢ Zusammenführung von Einzeltätigkeiten, Aufgabenkom-
      plexe
  ➢ Arbeitszufriedenheit.

Da im Zentrum dieser Abhandlung die Netzwerke stehen, sollen
hier nur kurz Kriterien einer Technologiebeurteilung aufgelistet
werden.

Es bedarf des Monitoring und der Evaluation der

> Anwendungsbreite der Informationstechnologien
> Komplementaritätsgrade zum Stand der derzeitig eingesetzen Technologien
> Weiterentwicklungsmöglichkeiten: Dynamik der Technologie
> Wirkungen auf die Ablauforganisation: Integrationsmöglichkeiten mit anderen IT-Anwendungen, Synergieeffekte durch integrierten Informationsfluss
> Erfahrungsakkumulation beim Personal
> Flexibilitätserhöhung
> Produktivitätssteigerung bzw. Kostenreduzierung
> Orientierung an internationalen Standards, Unabhängigkeit von Herstellern.

4. Unternehmensnetzwerke

(Business-to-business interactions)

4.1 Supply Chain Management

Bereits mit dem Aufkommen der Datenbanktechnologie hat man versucht, die immer schon sehr unzugängliche *betriebsinterne* Ablauforganisation zu reorganisieren. Motor zur Behebung der Mißstände ist die Leitidee einer *Datenintegration*. Sie verfolgt die frühestmögliche Erfassung und Strukturierung von Daten an den Datenquellen und ihre automatische Weitergabe. Die Potenziale einer Datenintegration sind überzeugend:

> ➢ Beschleunigung des Informationsflusses durch Abbau von Informationshemmnissen und Verkürzung der Reaktions- und Laufzeiten

> ➢ einfachere Datenverfügbarkeit durch Standardisierung des Datenaustausches

> ➢ Verringerung der Datenredundanz und somit Beschleunigung der Antwortzeiten prinzipiell sehr umfangreicher Datenbestände

> ➢ Erhöhung der Datenintegrität z.B. durch die Verringerung der Gefahr manueller Fehleingaben, durch Verringerung der Datenredundanz und der Möglichkeit einer automatisierten Prüfung

> Reduzierung der Arbeitsteilung durch bessere Verfügbarkeit der Daten

> Erhöhung der Funktionsintegration und Kompetenzsteigerung durch Beherrschung und Interpretation weiter Datenströme.

Seit den 80er Jahren verfolgt man eine Abkehr von den funktionsorientierten Denk- und Verhaltensweisen. Diese Entwicklungsrichtung mündet heute in einen Prozessansatz, der ein Unternehmen als "Fließsystem" auffasst, dessen Realisierung durch die Netzwerke erst möglich wird. Dekonstruktion der Wertschöpfungskette, Interaktion mit den Nachfragern und Partnern wären ohne *Datenintegration* ökonomisch nicht sinnvoll. Die Netzwerke haben den Pionier einer Datenintegration, die Datenbanktechnologie, die durch eine lange Ausreifezeit gekennzeichnet war, mit neuen Dimensionen ergänzt. Daten, die sich auf verschiedenen Servern befinden, werden verknüpft. Jede Dateneinheit ist im WEB durch einen Uniform Ressource Locator (URL) adressierbar. In HTML geschriebene Dokumente enthalten eine Vielzahl von URLs anderer Dokumente. Browser markieren die Stellen, die derartige Verknüpfungen durch ein "Anklicken" zulassen. Betrachtet man einen allgemein gehaltenen Wertschöpfungsprozess

Netzwerke: Neue Dimensionen der Datenintegration

Netzwerke ermöglichen Prozessansatz

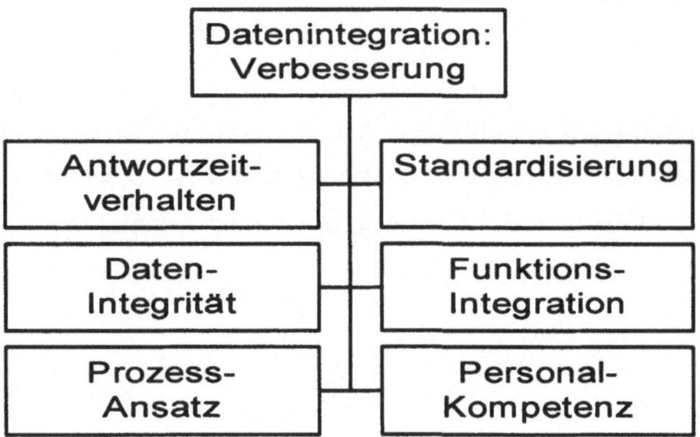

Abbildung 4-1: Datenintegration

mit den dazugehörigen unterstützenden Informationen, die in die Netzwerke z.B. einem INTRANET, eingelagert werden können, so werden die Möglichkeiten der Datenintegration und Funktionsintegration deutlich. Diese Hyperlinks führen zu anderen Servern des Unternehmens, die sogar über den ganzen Globus verstreut sein können, weit weg vom ursprünglichen Client. Daten aus verschiedenen Datenquellen werden für einen Client zusammengeführt. Die Verknüpfung der Datenbanken über die Schnittstelle des Common Gateway Interface (CGI) verschafft dem anfragenden Client die Möglichkeit, medienbruchfrei auf anderen Systemen in Datenbanken zu recherchieren und je nach Berechtigung zu agieren. Diese betriebsinterne Integration von Daten und Funktionen schafft Arbeitsformen, die ein kostengünstiges und produktzentriertes Agieren ermöglichen.

Der Anteil, mit dem ein Geschäftsprozess nunmehr durch Netzwerke unterstützt werden kann, beschränkt sich nicht nur auf betriebsinterne Abläufe, sondern er vergrößert sich damit über die Grenzen des eigenen Unternehmens einerseits bis hin zum Kunden bzw. andererseits bis hin zum Geschäftspartner. Aus zwei Teilprozessen, die zuvor mit unterschiedlichen Arbeitsmitteln unterstützt wurden, soll ein abgeschlossener Geschäftsprozess werden. Diesen erheblichen Integrationsaufgaben nähert man sich derzeit von der Eingangslogisitk, dem *Supply Chain Management* und von der Ausgangslogistik, dem *Customer Relationship Management* her. Der Fokus bei dem Lieferkettenmanagement ist die zwischenbetriebliche Integration.

Die Ausschaltung des *zwischenbetrieblichen Medienbruches* war schon in der Vergangenheit von einzelnen Branchen wie der Automobil- und der Bankenbranche erfolgreich, wenn auch individuell gelöst worden. Diese Branchenlösungen, die häufig auf proprietären Standards, Netzen und Softwareprodukten basierten und oft das Electronic-Data-Interchange (EDI) nur für einzelne Funk-

Zwischenbetrieblicher Medienbruch: Standards des Electronic-Data-Interchange

tionen realisierten, sind bisher trotz EDIFACT-Diskussion in Europa, ANSI X.12 in den USA nicht überzeugend aus ihrer Inselstellung herausgekommen. Es war und ist immer noch eine beschränkte bilaterale Punkt-zu-Punkt-Kommunikation zwischen etablierten Geschäftspartnern.

Daten in den Unternehmen liegen ursprünglich nicht in einem der oben genannten standardisierten Formate vor, sondern in den speziellen Formaten der eingesetzten Anwendungen. Daher muss eine Software-Komponente eingesetzt werden, die Daten *in* ein EDI-Format und *aus* einem EDI-Format übersetzt. Dies wird durch ein eigenständiges oder eingebettetes Programm, Konverter genannt, durchgeführt. Es geschieht mit Hilfe eines sog. "Wörterbuches" (Mapper), das die Beziehung zwischen den Datenfeldern einer individuellen Business-Anwendung und den EDI-Standards beschreibt. Die Gründe, dass sich das Electronic Data Interchange nicht durchsetzte, nämlich geringe Verbreitung, rigide Anwendungsvorausssetzungen, hohe Kosten, enge partielle Lösungskonzepte, sind zugleich - positiv gewendet - die Erfolgsfaktoren der INTERNET - Technologien.

Das INTERNET hat nun durch seine grosse Verbreitung und globale Vernetzung mit jedermann die bisher exklusive Situation des EDI "auf völlig neue Füße" gestellt. Der Druck auf eine medienbruchfreie Informationsübermittlung bei hoher Geschwindigkeit ist durch das INTERNET sehr stark geworden. Die Treiber sind die grosse Benutzerbasis und die äusserst niedrigen Datenübertragungskosten. Das "Andocken" des INTERNET als Kommunikationsmedium an diesen Schnittstellen zeigt Potenziale fortschrittlicher informationsgetriebener Verknüpfungen bzw. Beziehungen in der Eingangs- und Ausgangslogistik auf.

Dabei ist neben dem technischen Beitrag des INTERNET durch ein weltweit einheitliches Transport-Protokoll und extrem preiswerte Zugangs- sowie Übertragungsmöglichkeiten der *Marktdruck* auf die Anbieter von Lösungen schon für den zwischenbetrieblichen Informationsaustausch so groß geworden, dass zunehmend bessere Lösungen einer Datenintegration zu erwarten sind. Der nächste Entwicklungssprung ist vorgezeichnet.

INTERNET: Druck auf medienbruchfreie Informationsübermittlung

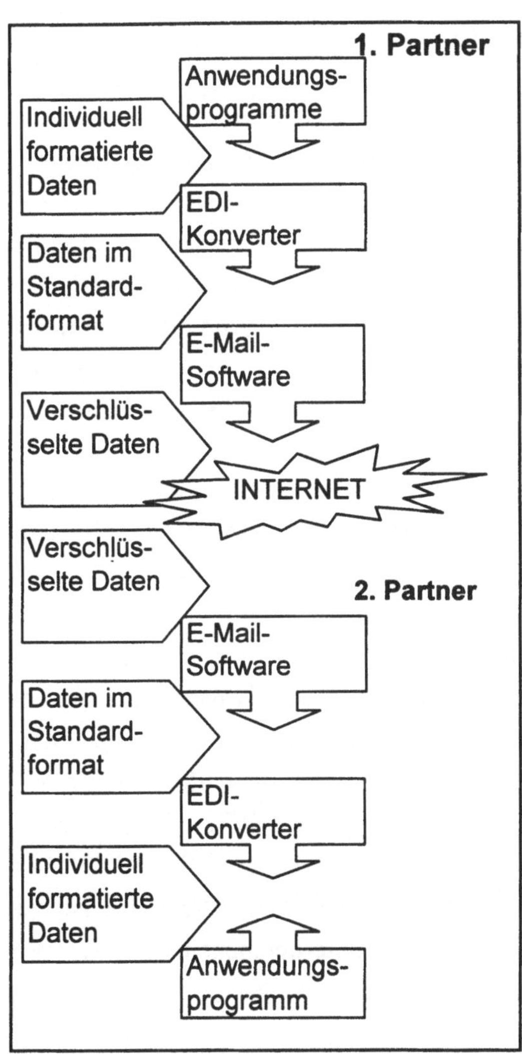

Abbildung 4-2: INTERNET und Electronic Data Interchange

Es bedarf des integrativen Fortschritts, nämlich Daten der

> Beschaffung
> Ablauforganisation
> Kunden

in einer weiterverarbeitbaren Form zu empfangen und inhaltlich korrekt weiterzuverarbeiten. Damit wird die Infrastruktur für das Denken in Prozessketten gelegt.

Anbieter betrieblicher Standardsoftware wie etwa *Baan, Oracle, SAP* etc. verfolgen diese Entwicklungen und bieten Lösungen für ein "Electronic Data Interchange (EDI) over the INTERNET" an. Zur Unterstützung INTERNET - basierter Geschäftsprozesse hat *SAP R/3*-INTERNET - Anwendungen entwickelt, sog. INTERNET - Application - Components. Die Anbindung an das WWW erfolgt durch den *SAP-INTERNET - Transaction* Server. Eine wesentliche Aufgabe dieses Servers besteht in der Abstimmung der Kommunikationsprotokolle und Datenformate zwischen dem WWW und dem *R/3-System*. Er fungiert als Dolmetscher, indem er Datenströme aus dem INTERNET/INTRANET in eine dem *SAP-System* verständliche "Sprache" *konvertiert* und umgekehrt, um so eine eindeutige rechnerbasierte semantische Interpretation zu ermöglichen. Dies ist ein Beispiel einer proprietären Gesamtlösung - allerdings bei einer verbreiteten Standardsoftware, die das INTERNET als Transportmedium einbindet. Damit wird aus der anfänglichen unternehmensinternen Integrationswirkung, die durch die großen *Enterprise-Resource-Planning (ERP) - Systeme* wie z.B. *SAP R/3* in Unternehmen Einzug fand, durch das INTERNET eine unternehmensübergreifende Integration. Die Folge ist, dass sich - wie a.a.O. dargestellt - der unternehmensinterne Schwerpunkt zu den Unternehmensgrenzen hin bewegt.

Anschluss der ERP-Systeme

Wesentlich für den Fortschritt der Reduzierung der Medienbrüche ist die Überwindung der Exklusivität der bisherigen tradierten elektronischen Datenübertragungswege durch die offenen Netzwerke. Die INTERNET - Technologien haben durch die Verbreitung ihres offenen Datenübertragungsstandards und ihrer Schnittstellen wie WEB, E-mail, ftp etc. eine völlig neue "Philosophie" im Umgang mit den Marktteilnehmern geschaffen. Die Netzwerke stellen eine noch nie dagewesene Transparenz der Vorteile des offenen Datenaustausches sektorübergreifend für alle Unternehmungen unterschiedlicher Größe dar.

Für eine Koppelung des INTERNET an eine EDI-Umgebung bieten sich E-mail, ftp, TELNET und das WWW an:

> E-mail ist die am weitesten verbreitete Möglichkeit, EDI-Nachrichten über das INTERNET auszutauschen. INTERNET Mail kann für strukturierte und unstrukturierte Nachfrager genutzt werden, falls das proprietäre Netz des Empfängers ein E-mail-Gateway (einen Konverter) besitzt, welches die eingehenden E-mail in EDI-Nachrichten konvertiert.

INTERNET und Electronic Data Interchange

> Um EDI-Nachrichten via ftp zu übertragen, müssen neben der eigentlichen Nachricht zusätzliche Daten zur Identifikation übermittelt werden.

> Mit TELNET kann man Kunden die Möglichkeit geben, sich in das Auftragserfassungssystem einer Firma einzuloggen.

> Die bequemste und damit die für Nachfrager geeignetste Form ist eine Bestellung durch WWW. Zur Implementierung von EDI über das WWW sind lediglich ein Browser, möglicherweise eine Formularmaske sowie auf der Gegenseite ein EDI-Gateway erforderlich, das die im WEB-Format empfangenen Informationen in den EDI-Standard konvertiert. Bestehende

Lösungen bieten daher in der Regel einfache HTML-Eingabemasken an, die eine manuelle Eingabe von strukturierten Daten erlauben. Bei guter Verknüpfung dieser Anwendung mit anderen Informationssystemen kann man manche Daten vom System ausfüllen lassen, wenn der Kunde als ein bereits bekannter erkannt wurde So kann man dem Kunden das Lieferdatum mitteilen, den Preis berechnen etc.

Die Nachfrager werden in der informationslogistischen Infrastruktur der Netzwerke mit dem Anbieter zunehmend medienbruchfrei agieren. Auch aus diesem Grund wird sich ihre Nachfragemacht verstärken (vgl. Customer Relationship Management). Dies erzeugt einen Wettbewerbsdruck, der nicht ohne Wirkung auf die unterhalb der Nachfrager-Schnittstelle ablaufenden Vorgänge (Eingangslogistik, Produktion, Distribution) sein wird. Um auf Änderungen der Wünsche der Nachfrager schnell reagieren zu können, bedarf es der Beseitigung von Medienbrüchen auf den nachgelagerten Stufen der Wertschöpfungskette, da deren proaktives Ausrichten an den Bedarfen der Nachfrager immer erfolgskritischer wird. Präferenzdaten der Nachfrager müssen schnell erfasst und aufbereitet werden. Man muss Entscheidungen treffen, wie diese Nachfrageprofile entlang der Wertschöpfungskette am kostengünstigsten umzusetzen sind (Bestellabwicklung, Lagerplanung, Absatzprognose, Produktionsplanung, Kostenrechnung für alle Transaktionen und Prozesse) und Ressourcen wie z.B. Mitarbeiter, Technologien hinsichtlich eines optimalen Pfades koordinieren (vgl. das Beispiel *Dell* in "Virtualisierung der Organisation").

Diese Verknüpfung der Prozessketten logistisch hintereinanderliegender Felder der Wertschöpfungskette wird ein ganz wesentlicher Innovationsbeitrag der Netzwerke sein. INTERNET schafft die Möglichkeit, sich von starren, proprietären Netzwerkvereinbarungen zu lösen und dynamische offene netzwerkgestüzte Allianzen, Kooperationen einzugehen. Da die Geschwindigkeit der Kombina-

Margin notes:

Medienbruchfreie Kommunikation: Verstärkung der Nachfragemacht

Medienbruchfreie Kommunikation: Druck auf Prozessketten

tion materieller Ressourcen mit Informationen der kritische Erfolgsfaktor im INTERNET - Zeitalter geworden ist, ist ein erheblicher Sog zur Bildung von *unternehmensübergreifenden Partnerschaften* entstanden (vgl. Virtualisierung der Organisation).

tion materieller Ressourcen mit Informationen der kritische Erfolgsfaktor im INTERNET - Zeitalter geworden ist, ist ein erheblicher Sog zur Bildung von *unternehmensübergreifenden Partnerschaften* entstanden (vgl. Virtualisierung der Organisation).

4.2 Virtualisierung der Organisation

Durch ihre weitgehend friktionsfreien Schnittstellen in der Eingangs- und Ausgangslogistik der Wertschöpfungskette werden die Netzwerke auf der Produkt- und Prozessebene ein Potenzial schaffen, das es auszuschöpfen gilt. Dabei liegen die Realisationen weitgehend im strategischen Horizont, so dass ihre Kategorien häufig nur in groben Umrissen markiert werden können. Das Entstehen neuer Organisationsformen ist eine Wirkungsrichtung, die sich schon heute deutlich abzeichnet.

Der bisherige Zustand ist dadurch gekennzeichnet, dass ein Unternehmen einen Standort hat, an dem die Mitarbeiter sich normalerweise aufhalten und an dem sich die notwendigen Materialien, Betriebsmittel und Informationen befinden. "Fest verdrahtet" ist die Aufgabendefinition und Zuständigkeitsabgrenzung von Ressorts, Abteilungen, Definition von Ausbildungsinhalten, Qualifikationen, Mitarbeiterkompetenzen etc. Die klassischen Erfolgsträger dieser Organisationsstrukturen, nämlich relativ lange Lebenszyklen der Produkte, stabile Absatzmärkte, begrenzte Zahl von Wettbewerbern mit bekannten Stärken und Schwächen, entsprechen jedoch nicht mehr den heute sich abzeichnenden Rahmenbedingungen. Dieser geschlossene Verbund der Wertschöpfungskette wird sich im strategischen Rahmen zusehends "ausfransen". Die Grenzen einer Unternehmung werden verschwimmen und physikalisch nicht mehr so genau zu erkennen sein. Treiber für diese Entwicklung sind einerseits die technologische Durchdringung der Wertschöpfungskette eines Unternehmens und andererseits die durch die Netzwerke ausgelösten Veränderungen der Wettbewerbssituation. Die Globalisierung der Beschaffungs- und Absatzmärkte und die Innovationsdynamik bei den Produkten, der Wandel von Verkäufer- zu Käufermärkten schaffen einen Druck, die Abstimmung zwischen orginärer Unternehmensaufgabe, Produktvielfalt und Wettbewerbsumfeld noch konsequenter als bisher zu optimieren. Die Netzwerke forcieren damit in den Unternehmen eine Rückbesinnung auf die Kernkompetenzen. Dies bedeutet eine Beschränkung auf den strategischen Kern. Dabei handelt es sich im wesentlichen um die Know-how-Felder des Personals, die organisatorischen und technologischen Fähigkeiten, die signifikant dazu beitragen, die Erwartungen der Nachfrager zu erfüllen und die von anderen Unternehmen nur schwierig zu imitieren sind. Leistungen außerhalb der eigenen Kernkompetenzen binden in diesem Zusammenhang Managementkapazitäten, Know-how und Kapital in größerem Umfang als erforderlich. Bisher hat man die genannten komplementären Leistungen - bei Verfolgung dieses Konzeptes - durch Fremdbezug am Markt bezogen. Dabei stehen Effizienzsteigerungen im Vordergrund. In der Welt der Netzwerke werden unter Effektivitätsgesichtspunkten zusätzlich Kern-, Komplementär- und Peripheriekompetenzen - je nach Sichtweise - möglicherweise in strategischen Allianzen, "virtuellen" Unternehmen kooperieren und koordiniert. Es bleibt in diesen Verbünden ein Zusammenfügen von mehreren unabhängigen Kernkompetenzen. Davon erwartet man sich Synergie- und damit Mehrwerteffekte (value added).

zunehmende Relevanz von Kernkompetenzen

Das Vorbild der Begriffsbildung "Virtuelle Organisationsformen oder Unternehmen" kommt aus der Informatik. Zur logischen (nicht physikalischen) Hauptspeichererweiterung werden die Informationsflüsse (Programmteile) geschickt zwischen dem vorhandenen Hauptspeicher und den Paging-Bereichen ein- und ausgelagert (Mertens 1995). Genauso wie man bei dieser "virtuellen Speichertechnik" versucht, den Aufbau neuer zusätzlicher Ressourcen (Hauptspeichererweiterung) zu verhindern, möchte man im Rahmen von virtuellen Organisationen den Aufbau neuer Institutionen,

Leitbild Virtualisierung

Unternehmen, Einrichtungen umgehen und trotzdem eine *quantitative* und insbesondere *qualitative Kapazitäts(Angebots)erweiterung* erreichen.

Byrne (Byrne 1993) ist zuzustimmen, wenn er in Umrissen diese neue Form einer Wertschöpfung wie folgt beschreibt: "The virtual corporation is a *temporary network* of *independent companies - suppliers, customers, ... - linked by information technology to share skills, costs,* and *access* to one another's markets. It will have neither central office nor organizaton chart. It will have no hierarchy, no vertical integration..... In the concept's purest form, each company that links up with others to create a virtual corporation will be stripped to its essence. It will contribute only what it regards as its *core competencies*" [Hervorhebungen durch den Verf].

Kritischer Erfolgsfaktor ist also das Umsetzen der Funktionalitäten der INTERNET - Technologien auf die in dieser Abhandlung zu Grunde gelegten Kernfelder:

> Business-to-business interactions
> Intra-business interactions
> Business-to-consumer interactions

Virtuelle Verknüpfung mit den Endnachfragern
> remote access
> customization
> shaping customer solutions

An der Endnachfrager-Schnittstelle kann man eine sich aufeinander aufbauende Intensität untergliedern. Die einfachste Stufe einer Verknüpfung über die Netzwerke ist der Fernzugriff des Endnachfragers auf Produkte wie die Informationsgewinnung in Datenbanken, Bestellung eines Produktes etc. (remote access). Der nächste Schritt wäre die direkte Kommunikation des Kunden direkt mit den Mitarbeitern in den einzelnen Wertschöpfungsfeldern eines Unternehmens. Dies wäre die technologische Unterstützung der Total-Quality-Management-Idee. Es würde eine individuelle Konfigurierung von Produkten (unterschiedliches Zusammenfügen von Teillösungen) ermöglichen (customization). Weitaus ambitionierter wäre der Schritt, den Endnachfrager mit seinen Problemen aktiv über die Netzwerke in die Leistungserstellung zu integrieren. Die Problemlösung würde auf einer verbesserten Einsicht in die Erwartungen des Kunden und möglicherweise mit Hilfe weiterer Partner erstellt (shaping customer solutions). Leistung wird also in diesem Fall nicht mehr in einem Unternehmen erstellt und anschließend dem Kunden übergeben, sondern sie entsteht während der Zusammenarbeit mit dem Unternehmen. Das Unternehmen ist also nicht mehr der alleinige abgegrenzte Ort der Leistungsentstehung. Diese Intensität einer virtuellen Verknüpfung mit dem Endnachfrager wird zeigen, dass die klassischen Organisationsstrukturen nicht geeignet bzw. kontraproduktiv sind. Betrachtet man die Interaktionsgrade oberhalb des derzeit mässig realisierten remote access, so wird deutlich, dass die Umsetzung der Potenziale der Netzwerke durch herkömmliche Vorgehensweisen des Marketings, nämlich Eruierung der Nachfragerpräferenzen und anschließende Produkt-entwicklung, einer Unterschätzung der Netzwerke gleichkommt. Das Denken in "front-line-systems" und "back-office-systems" wird obsolet. Customization, aber noch mehr die Integration des Kunden (shaping customer solutions) werden die Präferenzprofile der Nachfrager so direkt in die Produktionsabläufe spiegeln, dass die Unternehmen diese zunehmende Komplexität nur unter Zuschaltung externer Partner beantworten können. Daraus folgt die notwendige Virtualisierung an der Business-to-business-Schnittstelle. Die einfachste Form wäre die Einbindung fremder Ressourcen zur Leistungserstellung im Rahmen von Just-in-time-Vereinbarungen, Continous Replenishment etc. Basieren derartige Kooperationen nur auf einer Effizienzsteigerung, so werden sie vor dem Hintergrund der oben entwickelten Schnittstelle den strategischen Ansprüchen nicht genügen. Es wird daher zunehmend erforderlich werden, neue Kompetenzen in die Problemlösungen einzubringen, problemabhängig und flexibel mit vor- und nachgelagerten Partnern Wertschöpfungsprozesse zu gestalten. Die dazu notwendige virtuelle Organisationsform ist eine Kooperation

Virtuelle Verknüpfung von Unternehmen

rechtlich unabhängiger Unternehmen, die eine Leistung auf der Basis einer gemeinsamen Mission oder eines Geschäftsverständnisses erbringen. Es ist schwierig, diese netzwerkbasierten Allianzen aufgrund ihrer größeren Zahl und Vielfalt gegenüber den konventionellen Unternehmungen durch mehr informelle Koordinationsmechanismen zu unterscheiden. Sie definieren aufgrund ihrer gebündelten Kompetenz häufig Standards, um neue Teilnehmer anzuziehen. Derartige Allianzen ergreifen auf Grund ihrer Größe bzw. Ressourcenbasis oft aggressive Strategien. Dabei umfaßt das gemeinsame Verständnis der Ziele (Mission) die Spezifikation des Produktes bzw. der Dienstleistung wie z.B. die jeweilige Ausgestaltung der Qualitätskriterien etc. Die *Corporate Identity* geht in eine Produkt- bzw. Dienstleistungsidentität über. Die kooperierenden Einheiten beteiligen sich an der Zusammenarbeit und wirken bei der Leistungserstellung gegenüber Dritten wie eine Organisation bzw. ein Unternehmen. Es wird auf die *Institutionalisierung zentraler Management-Funktionen* zur Gestaltung, Steuerung und Entwicklung der virtuellen Organisation durch die Nutzung geeigneter Informations- und Kommunikationstechnologien (IT) weitgehend *verzichtet*. Dieser Verzicht ist ein Charakteristikum, durch das sich virtuelle Organisationen von anderen Kooperationsformen besonders unterscheiden.

Die Virtualisierung der Schnittstellen wird auch ein Muster für die interne Aufbauorganisation sein. Durch mangelndes Verständnis der eigenen, schon länger tätigen Mitarbeiter für die neuen Herausforderungen und für die Kräfte, die diesen Wandel treiben, mangelnde Anpassungsfähigkeit und Wandlungsbereitschaft sowie nicht zuletzt Ängste vor den Folgen neuer Strukturen kann ein Unternehmen möglicherweise mit der Innovationsgeschwindigkeit nicht mehr mithalten. Durch die netzwerkgestützte Zuschaltung von Teilzeitbeschäftigten, temporär Beschäftigten und in den Auftrag eingebundenen unternehmensfremden Fachkräften können hier notwendige Kompetenzen eingebracht werden. Diese "Virtual

Employees" sind in keine hierarchische Aufbauorganisation mit ihren Gliederungen, Weisungs- und Informationskanälen eingebunden. Sie werden sich mit keinem Unternehmen, sondern nur mit dem Produkt bzw. mit der Problemlösung identifizieren.

Beispiel: UNCOVER (Carl Corporation)

UNCOVER basiert auf einer virtuellen Organisationsform, in der ein *Delivery-* und der *Retrieval-Service* von Volltexten auf einer flexiblen, temporären Verknüpfung von 400 bibliographischen Datenbasen unabhängiger Unternehmen, Organisationen und Bibliotheken in den USA beruht. "Der Kraft oder der Möglichkeit nach vorhanden" (Duden) oder "existing in the mind, especially ... of imagination" (American Heritage Dictionary) scheint virtuell eine riesige Bibliothek bzw. Datenbank der Anbieter zu sein. Die "Virtuelle Bibliothek" ist also nur eine "scheinbare" Bibliothek. Dabei kann der Nachfrager über verschiedene Sichtweisen der Benutzeroberflächen und Selektionsmöglichkeiten bei der Recherche zur Lösung seines Problems individuelle Konfigurierungen der Informationsdienstleistung vornehmen (virtuelle Produkte). Die virtuelle Datenbasis von *UNCOVER* ist für ihn transparent, d.h. sie erscheint ihm wie aus einer Hand, obwohl sie faktisch das Ergebnis eines auf viele unabhängige Leistungsträger verteilten Prozesses ist. Bei dem Management dieser virtuellen Organisationsform geht es um die dynamische und flexible Zuordnung von abstrakten Leistungsanforderungen zu Leistungsträgern und dem konkreten Ort der Leistungserbringung. Der Aufbau der einzelnen dezentralen Datenbanken unabhängiger Organisation basiert nämlich in der Regel wiederum auf Datensätzen, die je nach Kernkompetenz und Preis von der *LoC (=Library of Congress), OCLC (= Ohio Computer Library Center), RLG (= Research Libraries Group)* etc. bezogen wurden. Auch diese Großanbieter bibliographischer Daten sind USA-weit räumlich verteilt mit ihren Standorten an der Ost- und Westküste bzw. in Nord-West. Es gibt an allen Schnittstellen

dieser virtuellen Organisation keine zeitlichen Zugangsbeschrän-
kungen. Der Betriebstyp *UNCOVER* basiert also auf einem koope-
rativen, flexiblen Netzwerk *verteilter Datenbanken* und ist an jedem Zugriffspunkt der Welt lokal ohne zeitliche Beschränkung
präsent.

Beispiel: Dell Computer Corporation

Dies ist ein durch die Netzwerke groß gewordener PC-Anbieter.
Der Erfolgsfaktor von *Dell* ist die Umsetzung der durch die Netzwerke möglichen "Virtualisierungen" (Magretta 1998). Zu dem
integrierten Unternehmensverbund gehören u.a. 100 000 Service-
techniker im Außendienst, von denen nur eine Minderheit bei *Dell*
angestellt ist. Die Lieferanten von PC-Bauteilen wiederum ent-
senden Ingenieure in die Design-Teams von *Dell*, wo sie in der
täglichen Arbeit kaum von den eigenen Angestellten zu unterscheiden sind. Entwurfsdatenbanken und -methoden werden gemeinsam mit den Zulieferern unterhalten. Analog dazu schickt
Dell eigene Mitarbeiter in die Kundenbetriebe, wo sie sich nur
wenig von den dortigen Angestellten unterscheiden. Die wiederum können die von ihnen gewünschten PCs in ihren Bauteilen,
Qualitäten und Laden von Software über die Netzwerke selbst
konfigurieren. Dadurch kann *Dell* ständig aus dem Nachfrageverhalten lernen. Eine aktuellere, intensivere Marktforschung kann
man sich nicht denken. Dabei können mehr als 100000 PC-
Varianten zusammengestellt werden. Dieses Customer Relationship Management wird verstärkt durch Zusatzdienste wie individuelle Produktempfehlungen, Tracking des Order-Status, Service-
programme, Vermittlung von Ansprechpartnern, die alle auf die
individuell konfigurierte Hardware ausgerichtet sind. Im Rahmen
des "*Dell* Talk Forums" wird eine Plattform für die Kunden vor-
gehalten, in deren Rahmen Erfahrungen, Probleme etc. mit dem
Betrieb der *Dell* - Produkte ausgetauscht werden können. Dieses
Customer Relationship Management basiert auf einem ebenso

perfekten netzwerkgestützten Supply Chain Management. *Dell* unterhält angesichts der potenziellen Teilevielfalt kein Lager. Wie leistungsfähig seine virtuelle Beschaffungslogistik ist, zeigt seine Fähigkeit, innerhalb von 12 Tagen zu liefern. Die Möglichkeit, kein Lager unterhalten zu müssen, hat nicht nur den Vorteil des Wegfalls der vordergründigen Lagerkosten, sondern stärkt auch den Innovationsgrad der Produkte. In der schnelllebigen Hardwarebranche gibt es extrem kurze Lebenszyklen der Bauteile, so dass ein großes Lager fatal wäre. Dieses Verschieben des Lagers in die Supply Chain wird von *Dell* dahingehend kompensiert, dass er seinen Lieferanten real-time Informationen über sein Bestellvolumen, Qualitätskriterien, Marktprognosen, Marktpreise übermittelt.

Dell hat also konsequent die Schnittstellen seiner Wertschöpfungskette "virtualisiert" und die Kernkompetenzen seines Betriebes sowie die der Zulieferer und der Kunden verknüpft. Er koordiniert "virtuelle Produkte", "virtuelle Employees" und "virtuelle Unternehmen" zu einem Wertschöpfungsnetzwerk. Er zeigt, dass die Potenziale der Netzwerktechnologien nur mit einem integrierten Customer Relationsphip und Supply Chain Management konsequent ausgeschöpft werden können.

Beispiel: SAP AG

Das Software-Unternehmen *SAP* hat die Beratung, die Umsetzung seiner Software in konkrete Unternehmenskonfigurationen großen Beratungs- und Wirtschaftsprüfungsgesellschaften überlassen. Durch den Verzicht auf die Ausübung dieses sehr personalintensiven Geschäftszweiges kann *SAP* sich mehr auf seine Kernkompetenzen konzentrieren. Dies ist für das Unternehmen umso erfolgskritischer angesichts der Herausforderung, die Funktionsweisen eines elektronischen Marktes mit völlig neuartigen Software-Entwicklungen zu unterstützen. Eine derartige Virtualisierung hat den weiteren Vorteil, dass Beratungsfirmen sich mit den Details der zu beratenden Unternehmen auskennen und Softwareentscheidungen im Sinne von *SAP* massiv beeinflussen können. Dies ergibt sich nahezu automatisch. Je größer das Beratungsvolumen im Umfeld von *SAP* ist, je intensiver die Berater mit der Software vertraut sind, desto besser können sie softwarespezifische Lösungsvorschläge machen. Das hat auch dazu geführt, dass die Beratungsgesellschaften weitere Produkte um die *SAP*-Software herum entwickelt und so indirekt die Anpassung der Software an spezifische Branchenprobleme verbessert haben. Diese Verbindung des Kernproduktes mit den Zusatzleistungen hat die Qualität der Software und damit die Marktdurchdringung erheblich gesteigert. Das bedeutet jedoch nicht, dass *SAP* sich aus der Endnachfragerschnittstelle völlig zurückgezogen hat. Im Rahmen seines Customer Relationship Management bietet sie Informationen über neue Releases, technische Entwicklungspläne, das Beheben von bekannten Problemen an. Es werden Diskussionslisten unterhalten, Online-Kongresse übertragen, Online-Schulungen durchgeführt, Testzugriffe angeboten etc.

Zusammenfassend können folgende Vorteile von netzwerkbasierten Kooperationen aufgelistet werden:

> *Time to market:* Der Zeitraum zwischen dem Entstehen einer Idee oder Vision und der Markteinführung kann entscheidend verkürzt werden. Zahlreiche empirische Untersuchungen deuten darauf hin, dass der Lebenszyklus von Produkten immer kürzer wird und ein statistisch signifikanter Zusammenhang zwischen dem Zeitpunkt des Markteintrittes und dem Marktanteil besteht. Kooperationen werden vor diesem Hintergrund insbesondere deshalb attraktiv, weil die beteiligten Partner z.B. die Bearbeitung von Aufgaben parallelisieren können, was zu kürzeren Entwicklungszeiten führt.

> *Reduktion der Risiken:* Durch eine Teilung der Aufwendungen können Risiken bei der Entwicklung von Produkten in der derzeitigen Umbruchsituation geteilt werden.

> *Innovationsgeschwindigkeit:* Die Verbindung von Mitarbeitern und Wissen aus unterschiedlichen Unternehmen und damit Sichtweisen kann zu erhöhter und effektiver Innovationstätigkeit führen.

Abbildung 4-3: Virtualisierung der Organisation

Qualitätsvorteile: Mit Kooperationen geht zwangsläufig eine Konzentration auf Kernkompetenzen einher. Dies schafft die Möglichkeit einer höheren Erfüllung von Qualitätskriterien.

> *Kostensenkung:* Als klassischer Vorteil von Kooperationen für die beteiligten Partner gelten Kostensenkungen, die sich insbesondere auf Grund von Skaleneffekten (Economies of Scale und Economies of scope) realisieren lassen.

4.3 Räumliche Wirkungen der Netzwerke ("Virtual Employee")

Die Netzwerke werden viele Arbeiten und ökonomische Aktivitäten durch die Telearbeitsplätze und die daraus resultierende Nachfrage nach Gütern des alltäglichen Bedarfs zwischen den Räumen umverteilen. Hierzu gibt es viele Beispiele. So läßt die *Swissair* einen großen Teil ihrer Buchhaltungsarbeiten in Indien erledigen, die Support-Auskunftsdienste für Hard- und Software der *IBM* für Europa werden in Schottland erstellt etc. Erfolgsfaktor für Unternehmen wird sein, die räumliche Arbeitsteilung sowohl im nationalen als auch im internationalen Ausmaß zu ihren Gunsten zu verfeinern. Räume werden mit ihren produktivitäts- und erlöswichtigen Merkmalen - seien es das Know-how der Arbeitskräfte, die Steuern und Abgaben, die Infrastruktur, die Ressourcen etc. - in einen direkten Wettbewerb eintreten. Die intelligente Arbitrage zwischen diesen wertschöpfungsrelevanten Faktoren wird erfolgsdeterminierend sein. Natürlich wird dies einen direkten Einfluss auf die Wertschöpfungskette haben. Sie wird fragmentiert und die Felder werden über alle Räume und Grenzen verteilt (siehe auch Virtualisierung der Organisation). Die Kostenstruktur wird sich ändern. Die Fixkosten der Beschäftigung werden sich in Richtung variable Kosten verlagern. Diese stärkere direkte Mengenkorrelierung der Kostenverläufe ist für die Unternehmen von Vorteil, braucht aber nicht ein Nachteil für die Telearbeiter zu sein. Sie erhalten eine größere Flexibilität hinsichtlich ihrer Auftraggeber und können sich mehr an ihren Fähigkeiten und Neigungen orientieren.

5. Erfolgsfaktoren neuer Geschäftsansätze

5.1 Innovative Geschäftsmodelle: Chancen, Risiken, Erfolgsfaktoren und strategische Herausforderungen einer Netzwerk-Ökonomie

Die vorangegangenen Ausführungen haben gezeigt, dass eine netzwerkgestützte Wirtschaft vor einer Vielzahl aus der konventionellen Wirtschaft bisher nicht gekannter Entscheidungsprobleme steht.

Es müssen daher Strategien entwickelt werden, die sich zwar auf bekannte mikro- und makroökonomische Grundlagen stützen können, aber unter völlig geänderten Rahmenbedingungen zu konzipieren sind. Um in dieser Situation die Komplexität zu reduzieren und damit die eigene Vorsteuerung zu stärken, sollte man sich an Geschäftsmodellen orientieren, bei denen nicht nur das Marketing digitalisiert worden ist, sondern teilweise auch die Produkte und Prozesse weitgehend digitalisiert und netzwerkgestützt ablaufen.

Vorsteuerung durch
netzwerkgestützte
Geschäftsmodelle

Im folgenden sollen einige Beispiele, die sich durch ein systematisches Vorgehen im Markt durchzusetzen scheinen, vorgestellt werden. Von besonderer Bedeutung ist dabei die strategische Adaption der technologischen Potenziale und der technologiebedingten, noch nie gekannten Erfüllung von klassischen Qualitätsmerkmalen. Ein integriertes Qualitäts- und Technologiemanagement stellt somit das Fundament für das Entwickeln von Strategien in einer Netzwerkökonomie dar. Das Konzept des Total Quality Management bekommt durch die Netzwerke eine technologische Infrastruktur. Das Feld der Erfolgsfaktoren läßt sich wie folgt abgrenzen: Konsequente Zielgruppenorientierung ist erstmals durch die Netzwerke ökonomisch tragfähig geworden. Viele lokale Zielgruppen, für die früher keine wirtschaftlich basierten Angebote gemacht werden konnten, können nunmehr im globalen Rahmen zu einer ausreichenden Masse aggregiert und damit Skalenerträge genutzt werden. Die Abgrenzung der Zielgruppen ("special-interest-groups") erfolgt auf hohem Niveau, da durch die Netzwerke "Feedback Loop"-Prozesse organisatorisch verankert werden können. Nachfrager werden so in die ständige Verbesserung des Produktes integriert. Konsequente Zielgruppenorientierung durch spezifische Qualitätssteigerungen ist erstmals auch durch die Modularisierung

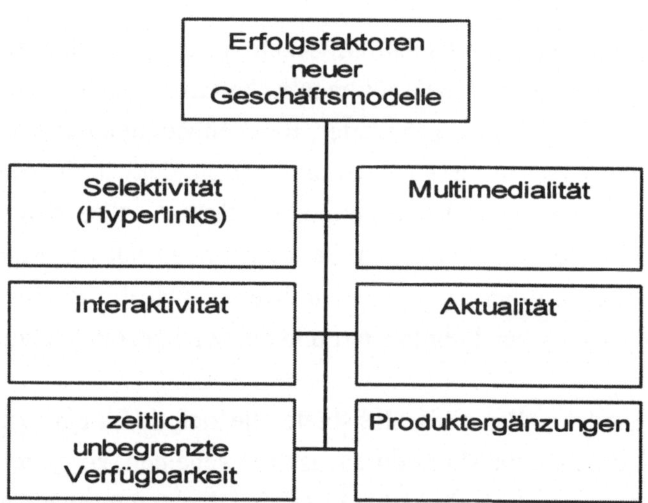

Abbildung 5-1: Erfolgsfaktoren neuer Geschäftsmodelle

Erfolgsfaktoren

der Wertschöpfungskette und damit durch das Einbringen von Kernkompetenzen in ihre Felder möglich. Die a.a..O. beschriebene netzwerkbedingte Interaktivität mit einzelnen Feldern der Wertschöpfungskette führt zu einer vielschichtigen, nicht mehr exklusiven, zeitlich unbegrenzten Online-Verknüpfung mit jedem Endabnehmer zur Erfüllung auch der einfachsten Bedürfnisse.

Treiber der derzeitigen Entwicklung sind also Qualitätssteigerungen durch

> Selektivität
> Bereitstellung von komplementären Informationen
> zeitlich unbegrenzte Verfügbarkeit, einfache Nutzeroberfläche
> Transparenz über weltweiten Preiswettbewerb
> Produktergänzungen
> Aktualität
> Zielgruppenorientierung, Förderung von Nutzergemeinschaften
> Modularisierung der Wertschöpfungskette
> ökonomisch tragfähige Aggregierung von Zielgruppen, Aggregierung von Anbietern bzw. Virtualisierung von Organisationen, Bündelung von Kernkompetenzen
> Technologiemanagement.

Treiber und
Barrieren

Barrieren in der Umsetzung technologischer Potenziale in den Unternehmen sind

> mangelndes Verständnis für die Potenziale und Grenzen der Technologien
> fehlerhafte Beherrschung der Technologien
> mangelnde Kompetenz in der Entwicklung neuer netzwerkgestützter Produkte
> Befürchtungen, die bisherigen Produkte würden kannibalisiert
> geänderte Kennzahlen, geänderte Erfassungsmethoden der Erfolgsmessung
> Unfähigkeit, Patenschaften mit anderen Unternehmen einzugehen.

BRANCHENBEISPIEL: LANDKARTENHERSTELLER

ERFOLGSFAKTOR: *Gewinnung zusätzlicher Märkte durch Mehrwerte*

GeoSystems ist ein Landkartenhersteller, der durch die Digitalisierung eine Fülle von Zusatzmerkmalen an sein Produkt bündeln konnte. Die Landkarten können interaktiv mit unterschiedlichen Maßstäben eingesehen werden. Dazu gibt es folgende Mehrwerte:

> Ratschläge für das Befahren einer Strecke
> Verzeichnisse von an dieser Strecke liegenden Hotels und Restaurants
> Verknüpfungen mit Hotelreservierungssystemen
> Verknüpfung mit Immobilien an dieser Strecke und deren Maklern.

Durch diese Digitalisierung war *GeoSystems* in der Lage, seinen Kundenstamm massiv auszuweiten. Bisher konnte sich das Unternehmen nur auf wenige Großkunden wie den amerikanischen Automobilclub etc. stützen. Durch die neuen Mehrwerte konnte das Produkt Landkarten erfolgreich für einen Massenmarkt geöffnet werden. Die Finanzierung erfolgt über kontextbezogene Werbung und Lizenzgebühren. Ein Restaurant kann beispielsweise in seiner WEB-Site die Anfahrtsbeschreibung etc. von *GeoSystems* einsetzen.

BRANCHENBEISPIEL: INFORMATIONSDIENSTLEISTUNGEN

ERFOLGSFAKTOR: *Vollständige Integration der Nachfragerschnittstelle, Qualitätsmanagement*

Reuters ist ein Anbieter von real-time Nachrichten, Finanzdaten, Videos, Grafiken, Zugriffen auf Volltexte und Standfotos. Das

Reuters B2B-Operating Modell erlaubt eine netzwerkgestützte Selbstbedienung in den Datenbanken bzw. Produkten, Zugriffe auf Kundenunterstützungs-Tools, Online-Bestell- und Rechnungsabwicklung. Die Abstimmung mit den Bedarfen des Nachfragers wird somit verbessert. Die Zwischenschaltung von Schritten, die durch die Mitarbeiter durchgeführt werden, wird drastisch reduziert. Die Bestell- und Zahlungsabwicklung ist durch Electronic-Data-Interchange weitgehend automatisiert, die Transaktionskosten werden drastisch gesenkt. Durch das Ausschalten der Medienbrüche, die Stärkung der Selbstbedienungsfunktion und der damit einhergehenden Zielgruppenorientierung sowie durch verbesserte Zugänglichkeit und Verkürzung des Anwort- und Lieferzeitverhaltens betreibt *Reuters* ein konsequentes Qualitätsmanagment. Dadurch wird die Zufriedenheit der Nachfrager gesteigert und die Beziehung zu den Kunden gefestigt.

BRANCHENBEISPIEL: HOSTING-SERVICE

ERFOLGSFAKTOR: *Schaffung virtueller Gemeinschaften*

Geo-Cities ist ein kostenloser Hosting-Service für Menschen, die Inhalte im INTERNET veröffentlichen möchten. Die WEB-Sites werden nach Inhalten in Kategorien eingeteilt, sog. "Neighbourhoods". Diese Interessencluster können zielgruppenorientiert durch Werbung angesprochen werden. Wenn durch diese Anzeigen Käufe ausgelöst werden, erzielt *Geo-Cities* weitere Einnahmen durch Provisionen für die Vermittlungsleistung. Andere Beispiele sind *Quicken.com* für Finanzdienstleistungen, *Katzen-online.de*, *Kinder.de* etc.

BRANCHENBEISPIEL: ZEITUNGEN, ZEITSCHRIFTEN

ERFOLGSFAKTOR: *Erfolgreiche Kompensation der Verdrängung konventioneller Produkte durch netzwerkgestützte Produktergänzungen wie Öffnung der Archive, Nachrichtendienste, Mailing-Service, Chat-Foren, Preview-Dienste).*

vgl. die Darstellung unter "Informations(Inhalte)anbieter"

BRANCHENBEISPIEL: BANKEN, FINANZDIENSTLEISTUNGEN

ERFOLGSFAKTOR: *Convenience, Senkung der Transaktionskosten, Aktualität*

Banken haben eine informationsintensive Wertschöpfungskette und sind somit prädestiniert für eine starke Durchdringung durch die Netzwerke. Ihre Produkte sind mit hohen Transaktionskosten und großem Änderungsdienst (Zinssätze, Laufzeiten, Gebühren etc.) verbunden. Die Netzwerke erlauben in Echtzeit

➢ Zugriff auf die Konto- und Depotdaten
➢ Abwicklung von Zahlungsaufträgen, Wertpapiertransaktionen etc.
➢ Gewinnung von Informationen über Bankdienstleistungen, Börsenkurse, volkswirtschaftliche Daten etc.
➢ Einbindung in Rechenmodelle zu individuellen Anlage- und Kreditentscheidungen.

Es gibt auch ausschließlich virtuelle Banken wie z.B. in den USA die *First Network Bank* oder die *National Security Australia Bank.* Diesen Banken fehlt bisher für über reine Abwicklungsprozeduren hinausgehende Geschäfte die Vertrauensbasis, die konventionelle Banken besitzen. Generell wird es keine neuen Produkte geben, wenn man von dem a.a.O. erörterten "Cybermoney" absieht. Der Sparbrief bleibt ein Sparbrief.

Wie das Produkt Finanzdienstleistungen mit Zusatzinformationen ausgestattet werden kann, zeigt *Quicken*. Auf der *Quicken.com*-Site gibt es Informationen, Analysen und Suchwerkzeuge über Versicherungen, Kapitalanlagen, Hypotheken, Steuertips, Empfehlungen für die Rentenplanung, Spareinlagen, Investitionen, Neuigkeiten vom Kapitalmarkt, Chat mit Experten und Gleichgesinnten.

BRANCHENBEISPIEL: VIRTUELLE UNTERNEHMEN

ERFOLGSFAKTOR: *Verknüpfung von Kernkompetenzen*

Vgl. unter "Virtualisierung der Organisationen" die Beispiele *Dell Computer Corporation, Uncover Corporation, SAP AG.*

BRANCHENBEISPIEL: REISEBÜRO

ERFOLGSFAKTOR: *Preiswettbewerb, Aktualität*

Reisebüros sind Intermediaries, die Informationsvermittlung betreiben. Ein Großteil dieser Vermittlungsaktivitäten ist durch Direktbuchungen bei den Fluggesellschaften, bei den Hotels und den regionalen Fremdenverkehrsverbänden vor Ort obsolet geworden. Der Kunde ist sein eigener Reservierungsagent geworden. Daher können Reisebüros vor dem Hintergrund der Netzwerke - wie alle Intermediaries - nur durch originäre Mehrwerte ihre Existenz absichern. Dies gilt nicht nur für die face-to-face-Beratung in den lokalen Filialen, sondern auch für Angebote in den Netzwerken.

Die erfolgskritischen Qualitätssteigerungen durch die Netzwerke liegen vor allem in der gebündelten Transparenz des Preiswettbewerbs und der Verfügbarkeit weltweiter Anbieter. So bietet z.B. das französische Reisebüro *La Compagnie des Voyages* eine Übersicht mit differenzierten Sortier- und Selektionsmöglichkeiten über 80 Fluglinien, Sonderangebote, tausend Reiseziele, Verbindungen zu dem *Sabre-*, *Amadeus-* Reservierungssystem etc. Natürlich ist eine Online-Buchung mit allen Vorteilen netzwerkgestützter Transaktionen möglich. Für Stammkunden gibt es einen individualisierten Push-Dienst, wenn Flugpreise gefallen sind.

BRANCHENBEISPIEL: BUCHHANDEL

EFOLGSFAKTOR: *Mehrwerte im Zugang und Versand*

Amazon ist der Pionier im Einzelhandel. Sein Geschäftsmodell wurde inzwischen in vielen Ländern imitiert. Das Unternehmen hat, befreit von den Kosten örtlicher Geschäftsräume und deren begrenztem Radius der Erreichbarkeit, den Handel eines standardisierten Produktes, des Buches, mit vielen qualitativen Zusatzmerkmalen eines Customer Relationship Management ausgestattet wie z.B.

- ➢ Katalogrecherchen über alle Felder eines Buchtitels
- ➢ Buchbesprechungen, -empfehlungen
- ➢ Bestsellerlisten
- ➢ individuelle Zusammenstellungen von Buchtiteln nach den Präferenzen der Nutzer durch Collaborative Filtering
- ➢ Interviews mit Autoren
- ➢ Tracking der Bestell- und Zahlungsabläufe.

Amazon ist ein Beispiel, wie wichtig die Etablierung eines Markennamens zur Überwindung des mangelnden Vertrauens der

Nachfrager ist. *Amazon* investiert seine Erlöse vorrangig in seine technologische Infrastruktur, um so den einschlägigen Qualitätsmerkmalen wie Antwortzeitverhalten etc. nachzukommen und damit seinen Markennamen stärken zu können. Durch den hohen Einsatz von Netzwerktechnologien kann *Amazon* auch ein Supply Chain Management betreiben, das unter anderem zu erheblichen Kostenreduzierungen führt. *Amazon* hat ein sehr kleines Lager, in dem er allenfalls die 200 ersten Titel einer Beststellerliste vorhält. Er bietet jedoch im Rahmen seiner Datenbank mehr als 3 Millionen Buchtitel an. Er minimiert dadurch nicht nur seine Lagerkosten, sondern auch die Kosten von Fehleinkäufen. Verlage und Grossisten sind nur in geringem Umfang bereit, bestellte Bücher von den Buchhändlern zurückzunehmen. Vor dem Hintergrund des kleinen Lagerbestandes bestellt *Amazon* jedes vom Endabnehmer georderte Buch einzeln beim Vorlieferanten. Diese Kostenstruktur bringt - außer auf den deutschsprachigen Märkten, auf denen kein Preiswettbewerb besteht - erhebliche Wettbewerbsvorteile bei Preisstrategien. Eine derartige Vorgehensweise führt auch im Rahmen der Konzeption des Supply Chain Management zu einer Reduzierung der Kosten der Rückläufe bei den Verlegern, und *Amazon* kann aufgrund seines hohen Technologieeinsatzes wichtige Marktdaten an die Verlage weitergeben und damit deren Planungssicherheit erhöhen. *Amazon* betreibt ebenfalls - wie a.a.O. dargestellt - ein intelligentes Loyalitätsprogramm. Jeder privaten oder auch kommerziellen WEB-Site, die ein *Amazon*-Link trägt und einen Buchkauf vermittelt, wird eine Vermittlungsprämie von 5% des Buchpreises gutgeschrieben. Derzeit gibt es mehr als 35000 WEB-Sites, die *Amazon*-Links präsent halten. *Amazon* kann dieses Associates-Programm mit einem perfekten Lock-in-Effekt versehen, wenn die Vermittlungsprämie so gestaffelt wird, dass nach Erreichen von Meilensteinen unterschiedlich hohe Vermittlungsprämien gezahlt werden. Dadurch würde ein Anreiz geschaffen, den zu empfehlenden Buchhändler nicht zu wechseln und *Amazon* auf der jeweiligen WEB-Site besonders gut zu positionieren (Varian 1998).

BRANCHENBEISPIEL: IMMOBILIENHANDEL

EFOLGSFAKTOR: *Minimierung der Transaktionskosten, Mehrwert durch Multimedia und Zusatzinformationen*

Der Kauf von Immobilien war bisher mit äußerst kostenintensiven Transaktionen und erheblichen Informationsfilterungen durch den Makler verbunden. INTERNET - gestützte Immobilienunternehmen bieten im Rahmen ihrer WEB-Site Immobilien mit visuellen Darstellungen an. Damit können die traditionellen aufwendigen Vorfilterungsprozeduren drastisch verkürzt werden, so dass die bisher hohen Maklergebühren keine Grundlage mehr haben. Das Angebot der US-Immobilienvereinigung über *Realtor.net* enthält mehr als eine Million Häuser und Wohnungen. Zu den Objekten gibt es Informationen und Links zu Einrichtungen der sozialen Infrastruktur (Kindergärten, Schulen etc.), Dienstleistungsanbieter, Adressenänderungsdienste, Umzugsfirmen, Hypothekenanbieter und -zinsen. Push-Dienste informieren den Kunden über E-mail, wenn eine gesuchte Immobilie angeboten wird. Dieses one-stop-shopping könnte ohne großen Aufwand noch erweitert und qualitativ gesteigert werden durch auf die Situation bezogene Zusatzinformationen wie beispielsweise Gebäudeversicherungen, Empfehlungen für Umschuldungen, Renovierungsdienste, Gemeinde-Chat-Dienste etc.

BRANCHENBEISPIEL: AGGREGATOREN

ERFOLGSFAKTOR: *One-stop-supply losgelöst von geographischen Räumen, Pooling von Anbietern*

PointCast ist ein Push-Anbieter von aggregierten Nachrichten für vorab definierte Interessensgebiete. Daraus stellt der Nutzer sich seinen "Personalized Channel" zusammen. Die Grundlage sind 700 englischsprachige Quellen, u.a. *CNN, Wall Street Journal, New York Times, Reuters, Time* etc. und 50 deutschsprachige Zeitungen. Die Aggregierung (Formatierung, Klassifizierung etc.) wird weitgehend automatisiert generiert. Eine redaktionelle Bearbeitung der Beiträge erfolgt durch *PointCast* nicht. Die Dienste sind kostenlos und finanzieren sich weitgehend durch Werbung. Die Nachrichtenbündel können online, offline gelesen und sogar als eine Art Informations-Bildschirmschoner wie ein Nachrichten-Ticker eingerichtet werden. Mehr als eine halbe Million Personen nutzen regelmässig den Dienst *PointCast*. Das sind mehr als 30 bis 50 Millionen Zuschauerstunden im Monat und entspricht dem Durchschnitt eines mittleren Fernsehnetzes (Wildstrom 1997). Push-Dienste sind auf dem Nachrichtensektor Pull-Aktivitäten der Nachfrager weitgehend überlegen. Bei letzterer Vorgehensweise zieht der Nachfrager nämlich selbst die Informationen aus dem Netz. Er muss also eine Vielzahl von WEB-Sites durchsuchen, was trotz Suchmaschinen, Übersichtskatalogen und weiterer Tools angesichts der Zeit-Nutzen-Relation schnell unökonomisch wird. Beispiel für universale Aggregationen sind Portale wie *AOL, T-Online, Yahoo* und viele weitere ehemalige Suchmaschinen. Sie aggregieren Inhalte in Gruppen. So untergliedert z.B. *AOL* sich in 16 Einstiegsgruppen.

BRANCHENBEISPIEL: BÖRSEN (WERTPAPIERHANDEL, ROH-STOFFHANDEL)

ERFOLGSFAKTOR: *Geschwindigkeit, real-time Datenübertragung*

Wertpapierhandel ist eine informationsintensive Branche, die mit ihren Produkten und Prozessen zu nahezu 100% in die Netzwerke integriert ist. Das betrifft die gesamte Wertschöpfungskette einschließlich der üblichen Medienbruchstellen der Eingangs- und Ausgangslogistik. So bietet z.B. der Wertpapierbroker *E.Trade* - abgesehen von einer Viezahl von Charts - Informationen über Märkte, Unternehmen, vermittelt Kredite, führt die Transaktionen durch, konzipiert und verwaltet individuelle Portfolios. Der Broker finanziert sich durch die Transaktionen.

5.2 Systematisierung von Unternehmenszielen, kritischen Erfolgsfaktoren und Netzwerkpotenzialen

Wie in dieser Untersuchung dargestellt, haben die Netzwerke weitreichende Potenziale, die Felder der Wertschöpfungskette in völlig neuen Bahnen verlaufen zu lassen. Im folgenden sollen die Felder *Marketing, Produktentwicklung, Verkaufsprozess, Supply Chain Management, Logistik, Kundendienst* anhand ihrer

- ➢ *Ziele,*
- ➢ *kritischen Erfolgsfaktoren,*
- ➢ *Netzwerkpotenziale* und derzeit einsetzbaren
- ➢ *Netzwerktechnologien*

detailliert systematisiert werden (vgl. Deise 1999). Es ist also ein Katalog von Möglichkeiten, dessen Realisierung und Integration in die neuen Geschäftsmodelle kurz bevorsteht.

<u>1) Marketing: Technologiepotenziale im einzelnen (vgl. Abb. 5-2).</u>

Die Netzwerke unterstützen nicht nur die Gewinnung und Verarbeitung von Informationen, sondern auch die Entwicklung und Durchführung von Preisstrategien, der Kommunikation (Promotion) und die Planung und das Management von Vertriebswegen.

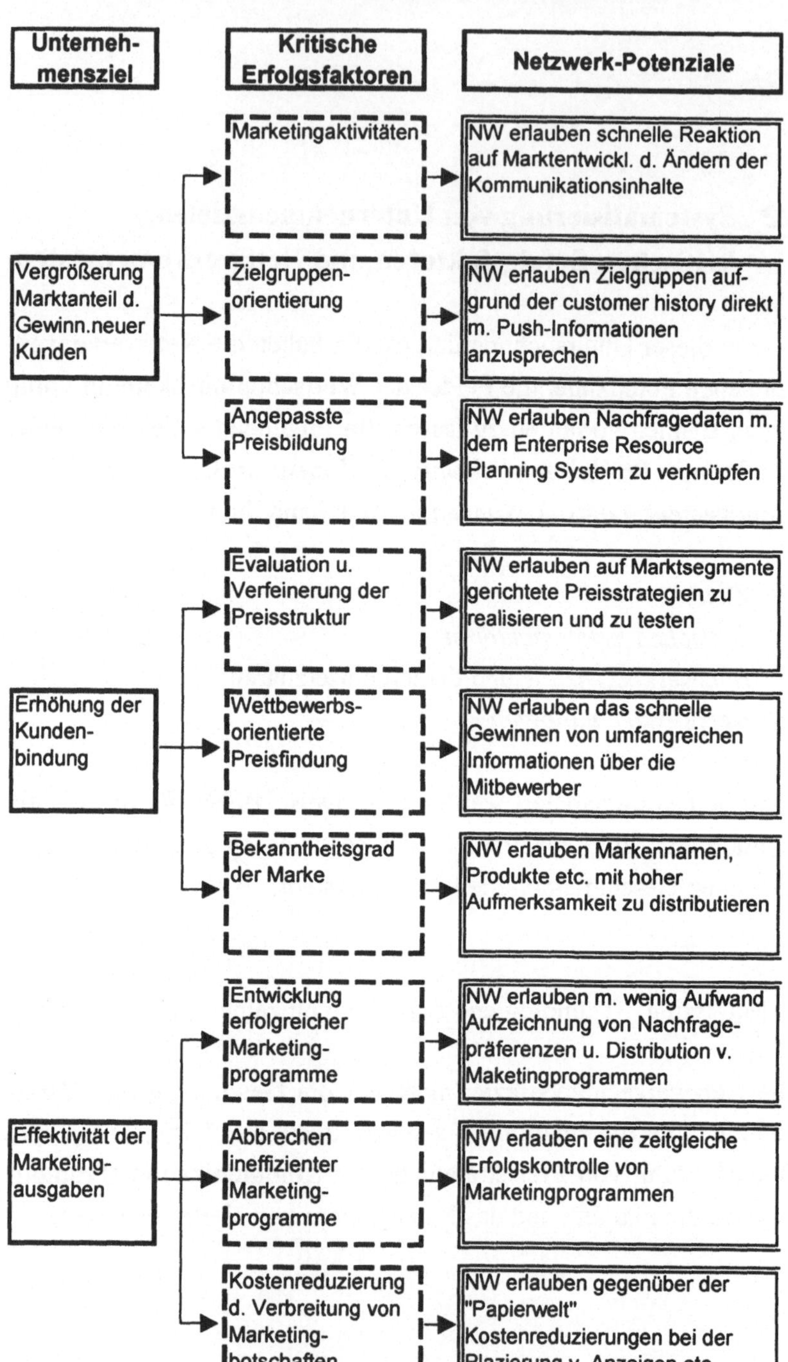

Abbildung 5-2: Netzwerkgestütztes Marketing

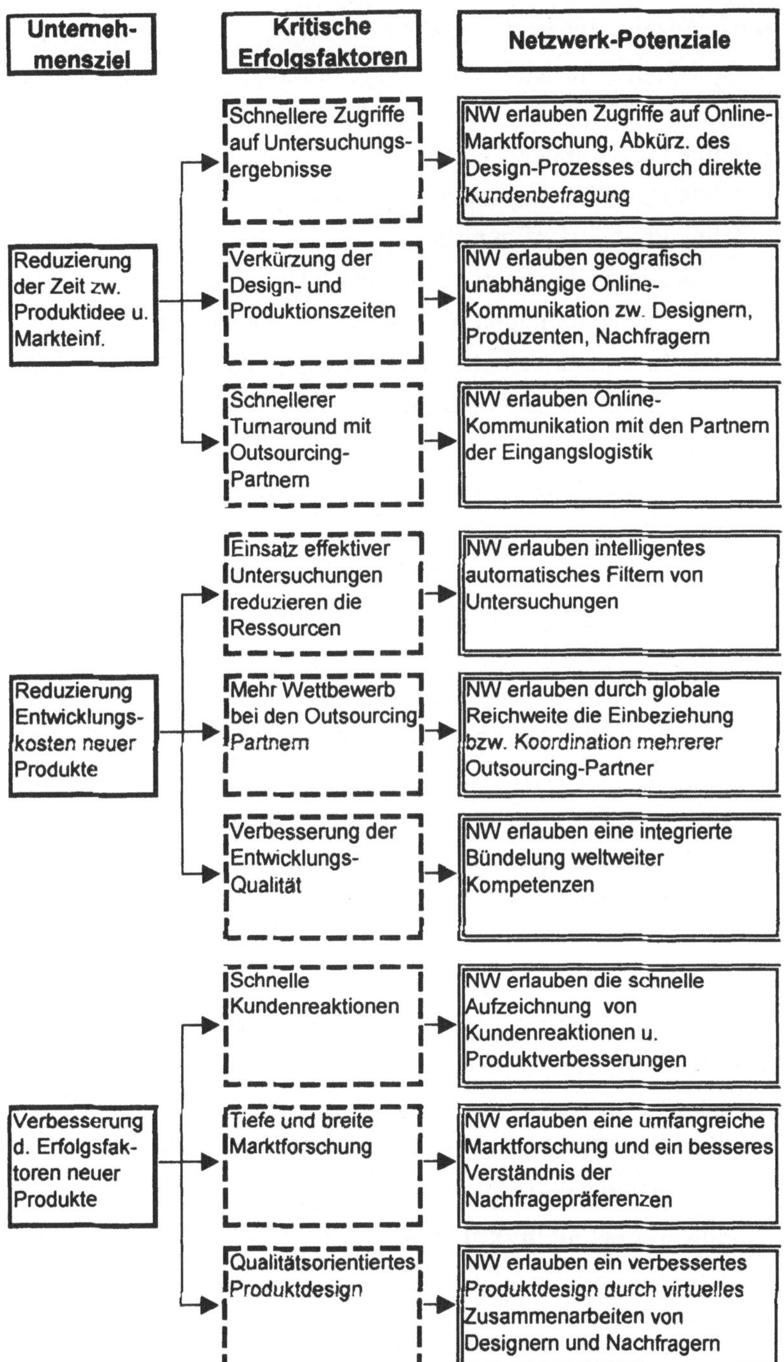

Abbildung 5-3: Netzwerkgestützte Produktentwicklung

Preispolitische Entscheidungen: Netzwerkstechnologien unterstützen preispolitische Modelle, marktorientierte Preisstrategien etc. durch

O Online Preisanfragen
O Online Bestellmanagement
O Online Produktkonfiguration
O Online Aufzeichnung der Customer history
O Online Preisänderungen in elektronischen Katalogen
O Online Informationen über die Preise der Wettbewerber
O Online Feedback der Nachfrager.

Kommunikation: Netzwerktechnologien unterstützen die Marktforschung durch

O Online Befragungen, Marktuntersuchungen
O Online Feedback Foren
O Online Chat Foren.

Promotion: Netzwerktechnologien unterstützen die Promotion durch

O WEB Sites
O Push Technologien
O Bannerwerbung
O Download Möglichkeiten.

Absatzwege: Netzwerktechnologien unterstützen das Management der Absatzwege durch

O Tracking Software
O Online Zugriffe auf das ERP-System von außerhalb
O FAQ's, technische Tipps
O Online Marketing Informationen.

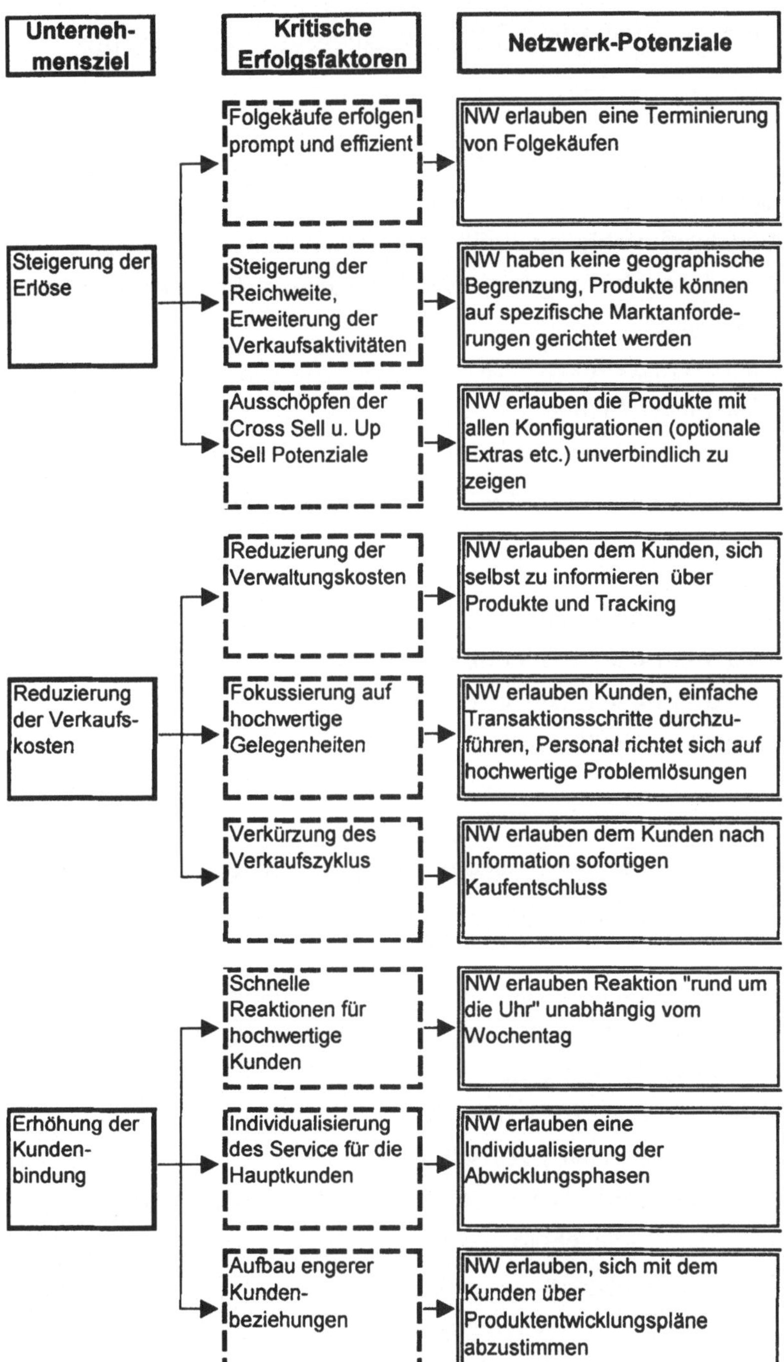

Abbildung 5-4: Netzwerkgestützter Verkaufsprozess

2) Produktentwicklung: Technologiepotenziale im einzelnen (vgl. Abb. 5-3).

*Entwurfsprozess:*Netzwerktechnologien unterstützen den Entwurfsprozess neuer Produkte durch

O netzwerkgestützte verteilte Kommunikation über Konzepte

O elektronisch abgegebene Bewertungen von Anbietern und Intermediaries

O netzwerkgestützte Abstimmung mit Normierungsgremien und staatlichen Stellen

O netzwerkgestützte "what if"-Costing Szenarios

O netzwerkgestütze Markt- und Technologieinformationen.

Produkteinführung: Netzwerktechnologien unterstützen die Produkteinführung durch

O elektronische Produktinformationen

O elektronische Produktpromotion

O elektronische Preislisten.

3) Verkaufsprozess: Technologiepotenziale im einzelnen (vgl. Abb. 5-4).

Informationshandlungen der Nachfrager: Netzwerktechnologien unterstützen den Kunden bei seinen selbst durchgeführten Recherchen durch

O elektronische Produktkataloge

O real-time kundenspezifische Preismodelle

O kundenspezifisches Filtern der Produktkonfigurationen

O Cross-Sell-Angebote

O Up-Sell-Angebote

O Fax/E-mail Service Integration

O Kreditkarten-Validierung

O Fracht-, Steuerkalkulationen.

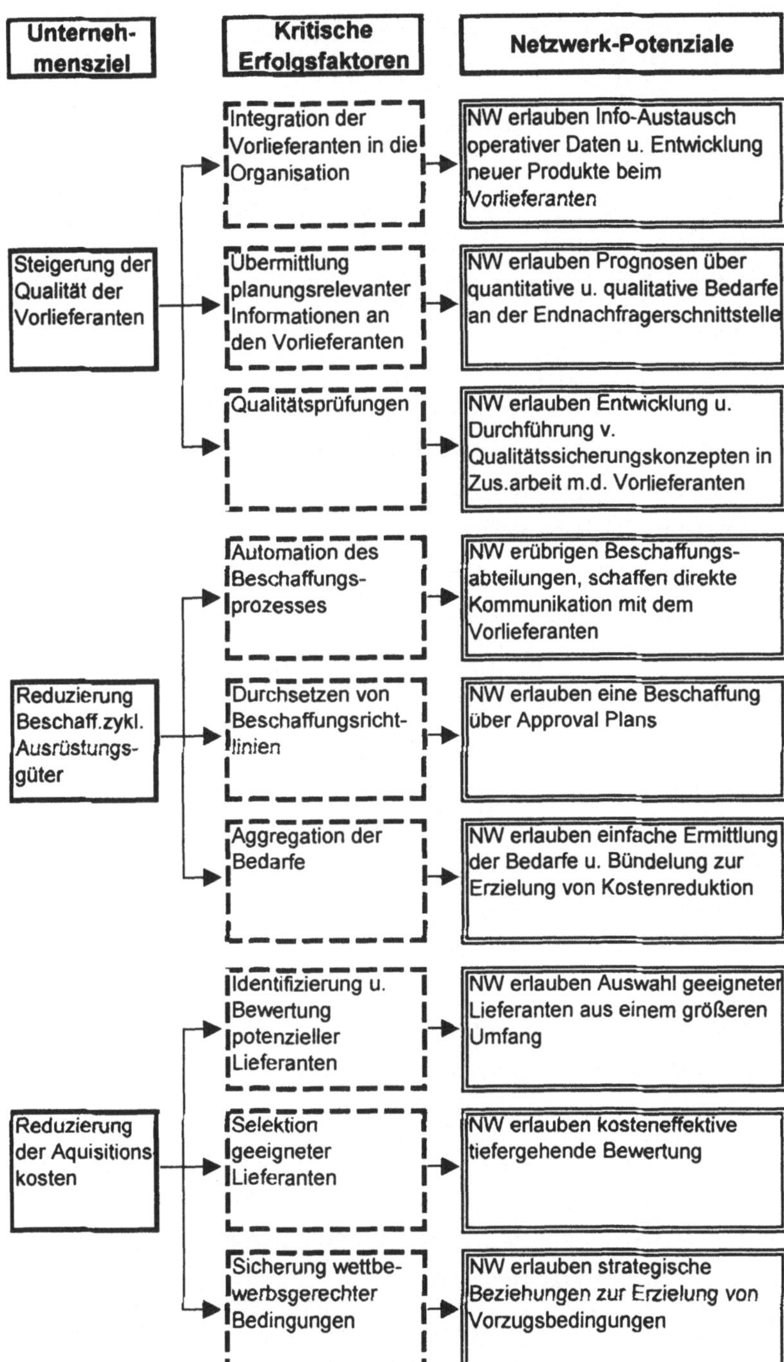

Abbildung 5-5: Netzwerkgestütztes Supply-Chain-Management

Bestellabwicklung: Netzwerktechnologien unterstützen
O Online Nachweis der Verfügbarkeit, Lieferfähigkeit
O Online Bestellbestätigung
O Online Tracking Status.

4) Supply Chain Management: Technologiepotenziale im einzelnen (vgl. Abb. 5-5).

Beschaffung: Netzwerktechnologien unterstützen das/die
O elektronische Bestellwesen (Electronic Data Interchange)
O elektronische Rechnungswesen
O elektronische Lagerverwaltung
O elektronischen Nachfrageprognosen
O elektronische Tracking
O elektronischen Nachweise der Lieferfähigkeit
O elektronischen Approval Plans.

Identifizierung, Selektierung von Lieferanten: Netzwerktechnologien unterstützen die Identifizierung von Lieferanten durch
O elektronische Marktplätze
O spezielle Suchmaschinen
O spezielle Online Verzeichnisse
O elektronische Produktkataloge und Preisverzeichnisse
O elektronische Kommunikation
O elektronisches Management der Angebote.

5) Logistik: Technologiepotenziale im einzelnen (vgl. Abb. 5-6).

Die Logistik wird von folgenden Technologien unterstützt
O elektronischer Tracking Status
O elektronische Zuweisung des Lagerplatzes
O elektronische Lieferterminvereinbarung

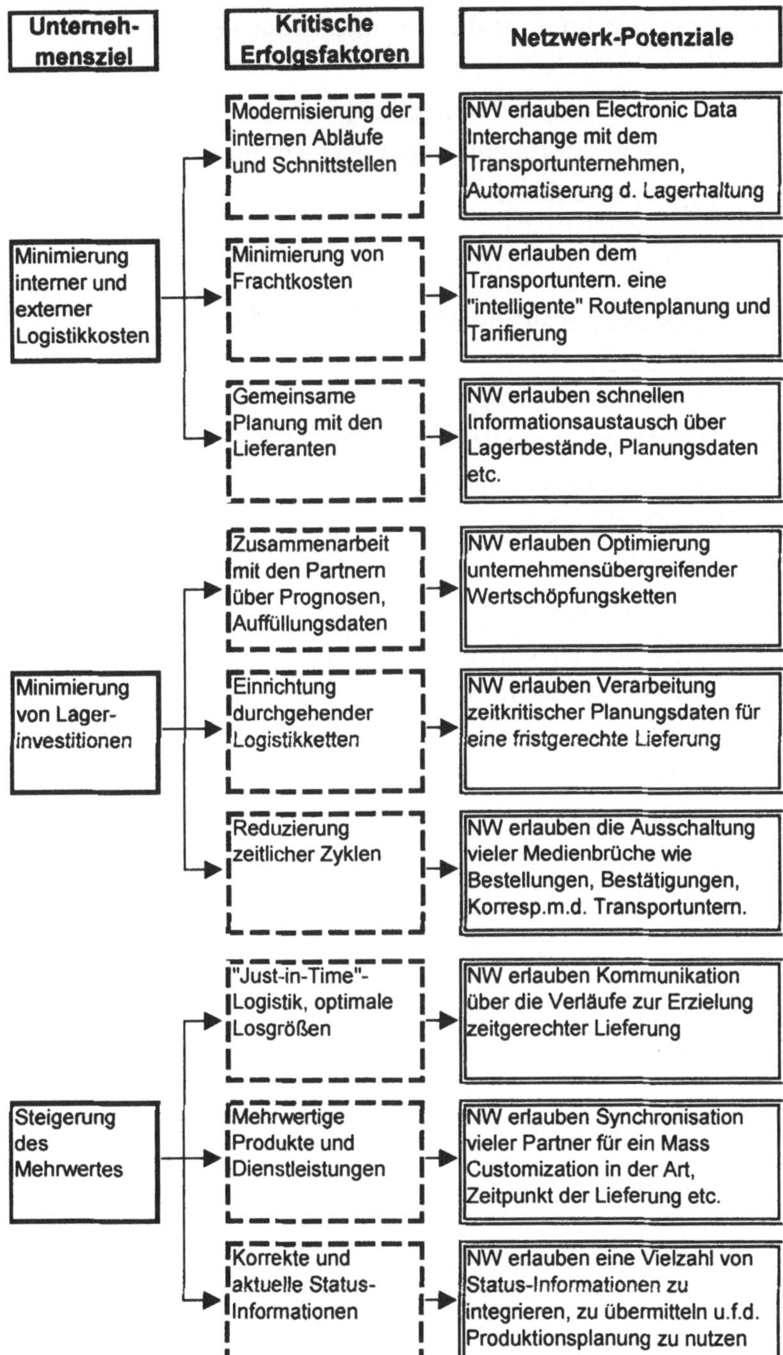

Abbildung 5-6: Netzwerkgestützte Logistik

O elektronische Information, Kommunikation über spezielle Ver-
packung, Etikettierung etc.

O elektronische Routenführung, Zeitplanung,

O elektronische Abstimmung der Ladepläne mit verschiedenen
Transportunternehmen.

6) Kundendienst: Technologiepotenziale im einzelnen (vgl. Abb. 5-7).

Netzwerktechnologien unterstützen den Kundendienst durch

O elektronische Produktkataloge

O elektronische Konfigurationen

O Customer history

O Service Tracking

O elektronische Beseitigung von Fehlern

O benutzerfreundliche Interfaces

O Online Dokumentation, Manuals

O FAQ's und technische Tipps

O Transaktionssysteme.

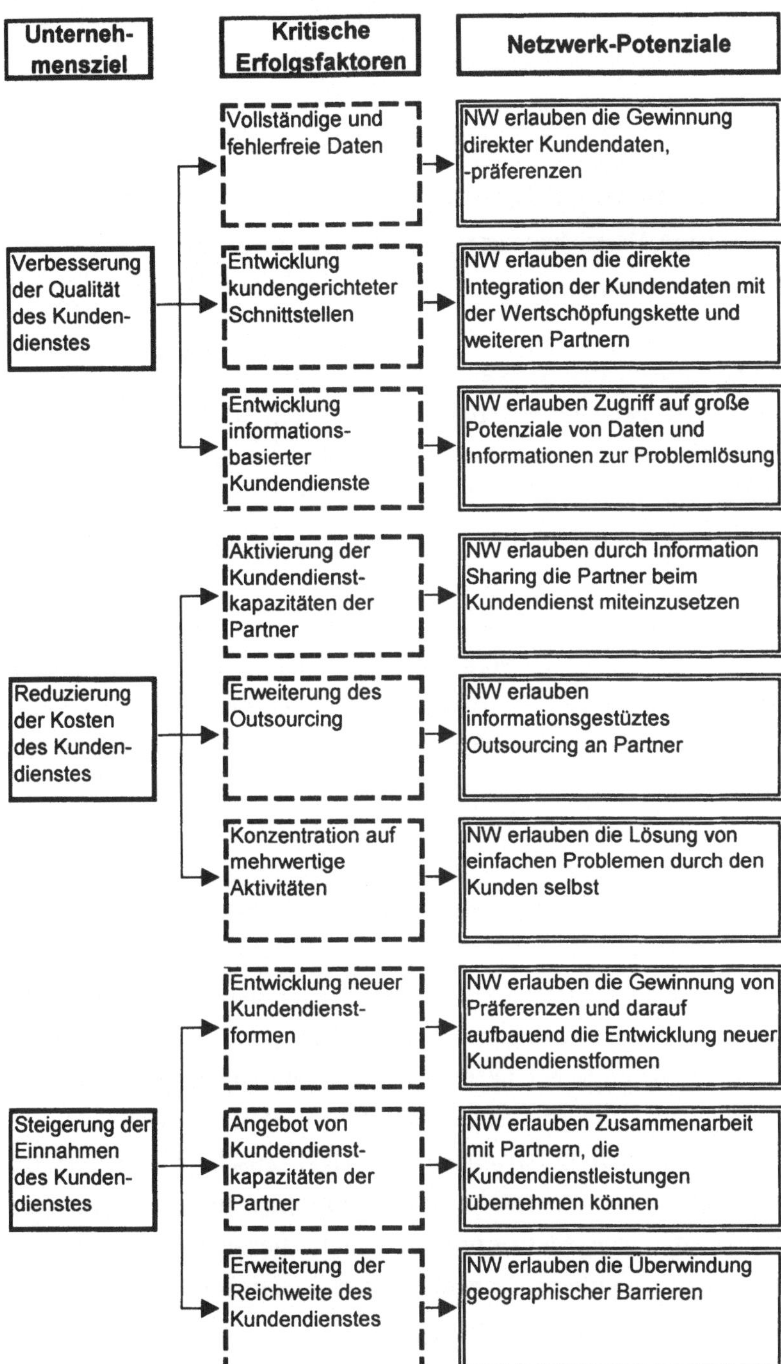

Abbildung 5-7: Netzwerkgestützter Kundendienst

5.3 Informations(Inhalte)Anbieter: die First-Mover einer Verzahnung von Old Economy und New Economy

Informationsintensive Branchen sind zunächst am schärfsten mit den Wirkungen und Potenzialen der INTERNET - Technologien konfrontiert. Von ihnen wird - wenn sie nicht untergehen wollen - eine große Schubkraft in Richtung einer digitalen Netzwerkwirtschaft ausgehen. Sie können möglicherweise ein Muster für alle anderen immateriellen Dienstleistungsanbieter wie auch für Produzenten materieller Produkte abgeben. Da die INTERNET-Technologien die Netzwerke als Informations-Infrastrukturen aufbauten, setzen die Wirkungen zuerst bei den Produkten und Funktionen der Branche, der Wertschöpfungskette ein, die sich digitalisieren lassen und insbesondere auf eine Infrastruktur angewiesen sind.

Medien-
Unternehmen
"in voller Wucht"
betroffen

Die Branche der Medienunternehmen ist daher unmittelbar betroffen. Sie ist vor dem Hintergrund ihrer derzeitigen Entwicklung zersplittert, national orientiert und allenfalls partiell mit den neuen INTERNET - Technologien vertraut. Dagegen erfordert ein Agieren in der Welt der Netzwerke eine internationale Orientierung und ein intensives Integrieren der neuen INTERNET - Technologien. Printmedien werden teilweise durch elektronische Medien ersetzt. Massenprodukte entwickeln sich zu individualisierten, interaktiven Produkten. Neue Medienprodukte und -dienste werden oft von Unternehmen anderer Branchen wie z.B. aus dem Telekommunikations- und Softwaresektor angeboten.

Betrachtet man die Wertschöpfungskette in den Medienunternehmen etwas genauer, um die technologischen Wirkungen zu internalisieren, so zeigen sich folgende Veränderungspotenziale: Die Netzwerke unterstützen die Distribution klassischer Inhalte, ergänzen diese mit immer neuen, bisher nicht gekannten Mehrwerten, verpacken klassische Inhalte in neue Formate (z.B. Multimediaformate), erlauben dynamische, individualisierte Produktbündelungen, "revolutionieren" aber den Vertrieb und die Vermarktung vollständig digitalisierter Inhalte. Bücher, CDs liegen ohnehin beim Produzenten digitalisiert vor und können somit direkt über die Netzwerke vertrieben werden. Dies ist jedoch durch die derzeitige Geschwindigkeit der Datenübermittlung und durch die wenig komfortablen Endgeräte für die Massennachfrage noch nicht effizient, aber ein Eckpfeiler der strategischen Situation. Der Vertrieb materieller Informationsträger (das Print-Buch) kann nach dem Vorbild von *Amazon* mit erheblichen Nutzensteigerungen ausgestattet werden. Navigationshilfen unterstützen den Nutzer

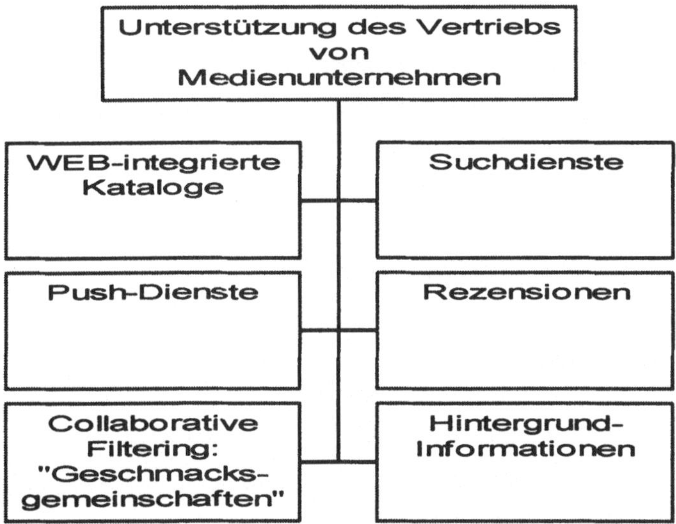

Abbildung 5-8: Unterstützung des Vertriebs von Medienunternehmen

durch Suchdienste, WEB-integrierte Kataloge etc. Diese Produktkataloge werden häufig durch Rezensionen von Kunden oder Experten so wie Hintergrundinformationen vom Autor (Interview)
ergänzt. Viele Buchhändler nutzen die a.a.O. erläuterten Verfahren
des Collaborative Filtering. So erfährt man zu einem Titel, den ein
Nachfrager gekauft hat, welche anderen Titel von ihm gekauft
wurden.

Unterstützung der
Distribution

Zeitungs- und Zeitschriftenverlage ergänzen die klassischen Produkte durch digitalisierte Pendants, ohne ihre Kernprodukte zu
"kannibalisieren".

Sie bieten komplementär zu ihren Printmedien

Produkt-
ergänzungen

> Zugriffsmöglichkeiten auf digitalisierte Archive
> themenbezogene Links zu Printartikeln
> Newsticker, aktuelle Meldungen der Nachrichtenagenturen
> Veranstaltungsführer, Terminübersichten
> Leseproben, Abstracts
> Kommunikationsmöglichkeiten, z.B. Publikationen von Le-
  sermeinungen, Diskussionsforen, Plattformen für Chats, Kon-
  taktaufnahme mit Journalisten etc.
> Kleinanzeigen.

Diese Mehrwerte dienen einerseits der

> Kundenbindung
> Erhaltung erreichter Marktanteile
> Verbesserung und Stützung vorhandener Produkte
> Schaffung von Alleinstellungsmerkmalen im Vergleich zur
  brancheninternen und branchenfremden Konkurrenz,

andererseits aber unter strategischen Gesichtspunkten der technologischen Wissensakkumulation im Unternehmen. Das frühzeitige

"Befahren" einer "Lernkurve" kann sich möglicherweise später als erfolgskritisch erweisen.

Derartige Produktergänzungen sind jedoch angesichts der Potenziale der Netzwerke als eine defensive Vorgehensweise einzuschätzen. Es sind sog. "Tester". Wie bei allen technologischen Innovationsverläufen kann man drei Strategiemuster unterscheiden:

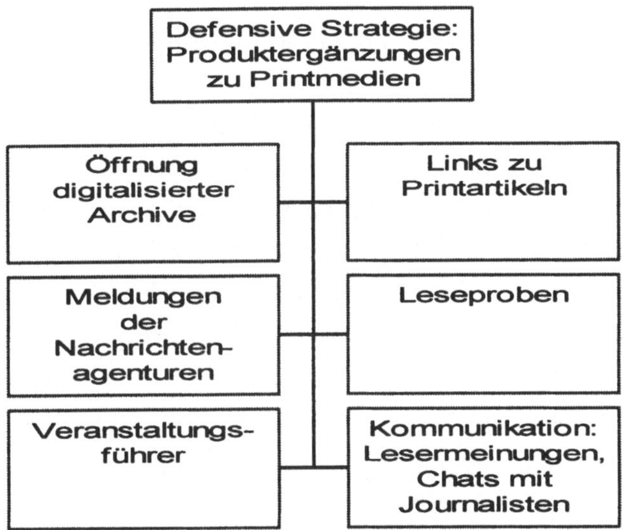

Abbildung 5-9: Produktergänzungen zu Printmedien

> *Early Movers*

Dies wären Informations(Inhalte)produzenten, die bereits Zugriff auf die Netzwerke, Erfahrungen im Direkt-Marketing und der Bestellabwicklung haben. Vor dem Hintergrund ihrer Erfahrungen hätten sie die kürzeste Lernkurve bei Technologiesprüngen. Darüber hinaus würden sie über ausreichende technologische Ressourcen verfügen. Hier wären die proprietären Datenbankanbieter zu nennen.

> *Watchers*

Hierbei würde es es sich um Medien-Unternehmen, die auf Größenvorteilen (Economies of Scale) basieren, handeln. Für sie wären die Netzwerke erst dann interessant, wenn die Kosten fielen und der Absatzbereich für ihr Hauptprodukt genügend groß wäre. Es sind Hersteller von Massenprodukten.

> *Tester*

Dies dürfte wohl die überwiegende Mehrheit der Informations(Inhalte)produzenten sein. Sie befinden sich in einer Wettbewerbssituation und wollen nicht zulassen, dass ein Mitbewerber der alleinige Gewinner dieser technologischen Entwicklung wird. Sie sind sich unschlüssig über den Zeitpunkt einer grundsätzlichen Entscheidung. In der Regel beobachten sie sehr sorgfältig diese Entwicklung und können bei entsprechender Ausprägung der Frühwarnindikatoren sofort mit Angeboten reagieren. Sie lernen dadurch die Potenziale eines Angebotes über die Netzwerke kennen und bauen spezifische Kenntnisse und Fertigkeiten in ihren Betrieben auf. Alle Repräsentanten dieser gewählten Strategien, aber besonders die "Watchers", sind sich unsicher in der strategischen Antwort auf die durch die Netzwerke entfesselten Distributions- und Vervielfältigungsmöglichkeiten.

Daher soll zunächst aufgezeigt werden, wie bedrohlich die Netzwerke für die Existenz von Informations(Inhalte)produzenten vom Verleger, Musikproduzenten bis hin zum Software-Anbieter möglicherweise sein werden. Bisher konnten sie ihre Inhalte unter dem Schutzschild der Copyright-Gesetzgebung vermarkten. Sie fürchten nun, dass das INTERNET eine ausser Kontrolle geratene riesige Kopiermaschine ist. Zum Schutz ihrer ökonomischen Interessen fordern sie eine wie auch immer geartete neue Copyright-

Gesetzgebung. Dies ist jedoch möglicherweise eine voreilige Schlußfolgerung aus der derzeitigen technologischen Entwicklung.

In der Tat bedeutet das INTERNET und die dazugehörige technologische Entwicklung eine dramatische Reduktion der Kopier- und Distributionskosten. Die Chancenerweiterung für die Produzenten von Informations-Inhalten wird jedoch übersehen. Ganz analog wie die Inhaber von Rechten zum Abbau von Mineralien im 19. Jahrhundert die Verlegung von Eisenbahnschienen begrüßten, weil sie erst dadurch ihre Erze etc. problemlos absetzen konnten, sollten auch die Produzenten von intellektuellen Gütern diese neuen kostengünstigen Absatzwege bewerten. Zunächst ist zu konstatieren, dass es folgende Wirkungen für die Anbieter, Vertreiber neuer digitaler Informationsprodukte gibt:

➢ Vervielfältigungskosten: digitale Technologien reduzieren bei hoher Qualität die Vervielfältigungskosten dramatisch
➢ Distributionskosten: digitale Technologien erlauben eine schnelle, einfache und extrem kostengünstige Verbreitung der Vervielfältigungen.

Bei anderen technologischen Entwicklungen wie z.B. beim Videoband war es häufig so, dass sich nur einer der oben aufgeführten Kostensenkungseinbrüche einstellte. Im vorliegenden Fall der INTERNET-Technologien ist also angesichts der vielfältigen, komplexen Kostenreduktion die Anpassung an die neue Situation sicherlich schwieriger. Im folgenden soll daher geprüft werden, welche Strategien Informations(Inhalte)produzenten unter dem Eindruck dieser neuen Kostenstrukturen wählen könnten.

Strategie: Nutzung der niedrigen Distributionskosten

Die niedrigen Distributionskosten der Netzwerktechnologien, die Erreichbarkeit der Letztanwender zu jeder Zeit, an jedem Ort eröffnen Chancen, Informationsprodukte in bisher nicht bekannter Effektivität zu promoten. Da Informationsprodukte sog. „Erfahrungsgüter" sind, d.h. der Nachfrager den Wert des Gutes erst zu schätzen weiß, wenn er mit ihm Erfahrungen gesammelt hat, kann eine Strategie lauten, Inhalte für einen Überblick frei zu geben bzw. unentgeltlich abzugeben. Hierfür ist der Buchhandel ein gutes Beispiel. Er erlaubt den Kunden ein sog. „Browsing" in den Büchern. Untersuchungen haben ergeben, dass, je komfortabler und umfangreicher dieses Stöbern, dieses Abgeben von Teilinhalten angeboten wird, desto mehr Bücher abgesetzt werden können. Dieses Einsehen bzw. Stöbern in Inhalten kann nun durch das INTERNET optional, ungebunden vom Aufsuchen von Räumen und zeitlich unbeschränkt von zu Hause aus erfolgen. Dabei ist die Strategie, nur einen Teil des jeweiligen Informationsproduktes umsonst abzugeben und den anderen und größeren Teil zu verkaufen.

Bei Büchern oder Texten gibt es derzeit keine Substitution durch ein Online-Lesen. Untersuchungen haben gezeigt, dass WEB-Nutzer nicht mehr als zwei Bildschirme lesen. Dass das Anbieten von Textsegmenten über das INTERNET den Umsatz steigert, zeigen die Erfahrungen von *MIT-Press* und *National Academy of Sciences Press*. Der Wissenschaftsverlag *ELSEVIER* zeigt über das INTERNET die Inhaltsverzeichnisse seiner Zeitschriften und betreibt auch einen dazugehörigen Pushdienst. *Wall-Street Journal* und der *Economist* waren die ersten, die ein unentgeltliches Recherchieren in ihren Zeitungsarchiven erlaubten. Heute lassen das -wie oben erwähnt- fast alle großen Print-Verlage zu. Für das Downloading eines Artikels müssen teilweise Preise entrichtet werden.

Teilinhalte zur Nachfrageentwicklung unentgeltlich abgeben

Dieses teilweise Distributieren von Texten erfolgt durch das INTERNET zu verschwindend geringen Kosten. Das erlaubt bei Informationsprodukten ein müheloses Verteilen von kostenlosen

Probeprodukten. Virenprogramme können z.B. in der Konfiguration als Basisprodukt unentgeltlich angeboten werden. Erlöse werden dann durch das Hinzufügen von Qualitätsmerkmalen zu diesen Ausführungen, die gegen Preise abgegeben werden, erzielt. Das Muster ist immer gleich: über das INTERNET wird ein Index, Recherchedienst, Probeprodukt unentgeltlich angeboten, um die Nachfrage nach marktgängigen Produkten zu entwickeln.

Strategie: Nutzung der niedrigen Vervielfältigungskosten

Es gibt eine Kette von technischen Entwicklungen, angefangen bei Gutenberg bis zu den letzten Stationen der Kopiermaschinen (*Xerography*) und dem INTERNET, die das Kopieren von Texten immer billiger und einfacher machten. Mit der Verbreitung des Kopierautomaten ging nicht der Niedergang der Verlage und Informationsproduzenten einher. Die Informationsinhalte sind stetig gewachsen und stehen heute in der INTERNET - Welt vor einer dramatischen Zunahme.

Erlöse erzielt man nicht auf einem Exklusivmarkt, sondern auf einem Massenmarkt, und dazu muss eine breite Nachfrage angeregt werden. Bibliotheken sind z.B. nicht der Niedergang des Buchhandels, sondern ein gutes Beispiel für die Entwicklung von Lese-Informationsbedürfnissen.

Auch das Aufkommen von Videobändern und der dazugehörigen ökonomischen Aktivitäten hat der Filmindustrie nicht geschadet, sondern das Gegenteil bewirkt. Das Anregen der Massennachfrage durch Multiplikatoren reicht jedoch nicht aus - die Informationsgüter müssen auch für die Masse finanzierbar sein. Die Strategie der Verlage, durch Paperbacks im Rahmen von Preisdifferenzierungsstrategien die Massennachfrage abzuschöpfen, ist ein gutes Beispiel.

Das ständige Sinken der Vervielfältigungskosten hat die Informationsflut nicht gebremst - im Gegenteil

Wie a.a.O. gezeigt, sind digitalisierte Produkte besonders gut geeignet, Preisdifferenzierungsstrategien zu ergreifen. Die Potenziale der neuen Distributions- und Vervielfältigungsmöglichkeiten sind bisher noch weitgehend unbekannt. Sie müssen im Rahmen neuer Vorgehensweisen umgesetzt bzw. erprobt werden. Deutlich ist derzeit zu sehen, dass die Massennachfrage durch die bisher nicht gekannten Möglichkeiten der Netzwerke massiv mobilisiert werden kann.

Natürlich verschärft sich das Problem der Raubkopien durch die niedrigen Vervielfältigungs- und Distributionskosten. Man muss ständig einen Vorsprung vor den privaten Raubkopien haben. Hat man Erfolg in diesem Geschwindigkeitswettbewerb, versucht man, ihn durch neue Barrieren zu verteidigen. Aber es gibt natürliche Grenzen für das illegale Kopieren. Viele Informationen haben einen Aktualitätswert und verlieren ihren Wert beim Zeitverzug. Kommerzielle Anbieter können nicht im INTERNET auf sich aufmerksam machen bzw. Werbung betreiben, ohne als Raubkopierer erkannt zu werden. Derartige Ermittlungen können durch Produkte wie z.B. *MarcSpider* auch automatisiert werden.

Allen Informations(Inhalte)produzenten ist klar, dass eine alleinige Erfüllung der klassischen Qualitätsmerkmale in den netzwerkgestützten Märkten nicht ausreichend sein wird, sondern dass Qualitätsmerkmale wie das Antwort- und Lieferzeitverhalten, Produktbündelungen, Interaktionsgrad etc. kritische Erfolgsfaktoren werden.

Das Angebot bei den reinen Informationsinhalten in den Netzwerken strukturiert sich bei den Early Movers derzeit wie folgt:

➢ *Bibliographische und inhaltlich recherchierbare Datenbanken:*

Die Kataloge der Bibliotheken sind heute über die Netzwerke abfragbar. Sie sind öffentliche Güter und daher unentgeltlich nutzbar. Es gibt privatwirtschaftlich organisierte Datenbankanbieter wie *MEDLINE, DIALOG, LEXIS-NEXIS, SEC (Edgar-Data-Base)* etc. Diese Anbieter verzeichnen ein stetiges, wenn auch nicht spektakuläres Wachstum. Sie sind derzeit noch zu sehr auf professionelle Nachfrager aus den Bereichen Jura, Medizin und Ausbildung fixiert. Eine Öffnung zu weiteren Zielgruppen und Inhalten ist notwendig. Insbesondere müssen auch Nachfrager mit einer geringeren Zahlungsbereitschaft, also die Massennachfrage, erschlossen werden.

Da jeder Mitarbeiter über das INTRANET zu allen externen Informationsquellen Zutritt hat, wird sich bei weiterer Durchsetzung der Leitidee des Wissensmanagement für Informationen, die eine unmittelbare Bedeutung für die Wertschöpfung in den diversen Branchen haben, ein großer Markt erst noch entwickeln.

➢ *Medien als Informationsvermittler*

Hierunter sind Unternehmen wie *Yahoo* etc. zu verstehen, die mit Hilfe ihrer Verzeichnisse Informationen vermitteln, Anbieter ermitteln etc. *PointCast* ist ein Push-Nachrichtendienst, der die Mitteilungen automatisch auf die PCs der Nachfrager direkt überträgt. Er verknüpft die Vorteile der Breitband-Inhalte-Anbieter wie Radio, TV, die Nachrichten identifizieren und durch Recherchen aufbereiten mit dem PC, der ein individuelles Endgerät darstellt. Der Nutzer kann also auf seine Präferenzen zugeschnittene Nachrichten einsehen, ohne dass er umfangreiche Recherchen anstellen muss. Aber auch die Portale wie *Yahoo* bieten inzwischen individuelle Nachrichtenseiten an.

> *Netzwerke als neues Medium: Real-time Übermittlung von Nachrichten, Edutainment etc.*

Damit sind Informationsinhalte gemeint, die nicht eine 1:1 - Kopie zu gedruckten Medien sind. Hinsichtlich der Breitbandübertragungen, der Verbreitung der Endgeräte etc. gibt es derzeit noch Barrieren. Wenn diese überwunden sind, werden sich ganz andere Erwartungen an die Informationsinhalte entwickeln. Es wird keine „linearen" Produkte mehr geben. Da die Inhalte wie Texte, Bilder, Grafiken, Audio, Video in Datenbanken abgespeichert sind, können von den Nachfragern (bzw. von Anbietern bei Kenntnis individueller Präferenzen) spezifische Zusammenstellungen vorgenommen werden, die zudem noch durch Hyperlinks verknüpft sind. Da die Anwender interaktiv an der Produktion, Zustellung etc. beteiligt sind, stehen sie nicht mehr am Ende einer Wertschöpfungskette, sondern in der Mitte eines "Value WEB".

5.4 Ein neuer Informationsmarkt: die Rolle der Infomediäre

INTERNET - basierte Netzwerke stellen eine materielle Infrastruktur für Informationen dar. Sie schaffen Potenziale einer neuen Qualität der Informationsgewinnung, -verdichtung und -übertragung. Ob es nun um die globale Reichweite (Unabhängigkeit vom geographischen Standort) von Informationen, die höhere Geschwindigkeit der breitbandgestützten Übertragung, die größeren Mengen an zu verarbeitenden und zu transportierenden Informationen, die informationsbasierten Interaktionen zwischen Wirtschaftssubjekten, die größere Transparenz der ökonomischen Handlungen etc. geht - immer sind sie Treiber neuer Informationsstrukturen. Will man nun die Wirkungen dieser netzwerkbasieren Informationspotenziale auf die Änderungen der Marktstrukturen und deren ökonomische Abläufe, auf das Verhalten der Nachfrager und der Unternehmen etc. abschätzen, so muss man von dem Mix der derzeitigen Digitalisierung von Informationen und der gleichschrittigen Entwicklung der Netzwerke ausgehen. Angesichts dieser neuen, bisher nicht gekannten Möglichkeiten der Datengewinnung, -verarbeitung und -distribution ist zu fragen, ob sich nicht ein ökonomisch tragfähiges Gut "Information" entwickeln wird und welche Bedeutung es für den Ablauf ökonomischer Markttransaktionen haben wird. Informationen wurde ja schon seit jeher eine erfolgskritische Bedeutung für die Wertschöpfungsprozesse und darüber hinaus für die Organisation ganzer Volkswirtschaften zugestanden. Aber ein Informationsmarkt konnte sich bis heute nicht bilden. Bisher scheiterte dies an der schwierigen Beurteilung des Produktes Information, das zu einer massiven Unterbewertung dieses Gutes führte und somit die Entwicklung eines Informationsmarktes verhinderte.

Folgende Gründe einer Unterbewertung von Informationen galten vor dem Vorhandensein der Netzwerke:

1) Mangelnde spezielle Konfigurierung

Bisher gab es eine mangelnde Zahlungsbereitschaft, weil Informationsgüter nicht ausreichend auf spezifische Bedürfnisse zugeschnitten werden konnten. Eine Zahlungsbereitschaft hängt immer von dem Nutzen bzw. Problemlösungsbeitrag eines Gutes ab.

2) Mangelnde Schnelligkeit

Informationen haben im Vergleich zu materiellen Gütern eine große Schnelllebigkeit. Sie veralten in relativ kurzer Zeit, d.h. sie müssen zeitkritisch vor Ort sein.

3) Alltäglichkeit von Informationen

Der Übergang von der allgemeinen, alltäglichen und "kostenlosen" zur professionellen und spezifischen Information ist unmerklich. Informationen werden alltäglich in Gesprächen generiert und sind im Fall einseitiger Informierung zum Preis von "Null" zu haben oder im Wege der als wechselseitig bezeichneten Kommunikation im Rahmen eines "Realtausches" zu erhalten. Im letzteren Fall sind sie nicht mehr zum Nulltarif verfügbar und die Unterschiede zwischen der Preis- und Kostenkomponente werden nicht mehr so explizit sichtbar.

4) Schwierige Internalisierung

Entscheidungsprobleme sind häufig komplex und werden in der Regel mehrstufig gelöst. Dies wiederum hat zur Folge, dass der jeweilige Lösungsbeitrag eines Informationsproduktes nicht etwa durch eine Art "partieller Differentiation" ermittelt werden kann.

5) Mangelnde Kostendegression
Informationsanbieter haben das generelle Problem, dass sie im Gegensatz zu standardisierten materiellen Gütern keine nennenswerte Kostendegression nutzen können. Sie stehen also immer vor dem schwierigen Problem einer Balance zwischen Allgemeinheit und Spezialität. Ist das Produkt zu speziell, entstehen oft unakzeptable Angebotspreise, die den vom Nachfrager erwarteten Nutzen übersteigen. Ist es zu allgemein, sinkt beim Nutzer die Verwertungsmöglichkeit. In beiden Fällen ist die Wahrscheinlichkeit, dass sich eine nicht kostendeckende Zahlungsbereitschaft bildet, sehr hoch.

6) Mangelnde Entscheidungskapazität
Der Zeitrahmen für Entscheidungen ist naturgemäß begrenzt. Jeder Entscheidungsträger hat die Möglichkeit, durch ein fast beliebiges Beenden/Beschneiden der Informationsphase eine X-best-Entscheidungslösung zu realisieren.

Ein Großteil dieser Barrieren, die bisher verhinderten, dass Informationen als Gut ökonomisch tragfähig wurden, werden durch die Netzwerke "abgetragen". Durch die Digitalisierung der ökonomischen Transaktionen im Rahmen der Netzwerke entstehen Datenströme, die vollautomatisch gesammelt, aufbereitet, zu Informationen generiert und distribuiert werden können. Bei der Suche nach der Funktion in der Wertschöpfungskette, die als erstes in voller Wucht von diesen neuen technologischen Potenzialen erfasst wird, gelangt man zu der informationsintensiven "Business-to-customer"-Schnittstelle. Weitreichende Bedarfe an der Gewinnung und Verarbeitung von Informationen hat seit jeher das Marketing. Das Informationsmanagement im Umfeld der Marktforschung, aber auch zur Entscheidungsunterstützung, Generierung von Strategien, war bis jetzt völlig unbefriedigend gelöst. Die bisherigen konventionellen Vorgehensweisen zur primären und sekundären Datengewinnung wie Befragungen (persönlich, telefonisch, schriftlich), Beobachtungen oder Feldexperimente waren extrem aufwendig. Dieses Defizit an Daten hat auch zu einer losgelösten Entwicklung statistischer Methoden geführt. Die Methoden der Statistik verharren daher bisher weitgehend auf einem theoretischen Niveau mit vorrangig akademischer Bedeutung.

Digitale Spur der Nachfrager

Die Netzwerke haben nunmehr in einer ersten Sichtweise den Effekt, dass sie Daten der Marktforschung quasi als Abfallprodukt generieren. Betrachtet man darüber hinaus deren Verwertungsmöglichkeiten, die oben genannten Gründe einer bisherigen Unterbewertung von Informationen und prognostiziert die Wirkungen auf die Marktteilnehmer, so zeigt sich in Umrissen ein Informationsmarkt mit mächtigen Zwischenhändlern. Wie a.a.O. gezeigt, kann man heute schon generell erkennen, welche Fülle von Nachfragedaten im Rahmen der Netzwerke vollautomatisch erhoben werden können. Die Nachfrager werden nach "Betreten" eines Portals der Netzwerke (im allgemeinen Sinne) minutiös und intelligent "verfolgt". Ihre Suchvorgehensweise, ihre Verweilzeiten auf den jeweiligen WEB-Sites, die Abfolge der besuchten WEB-Sites etc. werden mit Hilfe von Cookies und weiteren Techniken aufgezeichnet. Im Rahmen der Filtertechnik kann man z.B. - wie a.a.O. gezeigt - Cluster sog. Geschmacksgemeinschaften bilden. (Wenn Kunden einer bestimmten Kategorie ein spezielles Produkt erwerben, verweist der Filter auf andere Kunden dieser Kategorie, die daran ebenfalls Gefallen finden könnten.) Da diese Daten digitalisiert vorliegen und eine noch nie gekannte Tiefenaufzeichnung der Nachfrager über Verhaltensweisen, Demographie, Vorlieben, Abneigungen, Attitüden, Präferenzen, Lifestylemuster etc. beinhalten, werden sie nicht das früher häufig bekannte Schicksal eines "Zahlenfriedhofes" erleiden.

Es gibt nun zwei mehr oder weniger auf ihren Vorteil bedachte Interessenskreise an diesen Daten: Nachfrager und Anbieter. Die naheliegende Reaktion der Nachfrager wird sein, dass sie vordergründig erkennen, dass ihre Individualdaten von der Anbieterseite begehrt sind. Sie werden also einen Preis für die Abgabe ihrer Präferenzdaten fordern. Dies geschieht z.Zt. schon im Rahmen der Portals durch sog. "freebies" wie free E-mail, free sms, free INTERNET acess, free Software services, Bonuspunkte etc. Der Nutzen dieser umsonst abgegebenen Produkte bzw. Dienste für den Nachfrager muss jedoch in einer weitergehenden Betrachtung den auf diesen Daten aufbauenden Strategien der Anbieter wie Preisdifferenzierungen, Produktdifferenzierungen, Produktbündelungen etc. gegenübergestellt werden. Diese Strategien sind auf eine Vorteilsposition der Anbieter ausgerichtet und gehen zu Lasten der Nachfrager. Die Nachfrager werden also möglicherweise Nettoverlierer sein. (Dies schwächt die a.a.O. gemachte Einschätzung, dass die Nachfrager durch die im Rahmen der Netzwerke entstehenden globalen Wettbewerbssituation eine stärkere Stellung gegenüber der Anbieterseite bekommen.) Daraus folgt, dass die Nachfrager nicht mehr bereit sein werden, ihre Individualdaten so ungeschützt abzugeben. Sie möchten u.a. auch nicht über die E-mail oder den normalen Postweg ungewollte Marketingbotschaften erhalten, deren Aussonderung und Vernichtung zu einem Zeitaufwand führt. Sie möchten auch nicht - um bei einem weiteren einfachen Beispiel zu bleiben - dass im Rahmen ihrer Buchkäufe, Recherchen, Ansichten von Buchbesprechungen etc. Filterdaten über ihre Suche nach Büchern z.B. über Umschuldung, Alkoholismus etc. entstehen und ausgewertet werden. In dieser Situation werden die Nachfrager nach Technologien suchen, die die Preisgabe persönlicher Daten verhindern. Für diese Bedürfnisse gibt es bereits

"Kampf" um die Individualdaten

> ➤ Anonymisierungssoftware, die den Online-Nutzern ermöglicht, ihre Identität versteckt zu halten, wenn sie im WEB surfen
> ➤ Cookie-Suppressors, die verhindern, dass eine WEB-Site Informationen im Computer eines Online-Nutzers speichern kann, durch die er identifizierbar und sein Verhalten im Netz nachvollziehbar wird

> ➤ E-mail-Filter, mit deren Hilfe sich der Online-Nutzer vor ungewünschter Post schützen kann
> ➤ Reverse Cookies, mit denen die Verbraucher ihr eigenes Online-Verhalten verfolgen und aufzeichnen können.

Über dieses Abblocken der Plünderung seiner Individualdaten hinaus kann der Nachfrager diese zu einem Mehrwert für sich aufbauen, wenn er einen "Anwalt" findet, der seine Interessen gegenüber den Anbietern vertritt. Dieses Interessensprofil setzt sich zusammen aus einem ausreichenden Datenschutz, aber auch aus der Kanalisierung und Filterung von Daten an Anbieter, die Angebote über individuell zugeschnittene Produkte und Dienstleistungen (Customization) an ihn erlauben. Dadurch kann der Nachfrager auch seine Kosten im Rahmen der Informationsphase nach Gütern drastisch reduzieren. Im Rahmen der Netzwerke nimmt zwar der technische Anteil der Informationskosten dramatisch ab, der Anteil des Zeitaufwandes zur Verifizierung der Anbieter hinsichtlich Seriosität, Qualitätsmerkmalen nimmt dagegen zu. Wie a.a.O. dargestellt, kann durch die niedrigen Markteintrittsbarrieren auch der kleinste Anbieter weltweit agieren. Vor diesem Hintergrund zeichnet sich das Bild von *Informationshändlern* ab, die Informationsprodukte mit spezifischen Qualitätsmerkmalen vertreiben (Hagel 1999). Sie werden die Nachfrager durch das Aggregieren vieler Individualdaten sowohl in ihrem Bedürfnis nach Datenschutz befriedigen als auch vor für sie nachteiligen Strategien der Anbieter schützen. Datengewinnung erfolgt durch eine Profilerstellungs-Software, die auf dem PC des Nachfragers installiert wird, durch eine Verknüpfung dieser Aufzeichnungsdaten mit der Kreditkarte und durch eine einmalige Befragung von Strukturdaten. Die Zwischenhändler von Informationsprodukten werden eine spezifische Kompetenz eines intelligenten Informationsmanagements aufbauen. Sie sind für die Anbieterseite von Nutzen, da sie aggregierte, qualitativ abgesicherte, für bestimmte Marktsegmente aufbereitete Informationspakete liefern. Diese Informationsprodukte können sich aus unterschiedlich qualitativen Daten zusammensetzen. Die unterste Stufe sind deskriptive Daten über Einkommen, Familienstand, Anzahl der Kinder etc. Auch die Aufzeichnung der Transaktionsgeschichte wie Ausgaben für Güter und Dienstleistungen, Anbieter, Einkaufskanäle etc. können mit den Methoden der deskriptiven Datenanalyse verdichtet und analysiert werden. Weitaus aufwendiger wird die Datenanalyse von Präferenzindikatoren wie Produkt- und Anbietermerkmale, bisherige Reaktion auf Marketingaktivitäten und Produktangebote, Ausmaß der Mediennutzung etc. und von Kaufimpulsereignissen. Kaufimpulsereignisse sind Hinweise auf Lebensereignisse wie beispielsweise Geburt eines Kindes mit Folgeerwerbungen von Produkten wie z.B. Hauskauf etc. Dies ermöglicht differenzierte, auf die Bedürfnisse der Nachfrager abgestimmte Angebote zu erstellen. Diese werden dann von den Informationshändlern an die Zielgruppen weitergeleitet. Dabei werden nur Anbieter berücksichtigt, die von den Informationshändlern verifiziert worden sind. Das bedeutet eine weitreichende qualitative Absicherung und Risikominimierung für die Nachfrager. Für den Anbieter führt diese Zwischenschaltung zu einer drastischen Reduzierung der üblicherweise hohen Akquisitionskosten von Neukunden. Da die auf das Nachfragesegment zugeschnittenen Angebote die Nachfrager nur über den Informationshändler erreichen, bekommen sie unter Beachtung ihres Datenschutzes auf ihr Präferenzprofil zielgerichtete Angebote. Der Informationshändler kann zudem auf Grund seiner Übersicht an dieser Schnittstelle und durch das Einbringen von Losgrößen auch das günstigste Preis-Leistungsverhältnis herausstellen. Dies bedeutet für den Nachfrager nicht nur eine Reduzierung seiner Informations- und Interaktionskosten, sondern auch eine Steigerung seiner Zufriedenheit (In der Mikroökonomie würde man von dem Erreichen einer höheren Indifferenzkurve bzw. Nutzenniveaus sprechen). Die Finanzierung der Informationshändler erfolgt durch beide Marktpartner. Abgesehen von qualitativen Vorteilen ergeben sich bei beiden Kostensenkungsspielräume, aus denen die Entgelte für die Informations-

Austausch von Nachfrage- und Angebotsprofilen

händler gespeist werden können. Die Anbieter reduzieren ihre Akquisitionskosten, die Nachfrager u.a. auch ihre Beschaffungskosten durch die Ermittlung des günstigsten Preises. Natürlich ist die Zwischenschaltung des Informationshändlers auf den einzelnen Märkten mit unterschiedlichen Mehrwerten ausgestattet. Prädestiniert sind Märkte mit hohen Ineffizienzen, d.h. die Koordination der Marktpartner ist schwierig und führt zu suboptimalen Ergebnissen. Mikroökonomisch gesehen stimmt der Preis eines Gutes nicht mit dem daraus resultierenden Nutzen überein - d.h. Nachfrager bezahlen mehr als sie sollten und Anbieter verkaufen billiger als sie könnten. Es sind vorrangig Märkte, bei denen Nachfrager und Anbieter ohnehin schwer zueinander finden, die Preisgestaltung für den Nachfrager undurchsichtig bzw. nicht nachvollziehbar ist. Es sind also nicht Güter des alltäglichen Bedarfs, sondern Produkte, mit denen die Nachfrager wenig Erfahrung haben und bei denen es ihnen schwer fällt, die Eigenschaften zu verstehen und zu beurteilen. Auch lassen sich die Preise zwischen den Anbietern nur schwer vergleichen. Hier entstehen hohe Informationsbeschaffungskosten für den Nachfrager. Bei Märkten mit derart hohen Unsicherheiten bei der Qualitätsbeurteilung kann es leicht durch fehlende Orientierungsgrößen zu einer zu niedrigen Zahlungsbereitschaft kommen. Dies kann je nach Proportion zwischen inferioren und hochwertigen Gütern zu einem *Marktversagen* führen (sog. "Lemon-Fall", vgl. z.B. Varian 1999). Wirkungsvoll kann ein Informationshändler auch auf den Märkten agieren, auf denen die Anbieter - wie a.a.O. beschrieben - durch Preisdifferenzierungen, Produktdifferenzierungen, Produktbündelungen etc. besonders geschickt den Zusammenhang zwischen Preis- und Produkteigenschaften verschieben können. Deutlich wird, dass der Erfolg der Informationshändler mit der Informationsintensität der Produkte korreliert. Informationsintensive Güter wären z.B. Computer, Häuser, Autos, Telefondienstleistungen, Finanzdienstleistungen, Bildungsgüter etc.

Die oben aufgeführten Gründe einer Unterbewertung von Informationen werden offensichtlich in ihrer Wirkung verblassen, wenn man das hier aufgezeigte Beispiel eines Informationshändler betrachtet. Die mangelnde Zahlungsbereitschaft auf Grund mangelnder Konfigurierung des Gutes Informationen ist obsolet. Informationshändler leiten ihr Selbstverständnis ja gerade aus dem Handel mit hochgradig individuellen Informationsprofilen ab und zeigen selbst ihre Finanzierungsquellen für die Marktpartner überdeutlich auf. Auch die mangelnde Schnelligkeit auf Grund der hohen Schnelllebigkeit von Informationen ist durch die Digitalisierung und durch die Netzwerke behoben worden. Informationen können jederzeit "just-in-time" abgerufen werden. Auch sind die zwischen den Marktpartnern ausgetauschten Informationsprofile nicht mit "alltäglichen" Informationen zu vergleichen. Der Lösungsbeitrag des Informationshändlers läßt sich einfach verfolgen. Nachfrager und Anbieter steigern ihre ökonomische Effizienz. Informationsprofile sind spezielle Produkte, Kostendegressionseffekte und steigende Skalenerträge können durch Netzeffekte und im Umfeld der Technologien erzielt werden. Die Begrenzung von Informationsbeschaffungsaktivitäten durch mangelnde Entscheidungskapazität ist geradezu die Geburtsstunde eines Informationshändlers. Die Informationstechnologien verschieben also selbst die Betonung des "T" in "IT" in Richtung des "I" (Drucker 1999).

6. Kritische Rahmenbedingungen

6.1 Kritischer Faktor: Begrenzte Netzkapazität und Preisregulative

Es gibt z.Zt. ein sich zunehmend verschärfendes Stau-Problem der Datenübermittlung im INTERNET, das sich angesichts der fortschreitenden Integration von multimedialen Komponenten noch verstärken wird. Im Hinblick auf die jährliche Verdopplung der Personen, die Zugriff auf das INTERNET nehmen und die wachsende Nachfrage nach real-time videos, 3-D-imaging, virtuellen Organisationsformen etc. wird der Ausbau der durchgehenden Kapazitäten bzw. Bandbreiten bis zur Endnutzerschnittstelle nicht Schritt halten können.

Das Transmission Control Protocol (TCP) steuert die jeweilige Datenübertragungsgeschwindigkeit. Wenn Warteschlangen der Datenpakete zu lang werden und Pakete verloren gehen, senkt der TCP-Sender die Geschwindigkeit der abzusendenden Pakete. Dieses "slow down" weitet sich zyklisch auf die anderen TCP-Sender aus. Es gibt keine Sicherheit für den Nachfrager oder Verpflichtung für den Anbieter über die jeweilige Datenübertragungsgeschwindigkeit.

Diese Wartezeiten des "World Wide Wait" treffen alle Nachfrager gleichermaßen. Der Teenager, der ein Video herunterlädt, ist genau so betroffen wie eine Börsentransaktion oder wie das Übermitteln einer dringenden Röntgenaufnahme an ein Krankenhaus.

Das Preis-Spiegelbild zu dieser technischen Lösung, die unabhängig von Zeit und Intensität der Inanspruchnahmen erhoben würde, ist eine einheitliche Subskriptionsgebühr (flat rate). Da Datenleitungen und Hardware Fixkostenblöcke darstellen, die zur Senkung der Stückkosten auf eine intensive Nutzung angewiesen sind und die TCP-Algorithmen ein intelligentes Bandbreiten-Sharing organisieren, wäre für die Anbieter eine derartige "connection fee" eine problemlose Preisstrategie, die Fixkosten zu decken.

Aus makroökonomischer Sicht sind die totalen Kosten einer Nachfrage nach Datenübertragung durch die *verursachte* Verlangsamung der Übertragungsgeschwindigkeit für alle anderen Teilnehmer sogenannte soziale Kosten (negative externe Effekte). Es entstehen also Kosten, die bei dem eigentlichen Verursacher nicht im Kostenkalkül erscheinen, sondern von Dritten bzw. der Allgemeinheit ohne deren Einwilligung und ohne Kompensation getragen werden.

Nur die Nutzer, deren aus der Datenübertragung resultierender Grenznutzen, während der abgesenkten, gestauten Übertragungsgeschwindigkeit größer ist als die verursachten sozialen Grenzkosten, sollten ihre Nachfrage nach Datenübertragung unter makroökonomischen Gesichtspunkten entfalten. Alle anderen Nachfrager sollten ihre Anforderungen an das Netz in verkehrsschwächere Zeiten verlegen. Dazu sind jedoch Anreize nötig. Wenn der Zugriffspreis "Null" ist, werden in Stauzeiten beliebig viele Nutzer in Unkenntnis der von ihnen verursachten sozialen Kosten in das Netz gehen. Sie werden es so lange tun wie die Absenkung der Datenübertragungsgeschwindigkeit nicht ihre diesbezüglichen Anforderungen tangiert. Die theoretische ökonomische Optimierung wäre, einen Preis für die Datenübertragung in "Stauzeiten" zu setzen, der den verursachten sozialen Kosten entsprechen würde. Nachfrager könnten auf dieser Grundlage ständig ihren Grenznutzen einer Nachfrage nach Datenübertragung mit den Grenzkosten

("Stau-Preis"+ Kosten für die eigene Zeit) vergleichen und so hinsichtlich der negativen Effekte volkswirtschaftlich optimale Entscheidungen treffen. Unter dieser Konstellation kann der soziale (volkswirtschaftliche) Ertrag mit einem optimalen Preissystem gesteigert werden, ohne dass Investitionen notwendig sind. Bei einem nicht preisregulierten Zugriff auf die Datenübertragung müßten zur Erzielung derselben sozialen Erträge massive Investitionen erfolgen.

Der Preis würde für "Stauzeiten" hier die klassische Funktion des Regulativs zwischen individuellem Nutzen und der willingness-to-pay übernehmen und somit den "Verkehr" in den Netzen regulieren. Durch den Preis würde aber nicht nur eine optimale Allokation der Ressourcen über die Knappheit der Kapazität unterstützt werden, sondern auch die Investititonen zur Beseitigung der diversen "bottlenecks" insbesondere an den Endnachfragerschnittstellen (wie z.B. das Ersetzen von Kupferkabeln etc.). *Preissystem und Beseitigung der "bottlenecks"*

Gupta u.a. (Gupta 1997) zeigen in einem Simulationsmodell, dass bei dem gegenwärtigen freien Zugang zum INTERNET die durch Staus ausgelöste Fehlallokation der Ressourcen pro Jahr einen Wert von 10 Mrd US-$ hat. Dieselbe Simulation weist nach, dass eine bloße Kapazitätserweiterung bei freiem Zugriff Investitionen notwendig macht, die den erzielten sozialen Nutzen bei weitem überschreiten. Die optimale Stauverwaltung der Datenübertragung sowohl unter mikro- als auch makroökonomischen Gesichtspunkten kreist also um die Offenlegung der "willingness-to-pay". *"Staukosten" nicht unterschätzen*

MacKie-Mason und Varian (1995) schlagen ein Auktionsverfahren vor. Der jeweilige Nachfrager muss gemäß seiner "willingness-to-pay", die einer Bewertung seines Nutzens gleichkommt, einen Betrag bieten, der eine demgemäß priorisierte Datenübertragung gewährleisten soll. Ein konventionelles Auktionsverfahren wäre mit hohen Transaktionskosten belastet. Bei dem derzeitigen paket- *Auktionsverfahren* gestützten Transportprotokoll (TCP/IP) ist es mit einem vernachlässigbaren Aufwand verbunden, den "Header" mit einem Gebot zu versehen, das von den Gateways in einer Reihenfolge sortiert wird, bevor die Pakete in das Routing gegeben werden. Die organisatorische Umsetzung, d.h. ihre Abrechnung, wäre jedoch das weitaus aufwendigere Problem als die Markierung der Datenpaktete für das vorgezogene Routing mit "tags". Wenn kein Stau besteht, würde auch kein Preis in Rechnung gestellt werden.

In einer von Gupta, Stahl und Whinston (Choi 1997) vorgeschlagenen dynamischen Preisgestaltung trifft ein Nachfrager die Entscheidung, ob und wann er das INTERNET zur Datenübertragung in Anspruch nehmen will, anhand eines Menüs, das ihm den Preis zu folgenden Optionen angibt:

dynamische
Preisgestaltung

> Prioritätsklasse hinsichtlich der Geschwindigkeiten
> Sicherheitsgrad
> Garantie einer Qualitäts-Untergrenze.

Der Preis wird dann dynamisch ermittelt gemäß der Determinanten

> Verkehrsfluss am Ausgangs- und Zielort
> Größe der Datenpakete
> Prioritätsklasse
> soziale Kosten.

Für *professionelle* Nachfrager wäre ein derartiges direktes ad-hoc, jedoch sehr nutzensensitives Preismodell je nach genutzter Übertragungskapazität in der Verrechnung bzw. Verwaltung aufwendig.

Clark schlägt ein Preismodell vor, das die Tarifierung zusätzlich auf die "erwartete Kapazität" stützt (Clark 1995): Dieses ist dann eine stabile Planungsgrundlage für Anbieter und Nachfrager. Die Kapazität wird in gewissen Zeitabständen vereinbart. Die Daten zu diesem Preismodell wären im Gegensatz zu einem direkt nutzungs-abhängigen Preis (usage-price-sensitive) leichter zu erheben bzw. zu verwalten und würden das TCP-Bandbreiten-Sharing nutzen. Die Geschwindigkeit innerhalb des allgemeinen Bandbreiten-Sharing würde weiterhin über einen konstanten(fixen) Preis abgerechnet, die erwartetete und garantierte Kapazität zusätzlich über je nach vereinbarter Kapazität variabel konzipierte Preise. Wenn ein Nutzer die erwartete Übertragungsrate überbeansprucht, würden die entsprechenden Datenpakete in die normale TCP-Warteschlange der konstanten Gebührenzahler eingereiht. Könnte einmal die "erwartete Kapazität" nicht eingehalten werden, so wäre dies ein Wahrscheinlichkeitswert, der für den Nachfrager tolerabel, in seiner Eintrittswahrscheinlichkeit für den Anbieter aber kalkulierbar wäre. Das Formatieren der "in-out-tags" an den Datenpaketen bedeutet allerdings, einen Konsens über die Vorgehensweise zwischen den weitverzweigten Teilnehmern des INTERNET herbeiführen zu müssen. Die Vorteile, differenzierte Preisstrategien ergreifen zu können, dürften ein zusätzlicher Anreiz sein.

Aus dem oben Gesagten wird deutlich, dass die Regulierung der Datenübertragung im INTERNET eine infrastrukturelle Aufgabe ist, die angesichts der externen Effekte naturgemäß im öffentlichen Interesse liegt. Ein privater Service-Provider hat seine individuellen Erlös-Ziele. Ob seine Preispolitik mit einer optimalen Auslastung der Datenübertragungskapazitäten kompatibel ist, muss bezweifelt werden. Es bedarf hier also makroökonomischer Lösungen, die die technologischen Potenziale intelligent ausschöpfen müssen.

Preis-"Mix"

6.2 Kritischer Faktor: Sicherheit

Die Effizienz- und Effektivitätssteigerungen der Transaktionen durch das INTERNET wurden oben aufgezeigt. Das schwächste Glied in der Kette der Markttransaktionen ist der Zahlungsverkehr. Er ist möglicherweise *der* kritische Engpassbereich für die ökonomische Entfaltung der Netzwerke.

Bottleneck:
Zahlungsverkehr

Es gibt folgende generelle Anforderungskritierien, die man an Zahlungsverfahren stellt. In der konventionellen Welt sind sie zur Selbstverständlichkeit geworden, aber in der INTERNET-Welt nicht mehr so automatisch gegeben.

Anforderungs-
kriterien an
Zahlungsverfahren:
Erfüllung im
INTERNET
extrem ungünstig

➢ Transfersicherheit: Die Zahlungsverfahren dürfen nicht manipulierbar sein. Unbefugte Dritte dürfen weder die Summe noch die Individualdaten wie Empfänger, Absender, Mitteilung etc. abändern können.

➢ Benutzerfreundlichkeit, niedrige Kosten: Zahlungsverfahren, insbesondere bei Kleinstbeträgen, müssen mit geringem Aufwand abwickelbar sein, damit nicht eine Vielzahl von Markttransaktionen unterbleibt.

➢ Breite Akzeptanz: Da Zahlungsverfahren in ihrer Abwicklungseffizienz losgrößenabhängig sind, sind sie nur wirtschaftlich, wenn sie eine breite Akzeptanz besitzen.

Es ist unschwer zu sehen, dass Zahlungsverfahren im INTERNET sich mit der Erfüllung dieser Kriterien schwer tun. Am undurchsichtigsten und derzeit wohl am schwierigsten zu lösen ist die Sicherheit elektronisch durchgeführter Überweisungen.

Die fehlende Tranfersicherheit hat auch Wirkungen auf die sehr mangelhafte Erfüllung des kritischen Qualitätskriteriums "Benutzerfreundlichkeit" und das bei neuen Technologien wichtige Kriterium "Akzeptanz".

Ein Schritt in Richtung Transfersicherheit ist z.B. die sog. "digitale Signatur". Sie soll sicherstellen, dass unveränderte Dokumente elektronisch verschickt werden können und die beteiligten Personen mit denen identisch sind, die zu sein sie behaupten.

In dieser Situation werden im INTERNET Zahlungsverfahren genutzt, die sich schon offline bewährt haben. Deswegen spielen Kreditkarten zur Zeit die größte Rolle. Dabei nimmt das Kreditkartenunternehmen die Position eines Zwischenhändlers ein, der die oben genannten Kriterien unterstützt bzw. gewährleistet. Benutzerfreundlichkeit, niedrige Kosten, breite Akzeptanz sind für den Kreditkartenanbieter am wenigsten problematisch. Die Realisierung der Transfersicherheit ist dagegen ein sehr großes Hindernis und nicht abgesichert. Eigentlich müßte die Kreditkartenorganisation sich vom Käufer jeweils bestätigen lassen, dass das Zahlungsbegehren des Verkäufers, der die Kreditkartennummer einschließlich des einer Transaktion zugrundeliegenden Datensatzes als Forderung präsentiert, korrekt ist. Dieser notwendige Datenabgleich zwischen Käufer, Verkäufer und der Kreditkartenorganisation auf Integrität und Authentizität wird jedoch derzeit nicht vorgenommen. Der einzige Schutz ist, dass ein Zahlungsvorgang erst dann als genehmigt gilt, wenn innerhalb einer bestimmten Zeit (meist 90 Tage) keine Einwände des Kunden gegen die monatliche Abrechnung eingebracht wurden. Die Kreditkartenunternehmen lösen also diese Situation höchst pragmatisch. Sie stellen den Inhaber einer Kreditkarte von den Kosten jeglichen Missbrauchs frei. Er braucht für fehlerhafte Abbuchungen nicht aufzukommen. Die

Kreditkartenunternehmen kennen und beobachten ihren Anteil an Verlusten durch missbräuchliche Abbuchungen und grenzen das Risiko durch Limitierung des Kreditrahmens ein. Sie handeln somit höchst ökonomisch. Ökonomisch gilt nämlich, dass nicht jedes technisch mögliche Sicherheitsniveau auch wirtschaftlich sinnvoll ist. Natürlich ist die Übermittlung einer Kreditkartennummer über das INTERNET mit ungleich höherem Risiko verbunden als die persönliche Präsentation der Kreditkarte mit sofortigem Unterschriftenabgleich. Risikomildernd ist einerseits das immens hohe E-mail-Aufkommen, andererseits soll nicht unterschätzt werden, dass auf einem INTERNET-Knoten die Kommunikation mit Hilfe eines Programmes ausgewertet und Kreditkarteninformationen abezogen werden können. Aber bisher haben die Kreditkartenorganisationen auf die INTERNET-Übermittlungen noch nicht reagiert. Das auch für sie weitgehend noch unbekannte Risiko hält sich also anscheinend vorerst in Grenzen. Dies zeigt, dass hinsichtlich eines Datenmissbrauchs bei der Bevölkerung bzw. bei den Marktteilnehmern möglicherweise übertriebene Befürchtungen bestehen.

Übertriebene Befürchtungen, Prognosen etc. haben auch ihr Gutes, wie vor kurzem das Y2K-Phänomen zeigte: die Wirtschaftssubjekte werden sensibilisiert, das Problem wird transparenter, besser einschätzbar und handhabbar.

First Virtual Holdings, ein Vermittler, schließt z.B. die Lücke, dass der Käufer zwar Kreditkartenbesitzer sein muss, der Verkäufer aber keine Kreditkartenakzeptanzstelle. Nach der Kreditkartenbelastung durch *First Virtual* kann das Geld per Banküberweisung dem Verkäufer gutgeschrieben werden. Dem Problem der fehlenden Sicherheit der Kreditkartennummer wird durch einen Medienbruch, nämlich durch die Übermittlung per Telefon, begegnet. Im übrigen sichert *First Virtual* durch einen Datenaustausch - wie oben beschrieben - über E-mail die Transaktion ab.

Den gesamten Zahlungsverkehr einschließlich von Kleinstbeträgen, sog. Micropayments, über Kreditkartenunternehmungen ablaufen zu lassen, kann keine Lösung sein. Vor diesem Hintergrund gibt es viele Entwicklungsanstrengungen, die genannte Schwachstelle zu beheben bzw. abzumildern.

Ein von Kreditkartenorganisationen unabhängiges Zahlungsverfahren ist das Projekt elektronischer Schecks. *NetCheque* ist ein Prototyp, der die bekannte Authentifizierungssoftware *Kerberos* benutzt. Ein Teilnehmer meldet sich über E-mail in einer Datenbasis an und erhält von ihr Sicherheitsnamen, Sicherheitspasswort etc. Er wird bei den Transaktionen zweifelsfrei identifiziert und erhält ein digitales Scheckformular. Abbuchung bzw. Gutschrift der Beträge bei den Banken erfolgt durch *NetCheque*. Zahlungen mit Hilfe von Kreditkarten, elektronischen Schecks basieren auf bekannten Abläufen und sind somit beim Übergang zu elektronischen Märkten in der Akzeptanz weniger problematisch als elektronisches Geld bzw. Zahlungsmittel. Erstere Verfahren eignen sich jedoch wegen der Transaktionskosten bzw. "-umstände" vorrangig für Zahlungen größerer Beträge (sog. Macropayments). Bei Zahlungen in der Größenordnung von Pfennigbeträgen bis zu wenigen DM, sog. Micropayments, bedarf es eines elektronischen Bargeldes.

Das wohl bekannteste System für elektronisches Geld ist das der Firma *DigiCash*. Dieser Prototyp sieht folgende Transaktionen vor: Der Kunde fordert digitale "Scheine oder Token" von Datensätzen von einem Server seiner Bank an. Dies erfolgt im Austausch mit seinem Guthaben auf dem Konto. Der Rechner des Kontoinhabers generiert Seriennummern und schickt diese an die E-Cash-Bank in sog. Envelopes zurück. Die Envelopes verhindern, dass die Bank die Seriennummer lesen kann. Die Bank bestätigt mit ihrer elektronischen Unterschrift durch die Envelopes hindurch die Gültigkeit der vom Rechner des Kunden generierten Seriennummern. Die dadurch fertiggestellten Token werden zum Kunden zurückkgeschick und auf dessen Rechner gespeichert. Die elektronische Börse des Kunden enthält nun gültiges Cyber-Money. Die Token sind so beschaffen, dass vollständige Anonymität für den Besitzer gewährleistet ist. Beim Einkauf bei einem entsprechenden WEB-Kaufhaus wird zur Bezahlung ein Pay-Button gedrückt und nach Bestätigung mit dem elektronischen Geld durch Datentransfer bezahlt. Der Verkäufer wird die Geldscheine mit Hilfe der ausgebenden Bank überprüfen.

Dieses INTERNET-Geld ist praktisch eine neue Art von Zahlungsmitteln, das zudem im Gegensatz zu den oben genannten Systemen anonym ist. Es ist aber auch kein gesetzliches Zahlungsmittel, d.h. das übliche Recht, Zahlungen in einer nationalen Währung leisten zu können, die jeder akzeptieren muss, besteht hier nicht. Daraus folgt, dass die Durchsetzung des elektronischen Bargeldes angesichts der Unsicherheit über die Wertbeständigkeit und Gebrauchssicherheit sicher eine längere "Durststrecke" vor sich haben wird. Aber derartige Bewußtseinsänderungen, Änderungen der Alltagsattitüden bei den Marktpartnern, hat das IN-TERNET bisher in atemberaubender Geschwindigkeit angestossen. Im übrigen würde dieses elektronische Bargeld auch dem Globalisierungspotenzial der Netzwerke gerecht bzw. die bestehenden nationalen Barrieren abbauen. Das mächtigste Werkzeug einer nationalen Wirtschaftspolitik, nämlich die Geldpolitik, würde damit zunehmend wirkungsloser. Eine nationale Geldmengensteuerung, die ohnehin durch die Netzwerke schon massiv beeinträchtigt ist, würde noch mehr "ins Leere laufen".

Aber ebenso wie es für eine breite Akzeptanz des INTERNET wesentlich ist, Interfaces nach dem Vorbild des Fernsehens nutzerfreundlich zu entwickeln, muss auch die Entwicklung elektronischer Zahlungsmittel und -verfahren gesteuert werden. Diese müssen einfach zu handhaben sein. Normalerweise würde man sagen, dass man davon noch "meilenweit" entfernt ist. Aber bei dem derzeitigen "Klima" einer hohen Innovationsgeschwindigkeit bei Technologiebündelungen (hier u.a. der Smart Card) läßt sich schwierig eine Einschätzung vornehmen. Darüber hinaus werden die Nachfrager im strategischen Rahmen nicht einsehen, dass es für Online-Käufe ein anderes Zahlungsmittel und -verfahren geben soll als für Offline-Käufe.

7. Datenanalyse zur Netzwerk - Ökonomie

7.1 Daten zu den gesamtwirtschaftlichen Wirkungen der Netzwerk-Ökonomie

Mit der turbulenten Verbreitung der INTERNET-Technologien gehen Einschätzungen einher, die keinerlei oder allenfalls nur eine sehr selektive Datengrundlage haben. Das Fehlen dieser Daten bzw. die Anstrengung, diese zu ermitteln, ist angesichts großer erwarteter Ressourcenlenkungen in diesem Umfeld äußerst erstaunlich. Dabei geht es um das Wachstum ganzer Volkswirtschaften, zum Teil um das Überleben von Unternehmungen, um Arbeitsplätze, um mikro- und makroökonomische Wettbewerbsvorteile etc.

Aber nicht nur Unternehmungen, sondern auch die staatlichen Instanzen reagieren auf diesem Sektor überstürzt, hektisch und planlos. Die amtlichen nationalen Statistiken haben auf dem Gebiet keine Daten gesammelt. Sie können diese Entwicklung nicht im geringsten beschreiben. 1999 konnte ein Vertreter des *US-Bureau of Economic Analysis* auf einer spezifischen INTERNET-Tagung lediglich berichten, dass es gelungen sei, die Computerumsätze aus dem Sozialprodukt herauszufiltern und einen Beitrag zum Wachstum desselben für den Zeitraum 1995-1998 von 0,4 bis 0,6% zu ermitteln (Moulton 1999).

Keine amtlichen Daten

Vor dem Hintergrund dieser misslichen Datenlage stellt ein Ansatz des *Center for Research in Electronic Commerce at Austin, TX* (Barua 1999) auf diesem Gebiet einen Markstein dar. Die Netzwerkaktivitäten werden in vier Schichten aufgeteilt:

Netzwerke: vier Schichten

Schicht 1: Netzwerk-Infrastruktur

Erfasst werden Produkte und Dienste, die die Voraussetzung von INTERNET-Protokoll-basierten Netzwerken sind. Sie stellen die physikalische Infrastruktur dar. Ganz ähnlich wie eine konventionelle Wirtschaft abhängig ist von den Möglichkeiten des Transports, der Energieversorgung, von Rohstoffen und ausgebildeten Arbeitskräften, ist die digitale Wirtschaft abhängig von der allgegenwärtigen Präsenz schneller und intelligenter Netzwerke und der Möglichkeit, Inhalte jeglichen Typs zwischen allen Teilnehmern der Wirtschaft auszutauschen. Dies sind Anbieter der Telekommunikations(Kabel)netze, von Ausrüstungsgütern der Zugangs- und Endnutzerschnittstelle.

Hierunter sind im einzelnen folgende Anbieter zu subsumieren:

Internet backbone providers (z.B. *MCI Worldcom, MCI*)
Internet service providers (z.B. *AOL, Earthlink, Mindspring*)
Networking hardware und software companies (z.B. *Cisco, 3Com, Lucent*)
Fiber optics makers (z.B. *Corning*)
Line acceleration hardware manufactures (z.B. *Ciena, Tellabs*).

Schicht 2: INTERNET-Anwendungen

Erfasst werden Produkte und Dienste, die auf die oben beschriebene Infrastruktur aufsetzen und die technologischen Voraussetzungen für elektronische Markttransaktionen schaffen. Es ist der Teil der Infrastuktur, der auf dem Know-how des Humankapitals basiert wie z.B. WEB-Design, WEB-Consulting, WEB-Integration etc. Hierunter sind im einzelnen folgende Anbieter zu subsumieren:

Internet commerce applications (z.B. *Netscape, Microsoft, IBM, Sun*)
WEB Development Software (z.B. *Adobe, Vignette, Allaire*)
WEB-enabled databases (z.B. *Oracle, IBM, Microsoft SQL Server*; nur Internet/Intranet Umsätze)
Internet consultants (z.B. *Scient, USWEB/CKS*)
Multimedia applications (z.B. *Macromedia, RealNetworks*).

Schicht 3: INTERNET-Intermediaries

Diese INTERNET-Zwischenhandelsstufen ermöglichen das Zusammentreffen von Anbietern und Nachfragern und deren Interaktionen.

Sie sind die Katalysatoren, durch die die Investitionen in die Infrastruktur, Anwendungsprodukte und in die Transaktionen des Elektronischen Marktes transformiert werden. Wie mehrmals betont, führen die Netzwerke zu einer weitreichenden Auflösung von Zwischenhandelsstufen (Intermediaries). Betrachtet werden hier die neu entstehenden informations- und wissensintensiven Zwischenhandelsstufen. Hierunter sind im einzelnen folgende Anbieter zu subsumieren:

INTERNET-Intermediaries

Portals/Content providers (z.B. *Yahoo, Excite, Geocities*)
Online travel agents (z.B. *TravelWEB.com, Travel.com*)
Online brokerages (z.B. *E*Trade, Schwab.com, DLJDirect*)
Online advertising (z.B. *Yahoo, ESPN Sportszone*)
Internet ad brokers (z.B. *Doubleclick*).

Schicht 4: Elektronischer Markt

Erfasst werden die Umsätze, die mit Hilfe der Netzwerke getätigt werden. Hierunter sind im einzelnen folgende Anbieter zu subsumieren:

Elektronischer
Markt

E-tailers (z.B. *Amazon.com, eToys.com*)
Manufactures selling online (z.B. *Cisco, Dell, IBM*)
Online entertainment and professional services
Airlines selling online tickets.

Eine derartige Aufteilung in Schichten hat den überragenden Vorteil einer klaren Strukturierung der Aktivitätsfelder, aber auch den Nachteil, dass Doppelzählungen (viele Unternehmen wie z.B. *IBM, Microsoft* sind in mehreren Schichten engagiert) eliminiert werden müssen

Vorgehensweise bei der Datenermittlung

Datenanalyse

Die Datenerhebungen basieren auf primären und sekundären Erhebungen unterschiedlicher Niveaus bezogen auf den weltweiten Umsatz von US-Unternehmen (Barua 1999). Eine Vielzahl von sekundären Quellen wurde ausgewertet, um die wichtigsten Anbieter im Umfeld der INTERNET - Infrastruktur (Schicht 1) und der INTERNET - Anwendungen (Schicht 2) abzugrenzen. Als INTERNET - Intermediaries und Teilnehmer am Elektronischen Markt (Schicht 3 und 4) wurden die Anbieter in die Erhebung aufgenommen, die Produkte bzw. Dienste direkt über das INTERNET verkaufen. Im Rahmen dieses vierfach geschichteten Feldes wurden mit 2830 Unternehen Telefoninterviews geführt. Mit den 100 größten Anbietern wurden Tiefeninterviews geführt. Zusätzlich wurden Jahresberichte, Produktbeschreibungen, WEB-Sites der 300 aktivsten Unternehmen im INTERNET ausgewertet. Die Erhebungsgrundlage der hier betrachteten US-Untersuchung waren also 3000 US-Organisationen, die Teile oder ihren ganzen Umsatz direkt über Netzwerkprodukte und -dienste erzielten. Im Rahmen einer Tiefenforschung wurden Produkte und Dienste, Finanzdaten und zusätzliche sekundäre Quellen analysiert. Weitere indirekte, von diesen Organisationen und damit auch vom INTERNET ausgelöste Umsätze an andere Unternehmen wurden nicht verfolgt. Der Anteil der Netzwerkumsätze an den Gesamtumsätzen wurde mit Hilfe von Interviews, Auswertung von Jahresberichten etc. geschätzt. Gemäß dieses Anteils wurden auch die in elektronischen

INDIKATOREN	Januar-März 1998 (in Mrd. $)	Januar-März 1999 (in Mrd. $)	Wachstum
INTERNET-Infrastruktur	26,795	40,139	50%
INTERNET-Anwendungen	13,925	22,487	61%
INTERNET-Intermediary	10,992	16,666	52%
INTERNET-Elektronischer Markt	16,508	37,54	127%
INTERNET-Wirtschaft (bereinigt um Überschneidungen)	64	107,969	68%
INTERNET-Wirtschaft prognostiziert auf Jahresbasis	301,4	507	68%

Abbildung 7-1: INTERNET-Umsätze
(Quelle: Barua 1999)

Routinen gebundenen Mitarbeiter geschätzt. Die Relation zwischen Gesamtumsatz und Online-Umsatz einerseits und der Gesamtzahl der Mitarbeiter zu den im Online-Bereich tätigen Mitarbeitern andererseits hat sich in mehreren Bereichen als stabil erwiesen

Die Erhebungen zeigen für die Netzwerk-Ökonomie im Definitionsrahmen der oben aufgezeigten Schichten folgende Daten auf. Dabei sind die absoluten Zahlen weniger interessant als die Wachstumsraten. Das Wachstum und damit die Dynamik wird bei einem Vergleich der Werte des 1. Vierteljahres 1998 mit dem des 1. Vierteljahres 1999 deutlich:

➢ *Wachstum:* Die INTERNET - Wirtschaft wuchs vom 1.Quartal '98 auf das 1. Quartal '99 um 68%. Das Wachstum der vier Schichten zeigt, dass die oben beschriebenen infrastrukturellen

Wachstum

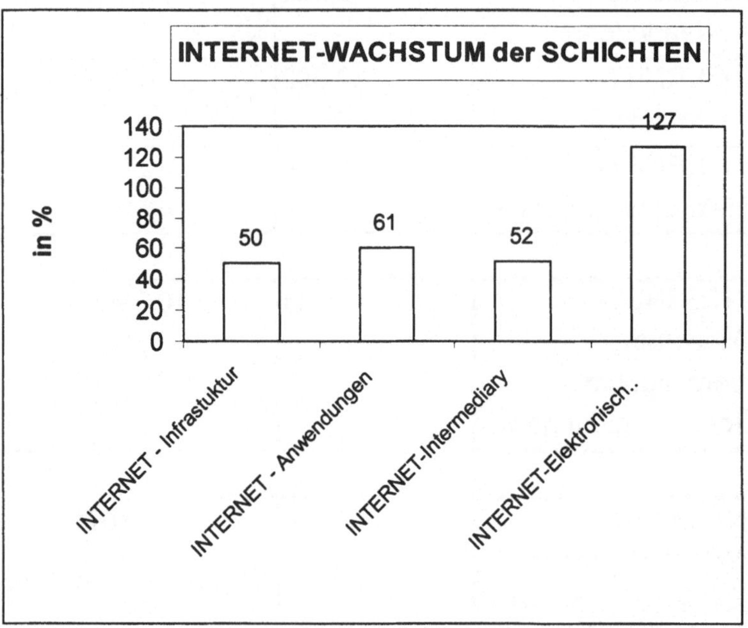

Abbildung 7-2: INTERNET - Wachstum der Schichten

Vorleistungen vom Elektronischen Markt zunehmend aufgenommen bzw. umgesetzt werden können. Das durchschnittliche Wachstum des US-Sozialproduktes betrug in diesem Zeitraum 3,8%.

Das explosionsartige Wachstum wird dadurch unterstrichen, dass 1/3 der untersuchten Unternehmungen 1996 noch gar nicht existierten und diese 1999 bereits 300 000 Beschäftigte hatten.

> *Produktivität:* Der Anteil der Beschäftigten im Umfeld des INTERNET an der gesamten Wertschöpfung stieg von 7% auf 9%, während der Anteil des INTERNET - Umsatzes am Sozialprodukt von 10% auf 14% stieg. Dies zeigt die überdurchschnittliche Produktivität der Beschäftigten.

Produktivität

Das INTERNET - Wachstum wird vorrangig von kleinen Unternehmungen getragen. Bei den hier zu Grunde gelegten Unternehmen haben die zehn Größten nur 27% der INTERNET - induzierten Umsätze erwirtschaft.

> *Branchenstärke:* In fünf Jahren - seit der Einführung des WWW - hat die Netzwerkökonomie, haben Informationsprodukte klassische Branchen wie Energie ($ 223 Mrd), Automobilbau ($ 250 Mrd) und Telekommunikation ($ 270 Mrd) überflügelt. Wenn die INTERNET - Wirtschaft weiterhin mit einer Rate von 68% pro Jahr wachsen würde, würde der US-Gesundheitssektor von derzeit $ 1 Billion im Jahr 2002 mit einem Umsatz von $ 1.2 Billionen eingeholt sein.

Branchenstärke

INDIKATOREN	Januar-März 1998 Beschäftigte	Januar-März 1999 Beschäftigte	Wachstum
INTERNET-Infrastruktur	472.617	656.551	39%
INTERNET-Anwendungen	407.858	563.124	38%
INTERNET-Intermediary	355.358	444.302	25%
INTERNET-Elektronischer Markt	506.693	900.882	46%
INTERNET-Wirtschaft (bereinigt um Überschneidungen)	1.572.999	2.301.707	46%

Abbildung 7-3: Beschäftigte im INTERNET
(Quelle: Barua 1999)

➤ *Arbeitsplätze:* Die Netzwerkökonomie schuf neue Arbeitsplätze. Viele der 1,2 Mio Arbeitsplätze wie WEB-Design, Entwicklung, INTERNET-Beratung etc. sind völlig neu entstanden. Aber es findet im Rahmen der Reorganisation eine erhebliche Substitution konventionell ausgerichteter Arbeitsplätze durch netzwerk-gestützte Arbeitsplätze statt.

Arbeitsplätze

➤ *Potenziale*: Die Umsätze im Umfeld der Infrastruktur und der Anwendungs-Hard- und -Software haben erhebliche Vorfinanzierungsfunktionen, wenn man sie mit den Umsätzen des Elektrronischen Marktes und der Zwischenhändler vergleicht. Die INTERNET-Infrastruktur steht jeder ökonomischen Aktivität von Unternehmen, Individuen, Ländern zur Verfügung.

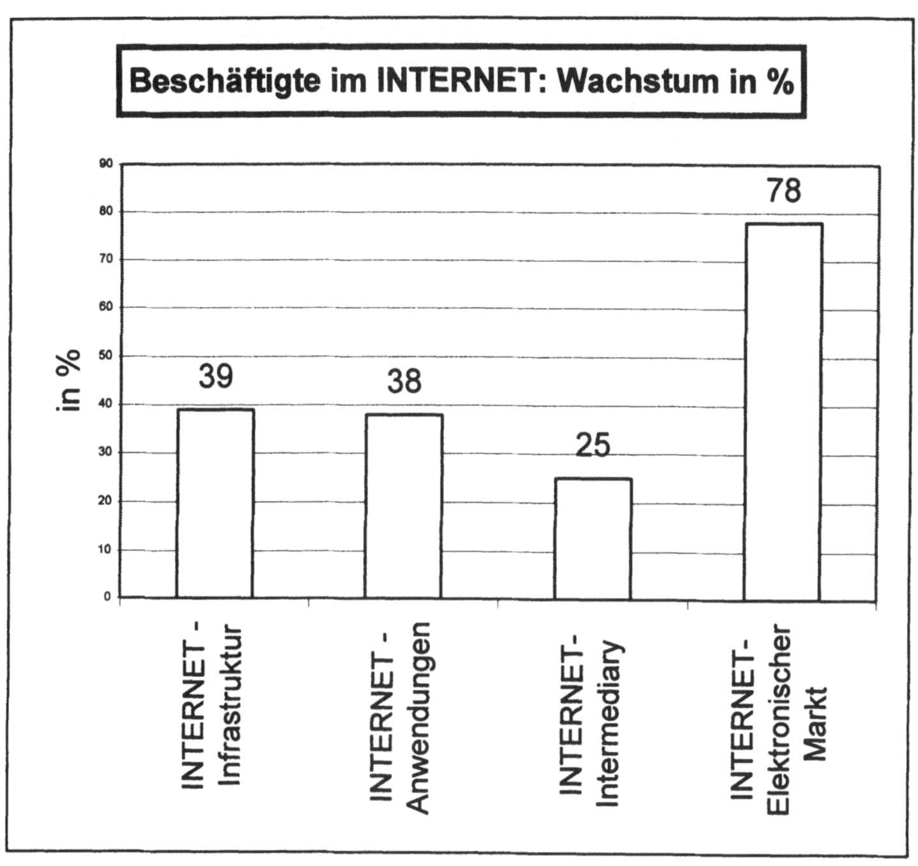

Abbildung 7-4. Wachstum der Beschäftigten in der INTERNET Wirtschaft in %

Es gibt keine Barrieren für den Eintritt in den Elektronischen Markt, mit welcher Idee zu welchem Zeitpunkt auch immer. Bedenkt man, dass eine Infrastruktur nutzungsoffene "Gleise, Fahrbahnen" darstellt, so muss man konstatieren, dass es ein großes Vakuum für den Elektronischen Handel gibt. Dabei darf nicht übersehen werden, dass 1998 nur 10% der US-Unternehmen ein INTRANET besaßen. Daraus ersieht man, dass der Ausbau der innerbetrieblichen Infrastruktur, der IP-basierten Netzwerke erst am Anfang steht.

Disintermediation

> *Disintermediation*: Die Wertschöpfung der Intermediaries ist in Relation zu den anderen Schichten beeindruckend. Möglicherweise sind entgegen der allgemeinen Einschätzung die Intermediaries wichtige Katalysatoren der Umsetzung der Infrastrukturinvestitionen in elektronische Markttransaktionen.

7.2 Daten zu den Wirkungen der INTERNET - Technologien auf die Felder der Wertschöpfungskette

Will man die mikroökonomischen Wirkungen der Netzwerke systematisieren, dann bedarf es komplexitätsreduzierender Instrumente. Eine derartige Denkfigur ist die Wertschöpfungskette (Por-

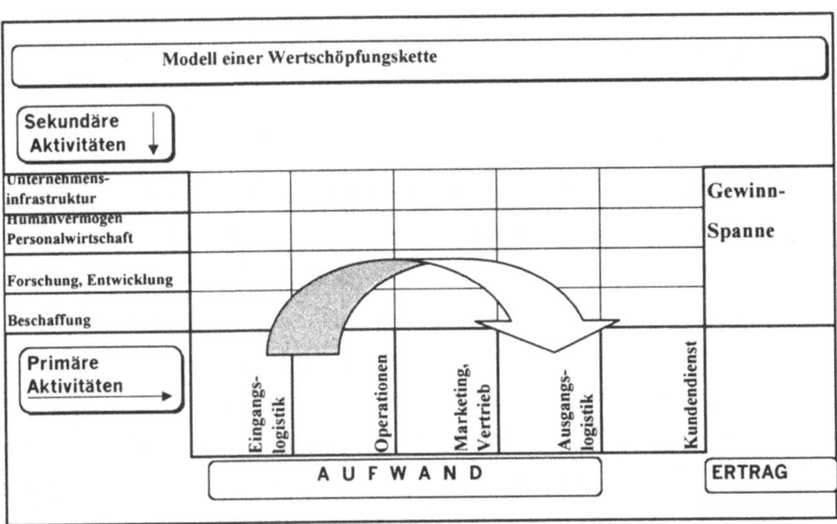

Abbildung 7-5: Modell einer Wertschöpfungskette

ter 1986), die die Aktivitäten der gesamten interdependenten betrieblichen Leistungserstellung eines Unternehmens in einem groben Strukturierungsrahmen gliedert. So dient sie auch häufig als Ausgangspunkt strategischer Überlegungen. Dabei werden fünf primäre Aktivitäten und vier unterstützende unterschieden. Die primären Aktivitäten gliedern sich nach dem physischen Durchlaufprinzip, das ein Produkt im Rahmen seines Erstellungs- und

Absatzprozesses durchläuft. Gleichzeitig finden unterstützende, sekundäre Tätigkeiten statt, die, wie das Technologie- und Personalmanagement etc., alle eine Infrastruktur zur eigentlichen Wertschöpfungskette darstellen und damit alle primären Felder tangieren bzw. erst ermöglichen. Der wichtigste Beitrag dieser Denkfigur ist die Systematisierung, die Fokussierung auf die Wertschöpfungsbereiche, die im einzelnen dahingehend analysiert werden können, *welchen Beitrag* sie zur Wertschöpfung leisten. Die Idee der Wertkette ist es also, die einzelnen Wertaktivitäten auf das Endergebnis hin zu internalisieren.

Im vorliegenden Fall geht es um mehr Transparenz der Wirkungen der Netzwerk-Technologien. Es ist sowohl aus der Sicht eines einzelnen Unternehmens als auch von einer Makroebene aus von Interesse, welche Wertschöpfungsfelder von einem Einsatz der Netzwerk-Technologien profitieren und somit zu einer Steigerung der Wertschöpfung führen. Dabei wird eine Branche um so mehr von den Wirkungen der Netzwerk-Technologien erfasst, je intensiver ihre Wertschöpfungskette und vor allen Dingen ihre Produkte sind. Wie a.a.O. schon mehrmals ausgeführt, sind reine Informations(Inhalte)produkte in allen Feldern ihrer Wertschöpfungskette fundamental erfasst. Eine weitaus geringere Intensität der Netzwerk-Technologien dagegen findet man bei Rohstoffproduzenten wie z.B. einem Zementhersteller. Aber auch der Zementhersteller kann alle Funktionen seiner Wertschöpfungskette, die auf Informationen und deren Weitergabe basieren, durch die Netzwerke völlig neu konfigurieren.

Kurbel (Kurbel 1999) hat nun 151 "real existierende" WWW-Anwendungen aus den USA erhoben und den Feldern der Wertschöpfungskette zugeordnet. Dabei hat er INTRANET-Wirkungen nicht berücksichtigt. Diese Vorgehensweise beruht auf einer rein quantitativen Zuordnung. Es wurde nur die Tatsache erfasst, ob ein

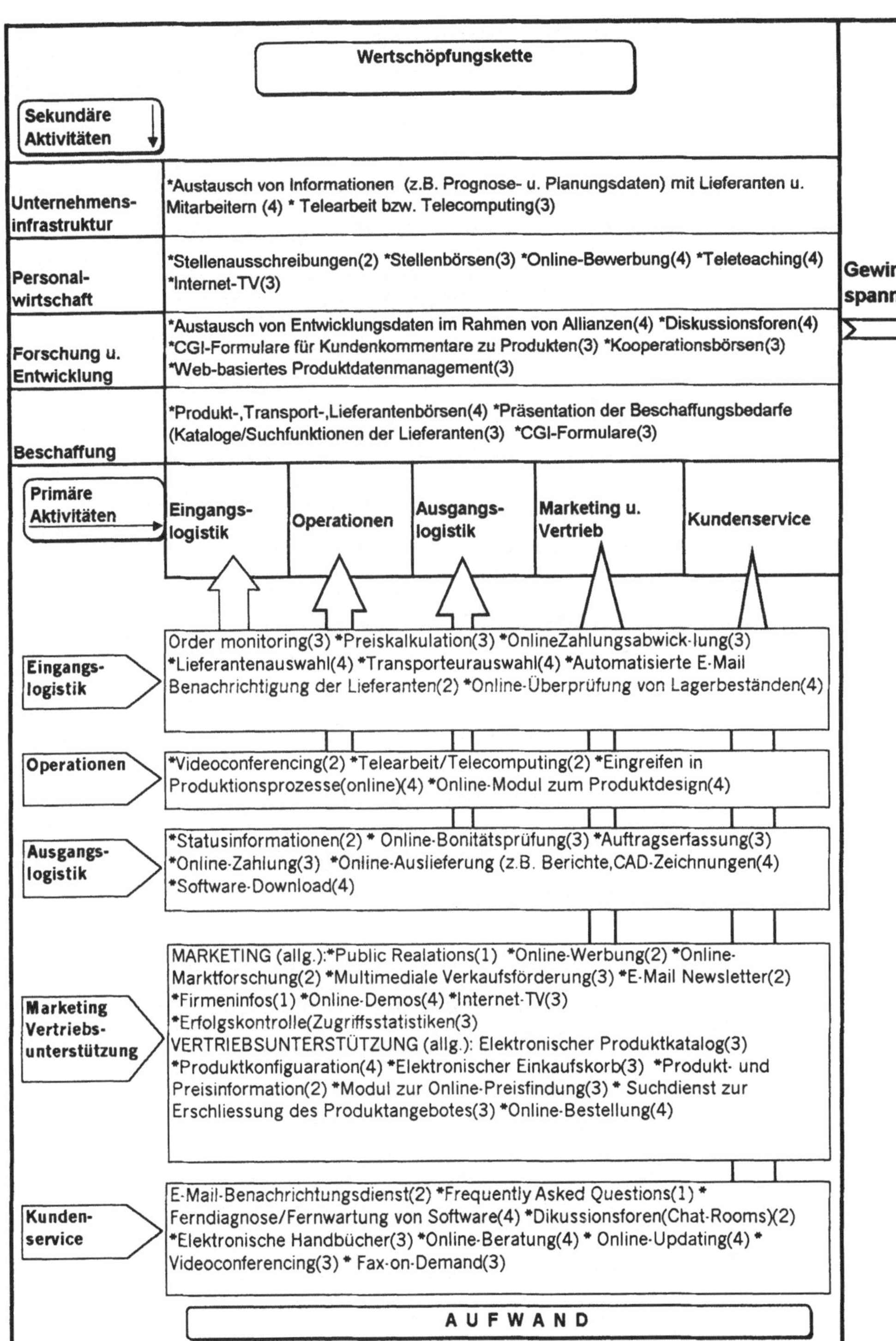

Abb.: 7-6 Möglichkeiten der INTERNET-Unterstützung der Felder der Wertschöpfungskette (Quelle: Kurbel 1999)

WWW Angebot Unterstützung für eine Aktivität der Wertschöpfungskette bietet. Dabei ergab sich das in der Abbildung 7-6 aufgezeigte Bild.

Die %-verteilung der Anwendungen in den Feldern der Wertschöpfungskette stellt sich wie folgt dar:

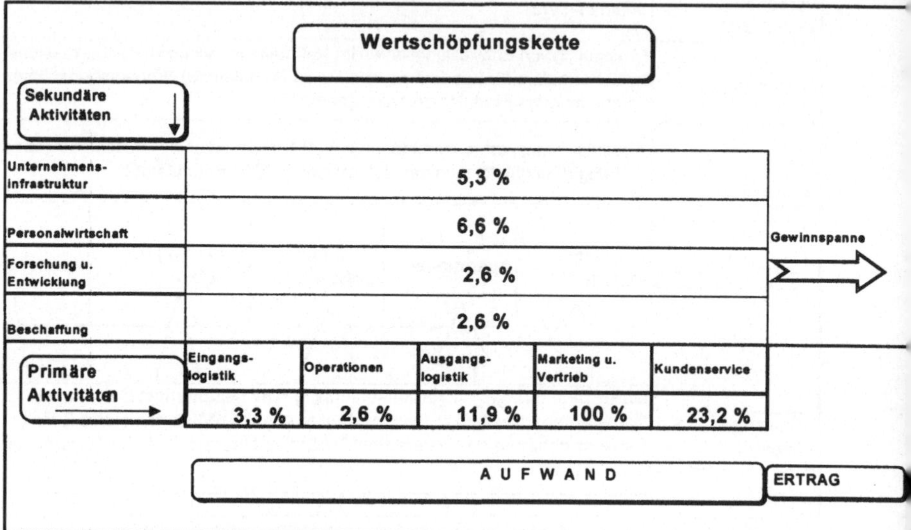

Abbildung 7-7: Verteilung (quantitativ) der WWW-Angebote auf die Felder der Wertschöpfungskette

Auffallend ist das Übergewicht der Durchdringung des Wertschöpfungsketten-Feldes "Marketing und Vertrieb". Dies ist nicht überraschend, da die Netzwerke zuerst als relativ starres Werbemedium eingesetzt wurden.

8. Ausblick

Die Netzwerke schaffen neue Strukturen einer Wirtschaft, die alten, längst als theoretisch und utopisch eingeschätzten Modellen der Mikroökonomie zu neuem Leben verhelfen. Der Weg zur Erfüllung des uralten Traums einer optimalen "welfare", eines sozialökonomischen Optimums scheint nunmehr begehbar. Die Konzepte eines vollkommenen Marktes, eines vollkommenen Konkurrenzgleichgewichtes scheinen realisierbar. Abstrahiert man von den Anpassungsfriktionen und den zu überwindenden Barrieren, dann führt eine netzwerkgestützte Wirtschaft weitgehend zu

- einem weltweiten Markt, auf dem sich alle interessierten Käufer und Anbieter treffen
- einer vollkommenen Information über Produkte
- Informationen über Präferenzen der Nachfrager und entsprechender Produktkonfigurierungen (Customization)
- automatisierten Preis- und Qualitätsvergleichen
- automatisierten Verhandlungen
- wirkungsvollen Preisdifferenzierungen
- einer preislichen Erfassung Externer Effekte
- einer Kostenreduzierung in der Wertschöpfungskette.

Natürlich bedarf es bis zum Erreichen dieser perfekten Marktsituation in strategischer Sichtweise noch vieler neuer bzw. geänderter

- technologischer Lösungen
- Verhaltensweisen von Konsumenten und Mitarbeitern
- Organisationsstrukturen der Anbieter (Verzahnung von Prozessen, Produkten, Wissen und Endabnehmern)
- Gleichgewichte zwischen Anbietern und Nachfragern

> staatlicher Rahmenbedingungen
> Bewertung von Informationen und Wissen
> Integration mit der Old Economy
> Entscheidungs- und Managementprozesse.

Wie bei jeder diffusen strategischen Situation ist es Aufgabe der wirtschaftswissenschaftlichen Forschung, die Komplexität zu reduzieren, Trends und Risiken zu erkennen sowie mögliche Maßnahmen im Sinne einer Vorsteuerung zu entwerfen.

Der nächste Schritt ist möglicherweise die Operationalisierung der Antworten auf folgende Fragen:

Nachfragerverhalten:
Wie werden die Nachfrager ihr Verhalten ändern vor dem Hintergrund der zur Verfügung stehenden vielseitigen Informationen, dem geringen Aufwand, diese zu erhalten und den großen Wahlmöglichkeiten?

Neue Märkte:
Welche bisher nicht gekannten neuen Märkte werden die Netzwerk-Technologien hervorbringen?

Unternehmensstrategien:
Welche neuen Geschäftsmodelle sind die Treiber einer zunehmenden Bedeutung der Netzwerk-Ökonomie?
Wie binden die Unternehmen derzeit die Netzwerk-Technologien in ihre Wettbewerbsstrategien ein?

Infrastruktur:
Welche Marktstrukturen, ökonomischen Interessen, Modelle, Strukturen der Nachfrage, nationalen Politiken markieren die Ausbaurichtung der Netzwerke?

Innovationen:
Welche Schrittmachertechnologien werden den derzeitigen technologischen Entwicklungskorridor ändern?
Wie kann man die Geschwindigkeit der Diffusion verschiedener
INTERNET -Anwendungen und deren ökonomische Wirkungen
messen?

Historische Analogien:
Was kann man aus den Mustern früherer technologischer Umbrüche wie Einführung der Eisenbahn, des Telefons, der Mikroelektronik etc. lernen?

Rahmenbedingungen:
Welche neuen, an eine Netzwerk-Ökonomie angepassten Rahmenbedingungen soll die Politik in den Feldern Datenschutz, Urheberrecht, Handelsrecht, Arbeitsrecht, Sozialverträglichkeit vorgeben
bzw. ausbalancieren?
Welcher internationaler Vereinbarungen bedarf es, damit angesichts der global wirkenden Netzwerke die einzelnen nationalen
Rahmenbedingungen wirken und harmonieren können?

Abbildungsverzeichnis

Abbildung 1-1: Informationsbedarf für die Netzwerk-Ökonomie.................... 2

Abbildung 1-2: Strategische Treiber einer Netzwerk-Ökonomie.................... 4

Abbildung 1-3: Schnittstellen einer Wertschöpfungskette....... 7

Abbildung 1-4: Erfolgsfaktor Dezentralisierung.................... 12

Abbildung 1-5: OSI und TCP/IP-Standard 14

Abbildung 1-6: Erfolgsfaktoren der Netzwerke...................... 23

Abbildung 1-7: Elektronischer Markt 26

Abbildung 1-8: Grad der Unterstützung einzelner Phasen einer Transaktion 28

Abbildung 1-9: Vertrauensbildende Maßnahmen 34

Abbildung 1-10: Entscheidungsunterstützung durch das WEB . 35

Abbildung 1-11: Mehrwerte des Electronic Commerce............ 37

Abbildung 1-12: Wandel der Wirtschaftsstruktur.................... 39

Abbildung 1-13: Wirkungen der INTERNET-Technologien..... 45

Abbildung 2-1: Qualitätsmerkmale und korrespondierende Zielgruppen..................... 57

Abbildung 2-2: Kennzahlen: Portale und Aggregatoren.......... 65

Abbildung 2-3: Kollaborative Filter..................... 67

Abbildung 2-4: Qualitätsmodell..................... 70

Abbildung 2-5: Lock-In..................... 85

Abbildung 3-1: Software-Trends, Anwendungscluster einer zukünftigen netzwerkgestützten Unternehmung 95

Abbildung 3-2: Kritische Erfolgsfaktoren von Technologiestrategien..................... 96

Abbildung 3-3: Technologieportfolio 97

Abbildung 3-4: Technologiebündelung..................... 101

Abbildung 3-5: Netzwerkgestützte Schlüsseltechnologien und zu verknüpfende Funktionen..................... 105

Abbildung 3-6: Schubkräfte für das INTRANET 108
Abbildung 3-7: INTRANET: Effizienz-Effektivität 110
Abbildung 3-8: Wirkungen des INTRANET 114
Abbildung 3-9: Nutzenpotenziale des INTRANET 115
Abbildung 3-10: Arbeitsformen 120

Abbildung 4-1: Datenintegration............................... 134
Abbildung 4-2: INTERNET und Eletronic Data Interchange . 137
Abbildung 4-3: Virtualisierung der Organisation.................... 151

Abbildung 5-1: Erfolgsfaktoren neuer Geschäftsmodelle 154
Abbildung 5-2: Netzwerkgestütztes Marketing.................. 166
Abbildung 5-3: Netzwerkgestützte Produktentwicklung......... 167
Abbildung 5-4: Netzwerkgestützter Verkaufsprozess............. 169
Abbildung 5-5: Netzwerkgestütztes Supply-Chain-
Management....................................... 171
Abbildung 5-6: Netzwerkgestützte Logistik.................... 173
Abbildung 5-7: Netzwerkgestützter Kundendienst 175
Abbildung 5-8: Unterstützung des Vertriebs von
Medienunternehmen............................... 177
Abbildung 5-9: Produktergänzungen zu Printmedien 179

Abbildung 7-1: INTERNET -Umsätze............................ 213
Abbildung 7-2: INTERNET - Wachstum der Schichten......... 214
Abbildung 7-3: Beschäftigte im INTERNET..................... 216
Abbildung 7-4: Wachstum der Beschäftigten in der
INTERNET-Wirtschaft in % 217
Abbildung 7-5: Modell einer Wertschöpfungskette 219
Abbildung 7-6: Möglichkeiten der INTERNET-Unter-
stützung der Felder der Wertschöpfungskette 221
Abbildung 7-7: Verteilung (quantitativ) der
WWW-Angebote auf die Felder der
Wertschöpfungskette............................... 222

Literaturverzeichnis

Alpar, Paul: Kommerzielle Nutzung des Internet. 2. Aufl. Berlin 1999.

Augustin, Siegfried: Information als Wettbewerbsfaktor. Köln 1990.

Bach, Volker (u.a.): Business Knowledge Management. Berlin 1999.

Barua, Anitesh (u.a.): Measuring the Internet Economy. (http://crec.bus.utexas. edu).

Bayer, R.: Plädoyer für eine nationale Informations-Infrastruktur. In: Informatik Spectrum 17 (1994), S. 302-308.

Benkenstein, Martin; Judith Güthoff: Typologisierung von Dienstleistungen. In: Zeitschrift für Betriebswirtschaft (1996), S. 1493 ff.

Berquist, Kim; Andrew Berquist (Hrsg.): Managing Information Highways. Berlin 1996.

Biethahn, Jörg (Hrsg.): Informationssysteme für das Controlling. Berlin 1994.

Bliemel, Friedhelm (Hrsg.): Electronic Commerce. Wiesbaden 1999.

Boynton, Andrew C.; Robert W. Zmud: An Assessment of Critical Success Factors. In: Sloan Management Review (1984), S. 17-25.

Brenner, Walter; Lutz Kolbe: The Information Superhighway and Private Households. Heidelberg 1996.

Bruhn, Manfred: Qualitätsmanagement für Dienstleistungen. Berlin 1996.

Building the Network Economy in Europe (Condrinet). Europäische Kommission 1999.

Bullinger, H.-J. (Hrsg.): E-Business-Handbuch für den Mittelstand. Berlin 2000.

Bullinger, H.-J. (u.a.): Wissensmanagement - Anspruch und Wirklichkeit: Ergebnisse einer Unternehmensstudie in Deutschland. In: Information Management (1998), S.7-23.

Bundesministerium für Bildung, Wissenschaft, Forschung und Technologie: Information als Rohstoff für Innovationen. Bonn 1996.

Buzzel, Robert D; T. Gale Bradley: Das PIMPS-Programm.
Wiesbaden 1998.

Byrne, John A.; Richard Brandt; Otis Port: The Virtual Corporation. In:
Business Week 8.2.1993, S. 36-40.

Chase, Larry (u.a.): Essential Business Tactic for the Net. New York 1998.

Choi, S.Y; D.O. Stahl; A.B. Whinston: The Economics of Electronic
Commerce. Indianapolis 1997.

Clark, D.: Internet Cost Allocation and Pricing. In: McKnight L.W.;
Bailey, J.P. (Hrsg): Internet Economics. MIT 1997.

Coenenberg, Adolf Gerhard; Heinz-Georg Baum: Strategisches
Controlling. Nachdruck. Stuttgart 1990.

Commerce/Net/Nielsen: Internet Demographic Study. Bd. 1 und 2. 1997.

Conklin, J: Hypertext. In: IEEE Computer (1987), S.17ff.

Deise, Martin V.: Executive's Guide to E-Business. New York 1999.

Deutsch, Markus: Electronic Commerce. Berlin 1998.

Diebold, D.J.: Politische Innovationen - ein Schlüssel zur politischen
Informations-Infrastruktur. In: Informatic Spectrum   (1995),
S.138-142.

Drucker, P.: The next Information Revolution. In: Forbes, ASAP
24.8.1998.

Emery, Vince: Internet im Unternehmen. Heidelberg 1996.

Europäische Kommision DG XIII.A.3: Evolution of the Internet and the
WWW in Europe. Luxemburg 1997.

Europäische Kommission DG XIII/E: The Markets for Electronic
Information Services in the European Economic Area.
Luxemburg 1996.

Europäische Kommission: Info2000. Kom(95) 149 endg. Brüssel 1995.

Europäische Kommission: RTD Strategies of the top 500 European
Industrial Companies and their Partizipation in the Framework
Programme and Eureka. Luxemburg 1996.

Ewald, Arnold: Organisation des strategischen Technologie-Managements.
Berlin 1989.

Fink, Dietmar; Peter Hanser: ASW-Studie zu Electronic Customer
Care, Service Management im Zeichen von Multimedia.
In: Absatzwirtschaft (1997), S.49ff.

Fröschle, Hans-Peter: On-demand Produktion. In: Bullinger, H.-J. (Hrsg.): E-Business-Handbuch für den Mittelstand. Berlin 2000.

Guba, A. (u.a.): Online-Monitoring. Gewinnung und Verwendung von Online-Daten. In: Das Wirtschaftsstudium 28 (1999), S. 345-351.

Gupta, Alok (u.a.): Economic Issues in Electronic Commerce. In: Kalakota, Ravi (u.a.): Readings in Electronic Commerce. Reading 1997.

Hagel, John (u.a.): Net Value. Boston 1999.

Hammer, Michael: Reengineering Work. In: Harvard Business Review (1990), S. 104-112.

Hammer, Richard M.: Strategische Planung und Frühaufklärung. München 1988.

Hansen, Hans Robert; Rainer Riedl: Strategische langfristige Informationssystemplanung. In: Kurbel, Karl; Horst Strunz (Hrsg.): Handbuch Wirtschaftsinformatik. Stuttgart 1990,   S.659-682.

Hauschildt, Jürgen: Innovationsmanagement. München 1993.

Heinrich, Lutz J.; Peter Burgholzer: Informationsmanagement. 2.Aufl. München 1988.

Hermanns, Arnold (u.a.): Management-Handbuch Electronic Commerce. München 1999.

Hess, Thomas: Stand und Defizite der Methoden des Business Process Redesign. In: Wirtschaftsinformatik (1995), S. 480-486.

Hichert, Rolf; Michael Moritz (Hrsg.): Management-Informationssysteme. Berlin 1992.

Hoffmann, Friedrich: Kritische Erfolgsfaktoren - Erfahrungen in großen und mittelständischen Unternehmungen. In: Zeitschrift für betriebswirtschaftliche Forschung (1986), S. 831-843.

Hofmann, Ulrich: Globale Informationswirtschaft. München 1999.

Iansiti, Marco ; Jonathan West: Technologie-Integration. Der andere Weg zu neuen Produkten. In: Harvard Business Manager (1997), S.43-53.

Information Technology in the Service Society. National Research Council. Washington 1994.

Illik, J.Anton: Electronic Commerce. München 1999.

Jaros-Sturhahn, Anke: Betriebswirtschaftliches Anwendungspotential des Intranet. In: Information Management (1998), S. 84ff.

Kainz, Gerhard: Die Wertschöpfungskette als Instrument der IS- Planung. In: Information Management (1992), S. 48-57.

Kalakota, Ravi (u.a.): Electronic Commerce. Reading 1997.

Kalakota, Ravi und Andrew B. Whinston: Readings in Electronic Commerce. Reading 1997.

Kelly, Kevin: New Rules for the New Economy. New York 1998.

Kilian, Wolfgang (u.a.): Electronic Data Interchange. Baden-Baden 1994.

Kind, Joachim: Online-Dienste. In: Buder Marianne u.a. (Hrsg): Grundlagen der praktischen Information und Dokumentation. 4.Aufl. 1997.

Klotz, Michael; Petra Strauch: Strategieorientierte Planung betrieblicher Informations- und Kommunikationssysteme. Berlin 1990.

Kosiur, David: Unterstanding Electronic Commerce. Redmont 1997.

Krcmar, Helmut: Informationsmanagement. Berlin 1997.

Kreilkamp, E.: Strategisches Management und Marketing. Berlin 1987.

Kuhlen, Rainer: Informationsmarkt. Konstanz 1995.

Kurbel, Karl: Internet-Unterstützung entlang der Porterschen Wertschöpfungskette - innovative Anwendungen und empirische Befunde. In: Praxis der Wirtschaftsinformatik 36 (1999) S.78ff.

Leidecker, Joel K.; Albert V.Bruno: Identifying and using critical success factors. In: Long-Range Planning (1984) , S. 23-32.

Liedl, Reinhardt: Strategien und Aktivitäten von Bertelsmann im Multimediabereich. In: Schumann, Matthias (Hrsg.): Medienunternehmen im digitalen Zeitalter. Wiesbaden 1999, S. 203-218.

Little, Arthur (Hrsg.): Management im vernetzten Unternehmen. Wiesbaden 1996.

Magretta, J.: The Power of Virtual Integration. In: Harvard Business Review 76 (1998) S. 73-84.

Martin, James: Information engineering: a trilogy. Englewood Cliffs 1989.

Matzer, M: Kolibri sichert Aktualität der Recherche durch die Arbeit mit Internet-Robots. In: Computer-Zeitung 28 (1997), S. 8.

Meeker, Mary; Sharon Pearson: Internet Retail. In: Morgan Stanley U.S. Investment Research (1997), May, S. 2ff.

Meffert, Heribert: Die Wertkette als Instrument einer integrierten Unternehmensplanung. In: Delfmann, W. u.a. (Hrsg.): Der Integrationsgedanke in der Betriebswirtschaftslehre.Wiesbaden 1989, S. 255-278.

Meffert, Heribert: Marketing. 7. Aufl. Wiesbaden 1989.

Mertens, Peter u.a.: Grundzüge der Wirtschaftsinformatik. Berlin 1991.

Mertens, Peter: Virtuelle Unternehmen. In: Wirtschaftsinformatik 36 (1994), S.169-172.

Moulton, Brent: Macroeconomic Assessment. In: Understanding the Digital Economy. U.S. Department of Commerce http://mitpress.mit.edu/ude.html

Negroponte, Nicholas: The Third Shall Be First. In: Wired (1998), Heft 1.

Nolan, Richard L.: Managing the data ressource function. St. Paul 1982.

O'Keefe, Robert und Tim McEachen: Webbased Customer Decision Support Systems. In: Communications of the ACM,   1998 S.71-78.

Organization for Economic Co-Operation and Development [OECD]: Measuring Electronic Commerce. Paris 1997.

Österle, Hubert (u.a.): Business Networking. Berlin 2000.

Österle, Hubert (u.a.): Business Knowledge Management. Berlin 1999.

Parasuraman, A.; Valarie A. Zeithaml; Leonhard L. Berry: A Conceptual Mode of Service Quality and its Implication for Future Research. In: Journal of Marketing. Bd. 49 (1985), S. 41-50.

Parasuraman, A.; Valarie A. Zeithaml; Leonhard L. Berry: SERVQUAL: A Multiple-Item Scale for Measuring Consumer Perceptions of Service Quality. In: Journal of Retailing (1988), S. 12-39.

Parker, Marilyn M.: Information strategy and economics. Englewood Cliffs 1990.

Pfeiffer, Peter: Technologische Grundlage, Strategie und Organisation des Informationsmanagements. Berlin 1990.

Picot, Arnold; Ralf Reichwald: Informationswirtschaft. In: Heinen, Edmund: Industriebetriebslehre. 9. Aufl. Wiesbaden 1991.

Picot, Arnold: Strategisches Informationsmanagement. In: Siemens-Magazin COM (1988), S. 12-15.

Picot, Arnold; Ralf Reichwald; Rolf T. Wigand: Die grenzenlose Unternehmung. 2.Aufl. Wiesbaden 1996.

Pitscheneder, R.; R.Vogts: Agent wider Wissen. In pl@net (1997), S. 24.

Porter, Michael E.; Victor E. Millar: How Information gives you competition advantage. In: Harvard Business Review (1985) Heft 4.

Porter, Michael E.; Victor E. Millar: Wettbewerbsvorteile durch Information. In: Harvard Business Review (1986), S.26-35.

Prahalad, C.K.; G. Hamel: The Core Competence of the Corporation.In: Harvard Business Review (1990) Heft 6, S. 79-91.

PricewaterhouseCoopers. Trendsetter. 10.9.1998.

Probst, Gilbert; Steffen Raub, Kai Romhardt: Wissen managen. 2. Aufl.Wiesbaden 1998.

Randall, Doug: Consumer Strategies for the Internet: Four Scenarios. In: Long-Range Planning (1997), S. 157ff.

Rehäuser, Jakob; Helmut Krcmar: Wissensmanagement im Unternehmen. In: Schreyögg, Georg; Peter Conrad (Hrsg.): Wissensmanagement. Berlin 1996.

Reichmann, Thomas: Globale Datennetze. München 1998.

Scheer, August-Wilhelm (Hrsg): E-Business - Wer geht? Wer bleibt? Wer kommt? Heidelberg 2000.

Scheer, August-Wilhelm (u.a.): Organisationsstrukturen und Informations-systeme im Wandel. In: Scheer, August-Wilhelm (Hrsg): Organisati-onsstrukturen und Informationssysteme auf   dem Prüfstand. Heidelberg 1997.

Scheer, August-Wilhelm: Rahmenkonzept für ein integriertes Geschäfts-prozeßmanagement. In: Wirtschaftsinformatik 1995, S. 426-434.

Scheer, August-Wilhelm: Wissen ist Macht. In: Information Management 1998, S. 3ff.

Schmid, Beat: Electronic Mall: Banking und Shopping in globalen Netzen. Stuttgart 1995.

Schoder, Detlef : Electronic Commerce Enquete. http://www.iig.uni-freiburg.de /~schoder/ece/

Schoder, Detlef; Dietmar Janetzko: Bots. In: Wirtschaftsinformatik (1998), S. 341-343.

Schumann, Matthias (Hrsg.): Medienunternehmen im digitalen Zeitalter. Wiesbaden 1999.

Schumann, Matthias (u.a.): Grundfragen der Medienwirtschaft. Berlin 2000.

Steinberg, S.G.: Seek and You shall find. http://www.hotwired.com/wir
ed/4.05/features /indexweb.html , 1996.

Stewart, Thomas A.: Managing in a Wired Company. In: Fortune
1994, S.20-28.

U.S. Department of Commerce: The Emerging Digital Economy.
Washington 1998 (http://www.ecommerce.gov).

Varian, Hal R. (u.a.): Information Rules. Boston 1998.

Varian, Hal R.: Economic Issues Facing Internet. 1996.
In: http//www. sims.berkeley.edu/~hal/people/hal/papers.html.

Vervest, Peter (u.a.): How to Win Customers in the Digital World.
Berlin 2000.

Weber, Jürgen: Einführung in das Controlling. 7. Aufl.
Stuttgart 1998.

Welge, Martin K.: Planung. Wiesbaden 1992.

Zerdick, Axel: Die Internet-Ökonomie. 2.Aufl. Berlin 1999.

*Generelle Zusammenstellung digitaler Veröffentlichungen zu Fragen der
Internet-Ökonomie findet man auf dem Server:*
http://www.sims.berkeley.edu/resources/infoecon/

Stichwortverzeichnis

A

Ablauforganisation 130
Ad Clicks 163
Allianzen (siehe Virtuelle
    Organisation)
Anbieterwechsel, Barrieren 83
Antwortzeitverhalten 128
Arbeitsformen 120, 135
Arbeitsproduktivität 215
Arbeitsteilung, räumliche 152
Aufbauorganisation 91, 122, 146

B

Bandbreiten-Sharing 24
Branchenbeispiele 153ff
Brokereffekt 38
Business-to-Business 8, 133ff
Business-to-Customer 8, 45ff

C

CGI-Script 18, 32, 135
Click through Rate 64
Client-Server 17, 18
Collaborative Filter 19, 70, 178
Cookie 63, 64, 66, 191
Copyright 180
Customer-Relationship-
    Management 69, 148

D

Datenanalyse zur Netzwerk-
    ökonomie 209
Datenintegration 120, 133-135
Daten-Paketvermittlung 197ff
Datenübertragungsgeschwindig-
    keit 197ff
Decision-Support-Systeme 116
Demand pull 21
Demand-Side Economics of
    Scale 21, 77, 78, 80
Dezentralisierung 12,13
Dienstleistungen 71
Disintermediation 42
Distributionskosten 181ff

E

Economies of Scale 5, 21, 22, 40
Economies of Scope 3
EDIFACT 11
Effizienz 41
Electronic-Data-Interchange 11,
    116, 135ff
Elektronischer Markt 25ff
Elektronisches Geld 204
E-mail 20
Erfolgsfaktoren 10, 12, 13, 22,
    23, 76, 112, 153ff
Externe Effekte 23, 49, 76ff,
    198
EXTRANET 22, 91

F

Finanztransaktionen 29
Funktionsintegration 115

G

Geschäftsmodelle 153ff
Geschmacksgemeinschaft 66, 67
Grenzkosten 3
Groupware 109

H

Handel 42f
Header 16
HTML 17
HTTP 17
Humanvermögen 127ff

I

Industriestandard 5
Infomediäre 187ff
Information Filtering 19
Information Retrieval 19
Informationen als Gut 187ff
Informations- und
    Entscheidungsphase 28
Informationsagent 19, 35, 36
Informationshändler 187ff
InformationsInhalteanbieter
    176ff
Informationslogistik 89
Informationslücken bei der
    Leistungserstellung 74
Informationsmarkt 188ff
Infrastruktur 6, 210
Innovationsmanagement 94ff,
    151
Installed Base 77
Intelligenter Agent 35, 66
Interaktionen 62ff
Interface 54, 73, 128
Intermediaries 33, 41, 42
Interoperationalität 23
Intra-Business-Interactions 9, 89

INTRANET 9, 13, 15, 22, 69,
    74, 91, 107ff

J

Job Enlargement 119
Job Enrichment 119

K

Kennzahlen, Portale 65
Kernkompetenzen 118, 143ff,
    149
Kollaborative Filter 19, 66, 67
Konsumentenrente 51
Konvergenz 7
Kooperationen (siehe Virtuelle
    Organisation)
Kooperationsagent 36
Koordinationskosten 38
Kreditkartenunternehmen 203
Kritische Erfolgsfaktoren (siehe
    Erfolgsfaktoren)
Kundendienst 174, 175

L

Links 16, 17
Lock-in-costs 78, 81ff
Logistik 173
Loyalitätsprogramme 84

M

Management 3
Managementzyklus 126, 166
Markteintritt 5, 45
Marktforschung 62, 189
Markttransaktionen,
    Vereinbarungs- und
    Abwicklungsphase 29

Markttransaktionen,
Informations- und
    Entscheidungsphase 28
Mass Customization 5
Medienbruch 116, 139ff
Medienunternehmen 176ff
Mehrwert 156ff
Metadaten 18, 19, 112
Micropayment 205
Mitarbeiter 118ff, 131, 146, 152
Monitoring 63
Monopol 39
Multimedia 102

N

Netzkapazität 197ff
Netzwerkeffekt 77

O

Objektorientierte Organisation
    73
Oligopole 13f
One-to-One Marketing 58
Organisation 104
OSI-Standard 13ff

P

Page View 64
Paradigmenwechsel 1, 4
Pareto-Optimalität 41
Personalisierte Push-Dienste 19
Präferenzcluster 71
Preisdifferenzierung 6, 47ff
Preisdifferenzierungsbeispiele
    49
Preisdifferenzierungsmerkmale
    49
Preispolitik 168
Printmedien 176ff

Problemlösungsqualität 129
Produktbündelungen 61
Produktdifferenzierung 54ff
Produktentwicklung 167, 170
Produktergänzungen 178
Produktinformationen 31, 34
Produktivität 10, 215
Produzentenrente 39
Protokolldateien 14, 63
Proxy Server 20, 64
Prozessketten 133

Q

Qualitätsindikatoren 124ff
Qualitätsmanagement 9, 124
Qualitätsmerkmale 54-57, 124
Qualitätsmodell 70

R

Raubkopien 184
Robots 18

S

Schlüsseltechnologien 96, 105
Schrittmachertechnologien 96
Search Engines (siehe
    Suchmaschinen)
Segmentierungsmerkmale der
    Nachfrage 49f
Serverkontakte 63
Spider 18
Standards 4, 13-15, 40
Strategische Entwicklungs-
    richtungen 3
Strategische Muster 4, 99, 179
Suchmaschine 18ff
Supply Chain Management
    133ff, 149, 161, 171f

Supply-Side Economies of Scale 22, 80
Switching Costs 66, 79, 81ff

T

TCP/IP-Standard 14-16, 197
Team 74, 121
Technologiebündel 95, 100-102
Technologiecontrolling 98
Technologieeinsatz, funktionaler 104ff
Technologiefunktionen 100
Technologiemanagement 21, 94ff
Technologie-Portfolio 97
Technologiestrategien 4, 99ff
Technologiewechsel, Barrieren 81
Technology Push 21, 126
Teilinhalte 182
Time-to-market 5, 150
Total-Quality-Management 9, 71, 103, 145
Tracking 29
Transaktionen 27ff
Transaktionsagent 37
Transparenz 15, 30, 40, 70

U

URL 17

V

Vereinbarungs- und Abwicklungsphase 29
Verkaufsprozess 170
Verteilte Datenverarbeitung 15, 148
Vertrauensbildende Maßnahmen 33ff

Vervielfältigung 181ff
Virtual Employee 146, 152
Virtuelle Organisation 5, 142ff
Virtuelle Produkte 147, 149
Vollkommene Konkurrenz 30, 39, 223

W

Wachstum 214
Watcher Agent 36
Welfare 40, 53
Wertschöpfungskette 7, 89, 92, 130, 219
Wettbewerb 38f
Willingness-to-pay (siehe Preisdifferenzierung)
Wissensmanagement 109, 112, 185

Y

Yahoo 18
Yield Management 46

Z

Zahlungsverkehr 202ff
Zielgruppen 6, 8, 40, 50, 54, 57, 74, 154f
Zusatznutzen 54
Zwischenhandelsstufen 42ff, 211